云 / 南 / 大 / 学 / 公 / 共 / 管 / 理 / 研 / 究 / 丛 / 书

政府与城市社区建设

——基于云南省城市社区建设的调查分析与理论探索

ZHENGFU YU CHENGSHI SHEQU JIANSHE

—— JIYU YUNNANSHENG CHENGSHI SHEQU JIANSHE DE DIAOCHA FENXI YU LILUN TANSUO

崔运武 陈家喜 等著

云南大学出版社
YUNNAN UNIVERSITY PRESS

总序

一

20世纪70年代末期，在西方，由于经济滞胀和政府失败的出现，引发了一场声势浩大的政府管理改革运动。这场政府改革运动随之在世界范围展开，至今，仍在世界范围内以特有的方式走向深入。

从政府管理的角度看，这场政府改革运动与传统上的政府改革最大的不同，不仅仅在于基于现实条件下更加深入地认识政府与市场、政府与社会的关系，确定现代市场经济条件下的政府职能，即解决政府干什么的问题，更在于在行政职能的输出方式，即政府在行政方式上进行探索，着重解决政府如何干的问题。这一场政府改革中解决政府在市场经济条件下如何履行好自己的职能的问题，相当程度上是整个改革的一个主要内容和重大突破，其基本逻辑，是在强调政府管理的目标与价值的基础上，加强对公共产品属性认识，确认了私人和市场参与公共产品生产和提供的必要与可能，进而创新了政府管理的方法与技术，在现实中整合社会资源以满足公共需求，① 从而回应了公众基本生活需求和社会经济发展的需要，并且在一定程度上治理了传统的政府难以应对的问题，即政府机构的“精简—膨胀，再精简—再膨胀”的怪圈。

政府存在的基本要求，就是处置公共事务以满足公众需求，促进社会的存在和发展，而政府管理公共事务的方式，就是公共管理模式，它由公共管理过程中各公共产品提供者功能的定位、参与程度和参与方法等基本要素构成。在人类已有的公共管理实践中，主要出现过在公共产品的提供中政府为主并有限

① 崔运武：《当代公共产品的提供方式与政府责任》，载于《思想战线》2005年第1期。

投入的公共管理保护模式，政府全面负责乃至完全垄断的干预模式，政府与社会和市场合作的市场模式。① 因此，公共管理模式本质上是在公共管理过程中存在或可供选择的政府与市场、政府与社会的分工方式。无疑，自从20世纪30年代中期第一次世界经济危机以后，以政府对经济和社会的全面干预为起点和标志，随着行政国家的出现，在政府作为公共事务主要甚至是唯一管理者的情况下，现实的公共管理模式就是典型的干预模式或垄断模式。然而，自20世纪70年代以来，现实政府管理的变革，现实的结果就是公共管理模式的变革，公共管理市场模式的出现和成长。② 正是在这一现实变革的基础上，基于理论与实践的互动，尽管人们对当前是否已有一个不同于传统的公共行政的新的公共管理理论的出现存在不同的观点，但可以肯定的是，正是现实变革的推动和新的公共管理理论的迅猛发展，越来越多的人基于对范式的深入的理解，认为即便不提公共管理已是一个新的理论或学科，但至少已是一个正在成长的新的研究范式。这一点，在我国，从90年代中期教育部规定的学科专业目录的调整，以及近期社会科学研究及管理部门的及时调整，也足以说明。

在当代中国，自1993年建立社会主义市场经济体制的改革展开以来，可以说正是得益建立社会主义市场经济体制改革的展开和深入，以及社会主义市场经济体制的初步确立，公共管理模式的转换已成为一个不以人的意志为转移的客观进程。概言之，这一客观进程的内在逻辑是，一方面，建立社会主义市场经济体制改革的逐步深入，导致了公共需求的日益丰富和复杂，对政府公共管理的方式提出了新的要求。另一方面，正是随着建立社会主义市场经济体制改革的展开和深入，使作为公共管理模式从干预走向市场的重要因素——以民间组织或非盈利组织为基本组织形式的社会（公民社会），相当程度上从无到有，不断发展，而党中央和国务院及时地认识了当代中国的公共需求的发展变化，把握了公共管理发展的内在逻辑，因而随着改革的深入，提出必须以社会主义市场经济运行的基本要求来确定政府职能，必须大力培育和发展社会中介组织，并且制定了一系列促进民间组织发展的方针和政策，要求加强社会管理和公共服务职能，提出要努力提高干部和公务员的现代公共管理素质，建立一个既与当代公共管理发展总体趋势相一致，又符合中国特点的新型公共管理体制。一句话，当今中国，公共管理模式的转换应该已是一个不争的现实。

正如同当代西方的“新公共管理”在实践上与传统的公共行政或说公共管

---

① 郎佩娟：《公共模式研究》，载于《政法论坛》（中国政法大学学报）20卷第1期，2002年2月。

② 崔运武著：《公共事业管理概论》（第二版），高等教育出版社2006年版，第二章。

理有明显的不同，因而在理论与实践的互动中形成了对传统的公共行政理论进行重大变革，进而形成“新公共管理理论”一样，当代中国公共管理模式的转换作为一种在中国出现的客观现实，一种在中国未曾有过新的公共管理实践，它为能够对这一实践作出解释并作出进一步改革导引的理论的构建提出了要求。正因为如此，在当代中国的社会科学领域，自20世纪90年代中期至今，公共管理研究已成为一个理论热点，成为一个正在探索的理论面向现实的重要领域。

二

在当代中国，对公共管理理论的探索，我们认为基本目标有二：

第一，总结研究当代世界的公共管理变革和理论发展。具体言之，即审视当代世界范围内，尤其是20世纪70年代末期以来政府管理改革先行国家公共管理改革的实践，总结其经验和教训，研究其新公共管理理论之所以产生的动因、理论发展的脉络，如从管理主义、公共选择理论，到新公共管理理论，再到治理理论、新公共服务理论内在的发展逻辑与现实影响因素。在把握当代世界范围内公共管理变革的基本趋势，追踪理论发展前沿的基础上，探求公共管理中具有普适性的因素，本着“他山之石，可以攻玉”的原则，促进当代中国公共管理变革及理论的发展。

第二，探索有中国特色的，能对中国公共管理实践有解释、说明和预测的公共管理理论。当代中国的公共管理，是对当代中国公共事务进行协调和控制的过程。这一过程是在基于中国文化传统的发展，在当代中国特定的社会经济发展条件下，在有中国特色的社会主义政治制度下，在中国共产党的领导下展开的，是公共管理有中国特色的一种管理模式。因此，对当代世界范围内公共管理理论的追踪和研究，归根到底，就是要探索有中国特色的公共管理理论，尤其是要通过这一理论的探索和建构，对改革开放以来我国经济的高速而持续的增长，社会稳定，民主进步，人民群众不断增长的物质和文化需求得到满足，公众生活质量不断提高的这一“中国模式”做出令人信服的解释和说明，为未来的进一步发展基于公共管理作出有价值的参考的预测。

如何展开这一探索，从理论建构的角度看，我们认为最基本的就是要基于学科综合的基础上来进行。当代公共管理理论的产生和发展，正如人们所公认的，当代正在成长的公共管理理论，它的关注焦点由“内部取向”转变为“外部取向”，由重视机构、过程和程序研究转到重视项目、结果与绩效的研究，从而使战略管理、管理的政治环境、项目执行、绩效评估、公共责任及公共管理伦理成为核心问题；它倡导的管理理念，其中心问题的“如何提供公共利益和服务”，它提供的一整套管理的方法和技术，则是十分注重在处理公共管理问题尤其是政府与市场、企业与社会关系时，提供一整套不同于传统公共行政学的新思路与新方法。

而这一切之所以成为可能并形成一种较完整的知识体系，则是由于它的知识基础，即公共管理学作为一种广泛和综合的知识框架，把当代经济学、管理学、政策分析、政治学和社会学等学科的知识和方法融合到公共部门管理尤其是政府管理的研究中。因此，要追踪研究当代世界的公共管理知识，尤其是要建构有中国社会主义特色的公共管理理论，必须走一条基于以政府为主要研究对象，但又不局限于政府，以公共行政学为基本视野，但又必须同时关注相关的多学科，即基于以公共事务管理为核心，基于公共管理又必须逸出公共管理，逸出公共管理又必须回归公共管理的多学科研究路径。

三

云南大学在国内对公共管理理论的探索者的行列中，不是先行者，但肯定是一个积极的、孜孜不倦的参与者。

云南大学有较悠久的政治学和行政学的研究传统。1923 年云南大学正式建立后，即于 1925 年建立了政治学系，展开了政治学和行政学的探索。新中国成立后，云南大学的政治学和行政学走过的是和其他兄弟院校一样的历程。改革开放后，云南大学迅速恢复了政治学学科，并于 20 世纪 80 年代初结合地方社会经济发展的需要，开办了少数民族干部行政管理大专班。这一行政管理干部大专班沿至 20 世纪 90 年代末，在为云南省培养了大批合格的素质不断提高的少数民族行政管理干部的同时，也促进着我们对行政管理理论和教学的探索。1986 年，云南大学获得了政治学理论硕士授权，即在这一专业中根据当时学科划分的要求，开设了行政学方向，培养行政管理方面的高级专业人才。随之，在国家学科专业调整，明确地建立行政管理专业后，云南大学先后获得了行政管理的本科专业和硕士点，开展了行政管理的专业教育。

1999 年，世纪之交，世界范围内公共管理模式的变革和我国建立社会主义市场经济体制改革的步步深入，使正在成长的公共管理学科，展现出了前所未有的蓬勃生机。针对云南省社会经济发展的需要，感觉到了时代的脉动，以及公共管理这一高度整合的新兴学科必将成为社科领域的一个显学，一个极为重要的人才培养基地的巨大需求，云南大学依托学校既有的相关学科优势资源，以原政治学与行政管理学系为基础，于 1999 年 7 月正式建立了公共管理学院，云南大学公共管理学院也得以成为全国第一个正式建立的公共管理学院，从而使我们对公共管理理论的追踪关注，对新型的具有公共管理理念、掌握当代公共管理技术和方法的多学科的交叉型、复合型、应用型的人才培养，有了坚实的学科平台和新的人才培养条件。

云南大学公共管理学院建立后，我们积极追踪公共管理理论，展开公共管理学科的建设。我们的建设战略，一是以行政管理学科建设为基本支撑，二是积极将教学与研究相结合，将理论与实践相结合，将科学研究与教学研究相结合。如此，“九五”期间，行政管理学科被列为云南省重点建设学科。在复旦大学等高校的支持下，我们行政管理重点学科建设获得了极大的发展，获得了一大批国家社科基金、教育部基金、教育部青年教师奖基金、国家新世纪重大教改项目等，支撑了整个学科建设，使学科力量不断得到发展，于2003年获得了MPA教育授权，2005年获得了行政管理博士授权，并建立了省部共建的公共管理实验教学中心。

“十一五”伊始，得益于正在深入发展的改革现实对公共管理的需求，基于我们从“九五”开始的以行政管理为基础的学科建设，以公共管理学科建设为目标——一个以公共管理为核心，一个更加综合的学科整合的建设，即公共管理学科建设，被列为云南省“十一五”重点建设学科。我们基于公共管理的学科特点和基本内涵，确定了公共管理理论与公共事业管理、公共政策与地方政府治理、公共经济与政府理财、区域高等教育发展与管理、电子政务五个建设方向，从更宽广的视野或学科入手，依赖于以往建设的基本路径，展开了新的积极的探索。而在“十二五”即将启动之际，根据以项目带动学科加强学科建设的相关要求，我们的“相当程度上区域公共服务的体制与技术及公共危机管理能力研究”项目，被列为云南大学“211”工程三期重点学科建设项目，从而使我们对公共管理理论的追踪和探索，有了新的更高的平台。

为了记录和展现我们探索的结果，我们编辑了“云南大学公共管理研究丛书”。当然，尽管当今世界已是一个信息社会，资讯的传递和使用已非传统社会可比，但由于原有的学科基础和研究力量，以及地域等条件所限，我们对当代公共管理理论的追寻和探索，难免前瞻与后顾并存、深刻与肤浅共融。但我们以为，对在一个诱人的，但实际上又充满艰难、困惑，迷宫般的思想殿堂里的探索者而言，或许同样重要的，不仅仅在于所得，还在于有一种为理想而追求的锲而不舍的探索精神，一种为中国公共管理理论发展贡献一得之愚而带来的创造的欢乐。

是为序。

崔运武

2011年2月15日于昆明

目　录

引言：当代中国城市社区建设中的政府职能及其研究

一

城市社区建设，是我国一场兴起于20世纪后期，目前正在向纵深发展的改革，是当前我国社会管理变革和社会建设的一项基本内容。

社区，指聚居在一定地域范围内的人们所组成的社会生活共同体。目前在中国，城市社区的范围，一般是指经过作了规模调整的居民委员会辖区。社区的基本构成要素，是基于一定社会关系的共同生活的人群，一定的地域，一定的生产、生活设施，一定的管理机构，一定的以社区意识为核心的特色的文化。城市社区建设，就是指在党和政府的领导下，依靠社区的力量，利用社区资源，强化社区功能，解决社会问题，促进社区政治、经济、文化、环境协调和健康发展，不断提高社区成员生活水平和生活质量的过程。从社区发展来看，社区建设的最终目标，就是要使社区变成城市居民依法实行自我教育、自我服务、自我管理的具有自主性和能动性的新型社区。

进行城市社区建设，是我国政治、经济和社会体制改革走向深入的迫切要求。概而言之，这种迫切的要求主要来自两个方面：

一是经济的发展和经济体制改革所导致的社会结构的变化，对城市基层的既有社会管理形成了巨大的压力。这主要表现在大量农村劳动力进入城市后，因身份限制无法融入现有城市社区生活所产生的无序；城镇基层管理对由于“政社分开”和“企社分开”改革的实施剥离出来的社会职能的承接，以及面临在这一过程中被迫或主动地告别“单位”进入社区生活给既有的服务与管理带来的冲击。

二是随着社会主义市场经济体制改革的深入，城镇广大居民在生活条件、文化层次逐步提高的基础上，自主意识、利益保护意识、政治参与意识及能力都在不断增强，对通过一定方式表达自己的愿望，维护自己的利益，以及自己管理自己的要求日益强烈，尤其是对计划经济体制下所形成的以分房制度、医疗制度和保险制度等为基本内容的传统福利制度的改革的展开，居有住所的城市居民开始关心社区的环境卫生、治安、绿化等，以及社区的医疗等服务。但是，既有的城市基层管理无论是在体制上，还是在职能和管理人员素质等方面，都难以适应新的要求，改革势在必行。

城市基层管理任务的加大不能依靠政府不断地扩大政府机构去解决，必须走公共管理社会化的路径，将社会能承担的服务与管理职能交由社会完成。于是，一个有别于传统的街道办事处和居委会的行政性管理的社区建设，开始在中国展开。1986 年民政部首次把“社区”概念引入城市管理，提出要在城市中开展社区服务工作。1989 年公布的《中华人民共和国城市居民委员会组织法》明确规定：“居民委员会应当开展便民利民的社区服务活动。”社区服务的概念进入了法律条文。这样，社区的概念逐步为全社会接受，社区服务活动逐步在全国开展起来，一些城市开始以建设新的社区为核心对城市基层管理进行改革探索，取得了积极的成效。

在这一基础上，1999 年，民政部在全国 737 个市辖区中确定了北京市西城区、天津市河西区、上海市卢湾区等 26 个社区为社区建设试验区，进行了更加全面而深入的改革试验。通过对 26 个试验区工作的总结，2000 年 11 月，中共中央办公厅、国务院办公厅下发了《关于转发民政部〈关于在全国推进城市社区建设的意见〉的通知》（中办发［2000］23 号），此后，以构建城市社区管理的新模式为目标的城市社区建设工作在全国广泛展开。

从 2002 年开始，党的十六大和十六届三中、四中全会逐步深入地提出了建设社会主义和谐社会的目标和要求，从构建和谐社会的高度，进一步明确了社区建设的目标、方向和任务，为城市社区建设注入了“和谐社会”的理念，城市社区建设进入崭新的阶段。2005 年 10 月，胡锦涛在天津考察工作时走访了河西区富裕广场社区。在考察中，胡锦涛强调，加强城市社区建设，是全面建设小康社会的重要内容，也是实现好、维护好、发展好人民群众利益的重要途径；要按照构建社会主义和谐社会的要求，把服务群众、造福群众作为社区工作的主题，积极探索开展社区党建工作的新途径，进一步做好社区的服务、文化、环境、卫生、治安等工作，充分发挥社区在提高居民生活水平、密切党和政府同人民群众的联系、为群众创造安居乐业的良好环境等方面的重要作用。胡锦涛的讲话为城市社区建设提出了新的具体要求。

总的来说，2001年以来，我国的城市社区建设在广大城市社区居民的支持参与下取得了较大进展，特别是相关部门、街道和广大社区工作者围绕城市社区建设做了大量卓有成效的工作，拓展了社区服务领域，增强了社区服务功能；扩大了基层民主，提高了社区的自治能力和凝聚力；增强了基层管理力量，促进了社会治安和城市社会的稳定。城市社区建设工作取得了显著的成效。

二

综观现阶段我国城市社区建设的现实可以发现，目前，我国城市社区建设总体上显现出以下两个鲜明的特点：

其一，城市社区建设是政府主导的社区自治形成过程。即虽然所形成的社区自治管理的目标是群众自治，建设的主体是社区群众，但现实表明，当代中国的城市社区建设是由政府发动的，政府在建设中给予人员、经费等全方位支持，并对整个建设全面负责。

其二，城市社区建设是政府城市社会管理的新方式的形成过程。从中国政府改革的进程看，社区建设实际上是政府以推动社区建设为内容，以调整自身社会管理方式为目标的又一次政府管理改革。故城市社区建设过程是政府社会管理职能及方式的改革过程，是政府以公共管理社会化为目标而发动的以自己为对象的改革过程，是一个在职能上从积极地全面推动、介入到逐步退出某些领域的过程。

这充分反映出，当前的城市社区建设与政府息息相关，而且，政府作用的发挥在其中起着举足轻重的作用，政府所为决定着城市社区建设的成败。

但是，我们在对现实中城市社区建设实验（如云南省）进行较全面的观察跟踪中发现，为数不少的地区展开的城市社区建设实验基本上是以“沈阳模式”①，即以自治导向展开的，然而，在学习先进地区开展建设确立了基本的社区组织模式后，却普遍存在着政府完全包干，代为建设，新的社区居委会只忙于应付和完成政府任务、社区单位和群众对社区建设参与不高甚至不参与等情况，整个建设基本上处于表面化、形式化的状态，相当程度上陷入无法进

① 我国的城市社区建设始于20世纪90年代初。民政部于1991年提出社区建设的概念拉开社区建设探索、实验和研究的序幕。经过10年的实验和试点，形成了若干社区建设模式。从政府与社区的关系来看，最主要的有“沈阳模式”和“上海模式”。前者主要以建立社区自治为目标，建设中社区群众的主体性体现较充分；后者主要以改革政府城市管理模式为目标，组成三级政府四级管理，政府主导并对社区建设负全责。

一步深入的停顿之中。这种以自治为目标的建设设计，实际也走向了一种行政导向的社区建设。此仅从政府的角度看，这种城市社区建设已使政府管理成本不降反升，与政府社会管理方式改革的初衷和社区建设的最终目标明显相违。

造成这种现状的原因是多方面的，但其中的一个重要原因，无疑与政府在社区建设中的职能定位及其输出有关。具体言之，一方面，随着经济改革的深入，原有城市规模的扩大和大批中小城镇的建立，使得城市社会公共事务日益增多和复杂，急需政府从总体上调整管理方式，引导城市社区建设以提供更多更好的公共产品以解决社会问题；另一方面，由于一些地区（特别是西部欠发达地区）原有的城镇基层社会管理体系相对薄弱，以及社会经济发展相对滞后、群众素质相对较低而导致的群众参与社区建设的自主意识和参与意识较低，社区建设必然主要依靠政府进行推动。这一切，决定了这些地区的城市社区建设是一个较为长期的发展过程，而政府主导社区建设的特点较之发达地区表现得更为充分，其作用和职能定位也在建设过程中表现得更为关键。

通过调查，我们深切地感到，现实中在处理政府与社区建设关系上，有诸多的问题急需进行必须的认识，在认识提高的基础上去加以解决，如，现阶段社区建设的性质是什么？社区建设中政府是否是主导者？主导者是否对社区建设的基本性质、过程，以及自身的角色有清醒的认识？从政府推动社区建设来看，政府参与和推动社区建设是否应有自己的与整个社区建设密切相关但又有所不同的明确的目标，以及根据整个建设过程而形成的目标体系？在一定的总目标和目标体系之下，政府的工作是否也具有阶段性、各阶段的基本职责和任务是什么？等等。我们认为，在相当程度上，这些问题不解决，诸多地区城市社区建设的目标将难以达到。

三

理论的价值，在于对现实做出解释，对未来发展做出预测与设计。针对上述问题，我们认为，只有及时地开展针对具体区域的围绕政府职能的界定和输出方式的理论与实践相结合，并旨在推动实践而不是首先构建理论的系统的对策性研究，才能及时向政府有关部门和实验区进行反馈，给政府在如何科学地发挥作用方面提供决策参考和依据，促进城市社区建设和管理的改革走向深入。

我们通过一定的调查和检索发现，由于中国的城市社区形成完全不同于发达国家，因而目前国外对此问题少有研究。国内理论界虽在一定程度注意到了这一问题，不仅研究不系统，而且还没有从政府社会管理方式改革、从把城市社区建设作为一个不断发展的过程的角度进行深入的系统的动态的探讨，尤其是从此角度对西部地区大开发过程中如何正确发挥政府的作用来推进城市社区建设和管理进行研究，目前还是一个空白。

我们认为，从政府与社区建设的关系入手，重点研究社区建设中的政府职能问题，在理论上还可以进行如下的探索，从而更理性地指导现实中的城市社区建设：

第一，明确当代中国城市社区建设两个方面的基本内容和两个有机结合的建设目标，理清政府与城市社区建设的基本关系。

第二，把握正在进行的城市社区建设是政府主导型的社区自治建设，凸现包括云南省在内的西部地区政府在城市社区建设中的重要地位，并结合现实指出当前建设的问题的症结所在，从深化政府社会管理的角度对城市社区建设进行研究。

第三，提出必须以城市社区建设的最终目标为依据，将建设作为一个发展的动态过程，以过程来确定政府与社区关系的不同模式，即阶段性的职能配置及输出方式。

如何展开这一研究，以一定区域为对象的个案无疑是一个值得采用的方法。因为一般来说，个案不能提供总体的全部，但可以提供特定环境中相关事宜的组成因素、变项及相互关系、变化情况，从而在一定程度上展现总体的某些值得关注的问题。当代中国社区建设的总体要求是一致的，建设的性质是一样的，即都属于政府主导的、外力推动下的城市社区形成过程，但当代中国地区发展是有明显差别或地域性的，如西部地区就与东部甚至与中部地区不完全相同。通过对一定地域城市社区建设中政府职能配置与输出方式等相关问题的研究，既能从一个特定层面，显现当代中国城市社区建设的上述基本问题的实质和要求所在，而且能给出一定环境及其相似环境下，城市社区建设中政府职能如何确定和输出的有价值的参考与借鉴。

云南省则是西部地区的一个具体个案。云南省有组织和全面的城市社区建设工作是从2000年后开始的。2000年之前，云南省有若干地区进行了城市社区建设的试点。在中央的统一布置和要求下，2001年4月，云南省委、省政府在昆明召开了“全省社区建设实验区工作会议”，确定昆明市五华区、盘龙区，曲靖市麒麟区，红河州个旧市和大理州祥云县为省级实验区，进行社区建设实验。2002年3月，在5个实验区实验工作取得成功经验的基础上，云南省委、省政府又召开了“全省城市社区建设工作会议”。会后，下发了中共云南省委、云南省人民政府《关于加强社区建设的意见》、《云南省城市社区建设工作实施方案》等一系列文件，对全省社区建设提出了明确的建设目标和具体的建设措施。自此，城市社区建设实验工作在云南省全面展开。通过我们的观察与追踪研究，我们发现，云南省城市社区建设既与全国城市社区建设有相似之处，也展现着自己的方式与特点。

故此，我们在原有相关研究（请见“附录”），并承担完成云南省哲学社会科学规划项目“云南省城市社区建设中政府职能研究：对云南省城市社区建设的跟踪与思考”的基础上，以“西部地区城市社区建设管理中的政府职能阶段性配置及输出方式研究”为题，主要以云南省城市社区建设为研究对象，申请2002年度国家社科基金并获准立项。

经过3年多的研究，侧重于政府与城市社区建设的角度，我们对云南省城市社区建设有了进一步的认识和思考，基于课题的要求，最终形成一个总报告（即本书的“第一部分”），支撑研究的八个调研分报告（即本书的“第二部分”），并通过这一个案（云南省），对当代中国城市社区建设的若干基本问题进行进一步的归纳与理论思考（即本书的“第三部分”）。

第一部分　云南省城市社区建设管理中的政府职能及实施：现状与对策

云南省作为西部主要省区之一，其城市社区建设工作的全面展开始于2002年3月。2002年8月以来，在进行了必要的基础理论研究的基础上，我们基于政府职能与社区建设的关系，从不同的侧面对云南省城市社区建设的主要地区进行了较长时期的跟踪调查（各方面调查的情况详见本书“第二部分　云南省城市社区建设分类调查研究——基于政府与社区关系的视角”）。调查显示，如果将城市社区建设作为一个长期的分阶段的建设过程，那么，云南省构建社区组织体系和初步开展社区服务工作的启动阶段的工作已较好地完成，但目前，整个社区建设一定程度上趋于有待深入的状态。通过对调查进行分析发现，虽然社区建设启动阶段工作的完成首先并在很大程度上得益于各级政府积极努力的工作，但目前建设工作的趋于停顿相当程度上却也与政府的职能没有及时的调整和科学地实施有关。适时而合理地配置并科学地实施政府在社区建设中的职能，是推进云南省城市社区建设走向深入并最终达到预定目标的关键。

一、云南省城市社区建设现状①

2002 年 3 月，在昆明市五华区、盘龙区，曲靖市麒麟区，红河州个旧市和大理州祥云县 5 个省级城市社区建设实验区实验工作取得成功经验的基础上，云南省委、省政府召开了“全省城市社区建设工作会议”。会后，下发了中共云南省委、云南省人民政府《关于加强社区建设的意见》、《云南省城市社区建设工作实施方案》等一系列文件，对全省社区建设提出了明确目标和具体措施。自此，云南省城市社区建设工作全面展开。通过近几年的建设，社区建设工作取得了明显的进展。同时，随着建设的深入，也产生了诸多问题，突现出了下一阶段建设的重要任务。

（一）城市社区建设的进展与成绩

2002 年 8 月，在较深入地进行关于社区建设基本理论研究的同时，我们开始以把握政府与社区建设应有关系为基本视角，有选择地从社区法制建设、社区组织建设、社区中介组织建设、社区公共财务体制建设、社区公共卫生体系建设、社区公众参与以及准城市社区组织建设等方面展开实地调查研究。结果发现，按照云南省委、省政府的要求，云南省各级党委、政府和相关的职能部门积极规划、组织和推动了城市社区建设工作，在社会各界的大力支持和居民群众较好的参与下，通过广大社区干部的开拓进取和扎实工作，社区建设取得了明显的进展。这一进展主要表现在以下方面。

1. 建立了社区组织体系，初步理顺了社区管理体制，构建了城市基层管理与服务平台

（1）初步构建了关于云南省社区建设和管理的法制体系

从社区建设的目标最终是形成政府依法进行社会管理、群众依法进行自治来看，具备一个既基于我国城市社区建设的基本目标，又符合地区城市社区建

① 对云南省城市社区建设现状的描述分析，除对昆明市、曲靖市、红河州、楚雄州、大理州、昭通市的若干街道办事处、社区（如昆明市的西站、永昌、环城、虹山等办事处及所属社区）的实地调查获取的资料信息外，还依据我们对云南省社区建设工作领导小组（办公室设于省民政厅）及省民政厅基层政权建设处、昆明市社区建设领导小组（办公室设于市民政局）、五华区民政局、盘龙区民政局、西山区民政局、红河州民政局、楚雄州民政局的多次走访座谈。另外，还依据了云南省民政厅基层政权建设处《全省社区建设情况汇报》、五华区社区建设办公室《五华区社区建设调研报告》、盘龙区民政局《盘龙区社区建设发展情况报告》、红河州民政局《红河州城市社区建设情况汇报》等有关部门大量的相关资料，特此说明。

设特点的相对完善和具有包容性的社区法制体系，是社区建设的基本前提和重要基础。云南省在全面实施社区建设中，较充分地意识到了这一问题，展开了工作。

目前，云南省的城市社区建设中，除根据国家《居民委员会组织法》，2000年11月，中共中央办公厅、国务院办公厅《关于转发民政部〈关于在全国推进城市社区建设的意见〉的通知》（中办发［2000］23号）及民政部的有关规定外，中共云南省委、云南省人民政府出台了《关于加强社区建设的意见》、《云南省城市社区建设工作实施方案》等一系列文件。同时，各级市、区县政府也根据自己所辖地区的特点和需要，颁行了一系列市府规定和文件。此外，还通过政府引导，使各社区普遍制订了一批相关的社区群众自治和管理的文件，如《社区居民公约》、《社区工作者守则》等。

这些文件和规定，立足于地方和社区，内容涉及了社区建设的几乎所有的基本方面，构成了一个关于社区建设的广义的法制体系，形成了云南省的城市社区建设的制度基础，推动了社区建设的发展。

（2）进行了合理的社区规划

依据规模合理、地域明显、普遍认同、便于服务管理、资源合理配置、办事处衔接合理和区域内调整的总体原则。全省在大量调查、反复论证的基础上，对原有街道、居委会规模作适当调整，科学合理地划分了851个社区，在全省县政府所在地以上的城区构建起了城市基层管理与服务平台。新划定的社区一定程度上改变了过去资源分割的局面，具有地缘关系明确，地域范围清晰的特征，为整合社区资源，实现“资源共享、共驻共建”创造了条件。

（3）形成了社区组织体系框架

组织建设是社区建设的基础性工作，也是社区建设的核心。因此，在社区划分完成后，全省各地按照省委省政府的上述《意见》和《方案》的要求，结合各地情况制定了各市、区县的社区建设实施方案，致力于社区组织建设工作。

一是根据工作需要、党员数量和社区规模建立社区党支部或党总支部，极少数社区建立了党委。

二是建立了社区成员代表大会。

三是选举产生了社区居委会，社区居民委员会内设社区服务、文体科教、社会保障、环保卫生、妇女儿童、计划生育等委员会。

四是在大多数社区建立了社区协商议事委员会。

五是积极引导支持社区建立中介组织，组建了社区志愿者队伍。

目前，全省社区组织体系框架已建成，从而使社区居民“自我管理、自我教育、自我服务”有了载体。

2. 进行了社区管理的制度建设、机制建设，努力提高社区干部和工作人员素质

管理机制和制度建设是社区组织体系运行赖以存在的基础，而管理人员素质的提高，则是制度得以发挥出预定功效的一个重要保证。因此，在构建社区组织体系框架的同时，全省各市县也在社区管理制度建设、机制建设和社区干部与工作人员培养方面积极展开工作。

（1）管理机制和制度建设

调查显示，在2年多的社区建设中，全省各地都注意到了社区管理机制和日常工作制度的建设工作，绝大多数社区普遍制定了《社区自治章程》、《社区居民公约》、《社区居民代表会议议事规则》，建立了社区财务等各种制度，明确了工作职责以及三年规划、年度计划，并努力按照所预定的规章和制度展开工作。

（2）努力提高社区干部和工作人员素质

良好的社区干部队伍素质是社区工作的基本保证。在建立社区自治组织的过程中，各地按照党中央关于加强基层民主政治建设，扩大基层民主的要求，认真贯彻《居民委员会组织法》和《云南省社区居民委员会选举暂行规定》，改革社区居委会干部制度，采取向社会公开招聘、民主选举、竞争上岗的办法，选出社区居委会干部，改变了过去居委会干部普遍存在的文化低、能力低、年龄高的“两低一高”的状况，优化了社区干部队伍。目前，全省5 019名社区干部中，40岁以下的占59.4%；大专以上文化程度的占17.35%，高中和中专的占44.95%，初中文化的占33.2%；党员占40.2%，基本改变了过去居委会干部年龄大、文化低、党员较少的状况。同时，各地因地制宜地开展了社区干部培训工作，昆明市五华区还在五华区行政学院建立了“社区工作者培训基地”，开设了学制3年的“城市社区与管理”大专班。①

3. 政府加大投入、社区开始注意多渠道筹资，使得社区公共财务体制初步形成，社区工作和居民生活基础设施有明显的改善

必要的物力和财力是搞好社区自治和管理的另一重要保证。在构建社区管理组织体系，提高社区干部队伍素质的同时，在政府的有关政策规定下，全省各地在财政都比较紧张的情况下，千方百计加大对社区建设的投入，如民政部

---

① 见云南省民政厅基层政权建设处《全省社区建设情况汇报》。另外，本课题组还与五华区行政学院就城市社区与管理问题进行了合作研究，除承担大专班的一些课程外，还牵头完成了专题研究并公开出版了研究著作。

门实施的用于改善社区老年福利服务设施的第一、二批共300个“星光计划”项目，就投入了1.83亿元。昆明市盘龙区投入2 000万元、五华区投入3 200万元，用于改善社区居委会办公条件和社区基础设施、美化社区环境等。

目前，以政府投入为主，社区公共财务体制初步形成。其结果，一是提高了社区干部的工资待遇和办公经费，调动了社区干部的工作积极性，二是使社区居委会的办公条件差和社区基础设施缺乏的状况有了一定的改善，这在昆明市五华、盘龙两区表现得尤其突出，大多数社区都达到了“一室、八机、两柜”的标准，即：不少于50平方米的办公室，配置微机、打印机、复印机、传真机、VCD机、电视机、照相机、电话机，保险柜和档案柜。同时，调查显示，在前一阶段的工作中，全省共建立社区卫生服务中心（站）287个，70%的社区设立了文体活动娱乐室，许多社区建立了社区警务室，社区环境有了较大改变。

4. 以社区服务为龙头促进社区各项事业的开展，新型社区功能开始形成

以上述工作为基础，全省各地社区在政府的引导下，普遍以社区居委会为领导，以社区服务为龙头，以社区服务中心（站）为依托，通过志愿者队伍，开展各项社区服务活动，新型社区所应具有的功能开始显现。这主要体现在以下方面：

（1）以社区服务为龙头，促进社区各项事业的发展

在全省各地，众多的社区都通过建设相应的社区组织和必要的基础设施，为社区群众提供健康娱乐、医疗、保健服务。同时，还在社区建立了经常性的社区救助站，对特困职工的帮扶队伍，与帮扶家庭结为对子，为下岗提供再就业服务。如昆明市盘龙区启动了科普、文化、体育、普法“四进社区”活动，并在65个社区建立了科普宣传栏13个（314米），法律宣传队81支810人，已成立社区群众文化队伍200余个，开展了丰富多彩的文化、体育、卫生、法律等咨询服务活动，促进了社区精神文明建设。具体言之，这些活动和对社区事业的促进，可归纳为以下方面：

一是依托现有社区服务设施，开展家政服务、职业介绍、卫生保洁、中介信息、咨询服务等利民便民服务和老年照顾、老年保健、托老托幼等社区福利服务、法律援助和法律咨询服务，等等。

二是利用社区卫生设施，开设家庭病床，开展送医送药上门服务，建立社区居民健康档案，开展卫生知识、身体保健知识和常见病防治知识、计划生育宣传。

三是利用社区宣传阵地开展社区丰富多彩的文化娱乐以及科普宣传、普法教育等活动，增强了社区的凝聚力。

（2）协助政府职能部门，做了大量基础性工作

在社区建设过程中，社区居民委员会作为社区群众自我管理的组织和政府与群众联系的纽带，也积极协助政府做了大量的社会管理工作。具体有如下方面：

第一，在城市居民最低生活保障制度的建设中，尤其是实现保障对象“应保尽保”的过程中，广大社区干部克服困难，深入到每个贫困家庭，完成了全省62.2万名“低保”对象的调查、登记、初审、申报及部分资金发放工作，仅2009年，全省就发放“低保”金4.5亿元。

第二，在社保试点工作中，社区承担了并轨人员的各种社会保险的衔接工作，使他们出了企业进社区，让他们生活有保障，就业有指导，困难有人帮。此外，广大社区干部通过开展走访慰问活动，掌握了城市低保户、生活困难的下岗失业人员、特困企业职工、资源枯竭地区困难职工的基本情况，在职能部门的指导下，社区开展了失业人员登记，职业咨询、介绍和就业培训等工作，积极拓宽社区就业门路，引导和帮助部分下岗失业人员在社区服务领域实现再就业，促进就业和再就业工作。

第三，在加强治安防范，开展群防群治，推动社会治安综合治理工作方面，通过开展志愿者治安巡逻、配合公安部门进行流动人口登记管理、常住人口调查、出租房调查等，使社区治安有了明显好转。此外，还有诸如配合进行计生入户调查、配合统计部门进行单位基本情况调查、抽样家庭收支情况调查、配合司法部门进行普法教育宣传等等。①

第四，在全国抗击“非典”的战役中，社区居委会响应党和政府的号召，积极组织社区居民加强社区“非典”防控、开展防治“非典”宣传教育，为取得抗击“非典”战役的胜利作出了重要贡献。②

（二）城市社区建设中的问题

云南省的城市社区建设有了一个良好的开端。但调查也显示，在社区建设的各个方面，如社区法制建设、社区组织体系建设、社区居民委员会建设、社区公共财务体制建设、社区公众的参与、社区公共卫生体制建设等诸方面，都存在着问题甚至有的是十分关键的问题。总体上，全省社区建设的形势还不容

---

① 云南省民政厅基层政权建设处：《全省社区建设情况汇报》。

② 本课题组对社区抗击“非典”的工作进行了大量的专门调查研究，形成了若干个专题报告，并通过《云南大学SARS研究简报》，上报省委省政府及有关部门。请见本结题报告“附录二：关于社区抗击‘非典’的报告”。

乐观，城市社区建设道路上还充满着挑战，还有许多急需完成的任务。当前云南省城市社区建设过程中各个方面存在的问题和任务，我们在“政府与城市社区建设”的各个报告中均有较详细的描述和分析。这里，从总体上将云南省城市社区建设中的主要问题和面临的任务分述如下：

总体上说，由于各种原因，社区建设中还存在不少问题，从而使得整个社区建设较多流于表面化和形式化，现有的建设进展与城市社区建设的“三自”目标相比较，还有很大差距。解决这些问题，正是今后社区建设面临的重要任务。这些问题主要表现为：

1. 社区管理体制运行不顺畅

主要体现为街道办事处与居委会的关系、职能部门与社区的关系，领导与被领导的关系还没有转变为指导与被指导的关系。社区内各主体的关系还未理顺，如何确定社区的组织体制还未达成共识。

街道办事处与居委会的矛盾主要体现在居委会到底是作为“街道的脚”还是作为“居民的头”？或者说居委会到底应当作为自治组织还是行政代理机构？根据相关法律规定，社区居委会是居民自治组织，应该由社区居民自主选举产生，其组成人员应当是本社区居民，作为社区一级的最高权力组织，享有在本社区范围内的最高威信。但是由于目前社区自身财力薄弱，无力承担社区“干部”的开支，因此我省的社区居委会在实行民主选举的同时，将选举产生的人员由街道加以聘任，并且选举产生的人往往是非本社区居民，纳入行政事业编制，由国家财政支付社区工作人员的工资，即“街聘民选”，这样就搞不清居委会到底是“居民的头”还是“政府的腿”？实际上，社区居委会的大部分工作由街道办事处布置，工作考核由街道直接确定，是十足“街道的脚”。这与居委会作为“居民自我管理、自我教育、自我服务的基层群众性自治组织”的法定地位完全背道而驰。①

同样，政府各职能部门与社区的关系也不合理，主要表现在：一是政府各职能部门下达的各种任务（特别是各种入户调查统计工作）和政府各职能部门的检查评比太多，社区工作者负担过重。社区被迫接受多项各种入户调查工作，这些调查工作量大，且具有重复性，经常入户调查，打扰了居民的正常生活，引起居民对社区工作者的反感，居民冷言冷语、不支持工作的情况经常发生。二是社区居委会按照政府各职能部门的要求，设置的工作台账太多，最少的100多本，如昆明市威远街社区多达300多本，社区工作者除正常工作时间

---

① 陈家喜：《云南省城市社区居民自治建设研究》（未刊稿）。

外，还经常利用下班时间和周末加班，没有时间和精力去落实“三自”工作。①

社区一级组织间的关系也未理顺，社区居委会与社区议事会的关系混乱。由于居委会成员是街道对居民选举产生的人员加以聘任即“街聘民选”，并且工资福利纳入事业开支，工作考核由街道直接确定，实际成了“街道的脚”。于是有些地方将议事会作为居民的自治组织，它由本社区有威望的居民如离退休的老干部、人大代表、政协委员、驻社区的单位代表等组成。它成为社区范围内的最高权力组织，负责监督由街道聘任的专职人员组成的社区居委会，即实行“议行分设”。这种做法是对“街聘民选”所带来的社区居委会的“行政异化”的一种纠正，具有积极的意义。然而，这一做法缺乏法律依据，根据《居民委员会组织法》，居委会是“居民自我管理、自我教育、自我服务的基层群众性自治组织”，而非社区议事会。

2. 社区管理方式陈旧，行政化倾向严重

由于社区居委会常常担当街道下属的代理机构，同时执行着政府各职能部门下达的许多任务，社区行政化色彩突出。以昆明市盘龙区土桥街道办事处的街居机构设置为例，社区在机构设置和工作内容上也明显体现出“政府代理人”的角色。土桥街道下设6个科室，分别是党工委办公室、行政办公室、经济管理科、社会管理科、城市管理科、综合治理办公室。与此对应，该街道辖区的社区居委会一般都设立5个内部委员会，分别是：社区治保调解工作委员会、社区文教卫体工作委员会、社区人口计生妇女工作委员会、社区保障服务工作委员会、社区绿化城管委员会。从这些委员会的名称上即可看出，其工作职责几乎涵盖了全部城市社会公共管理和公共服务的领域。在承担街道和职能部门任务的同时，居委会也被赋予了“行政权威”，具有了基层政权的性质。连社区居委会的工作人员都被冠以“社区干部”的称谓。

有些社区居委会随着办公条件的改善，办公形式正日趋机关化。不少“社区干部”有事无事都得待在办公室正儿八经地坐足钟点，下班时间一到就各奔东西。以前的“小区居委会”干部大都生活在小区内，居民有事，随叫随到，居民没事，可以偷闲回去做点家务活，这种“老婆婆”式的朴实工作作风在新社区干部身上逐渐丢失。有些社区工作人员是街道从社区外部招考，而居民需要居委会解决的一些“琐事”又往往集中在下班时段，此时有事情，不易找着社区干部，即使找着了，由于不少干部住家路途较远，也难以及时赶到解决问题。社区居委会办公“机关化”的发展趋势，也正成为云南省社区

① 盘龙区民政局：《盘龙区社区建设发展情况调研报告》。

建设过程中社区“行政化”的又一个重要表现。

3. 社区财务与经济薄弱，基础设施落后

根据我们的调研，目前各社区的办公经费根据社区管辖户数的多少，由政府按照每月400～550元的不同标准拨付。在对昆明市盘龙区的调研中，58个社区反映，由于社区居委会事务繁多，目前的办公经费应付社区居委会的电话费，水电费、复印费已经不够，其他费用更无力支付（许多社区复印材料是由办事处或驻区单位帮助解决），居民户数少的社区，每月的电话费最少也在140元左右，而像昆明市盘龙区东华社区这样居民户数多的大社区，在工作繁忙的时候每月的电话费高达400元以上。由于经费不足，使社区为居民服务的工作不能正常开展。由于社区居委会成立的时间较短，大部分社区自身的经济很困难，没有“造血”功能，无法为社区建设工作补充一定的经费，只能依赖政府和街道办事处。

同时，社区与驻地单位共驻共建、资源共享由于诸多原因难以实现。一些单位对于社区工作仍处于不了解、不支持、不参与、不配合的状态，特别是一些省属、市属机关，门难进，脸难看，总要求社区居委会开展工作时出具红头文件，对社区工作支持与合作不够。一些高档的住宅小区，如昆明市白塔花园等，看不起社区工作者，禁止社区工作者进入小区开展工作，使社区共驻共建、资源共享成了一句空话。一些驻区单位自身经济困难，无经济能力支持社区工作。另外，政府大部分职能部门都可以向社区交任务，社区整天完成任务指标，应付各种检查，但是一些部门只注意完成自己的工作任务，动不动还要考核居委会，不严格执行“费随事转”的原则办事，交任务不给经费的现象十分普遍，使原本脆弱的社区经济雪上加霜，加重了社区的经济负担。①

社区办公用房不足是一些社区面临的突出问题。特别是在昆明市，市区的地价高、房价也高，政府按规定拨付的经费无法有效地解决社区的办公用房问题，使一些社区的办公用房一直未能达到50平方米的标准。由于旧房拆迁，一些社区居委会如书林街社区、庆云社区和祥云社区原有的办公用房被拆后，一直未得到偿还。目前一些社区的办公设施已远远不能适应社区建设工作的需要，如大部分社区没有传真机和复印机，一部分社区没有照相机和打印机，已不能应付政府各职能部门的工作任务。

4. 社区中介组织发育不好

通过调查，我们发现缺乏资金、办公设备、办公场地等资源，是现阶段社区中介组织发展存在的普遍问题。目前，社区中介组织的资金主要有相关部门

---

① 盘龙区民政局：《盘龙区社区建设发展情况调研报告》。

拨给、社区自筹、收取服务费用三种来源。其中依靠政府有关部门拨给仍然是大部分社区中介组织的主要经费来源，而政府部门由于自身原因所拨付的经费也有限，而且社区自筹还没有充分发挥出社会捐赠的作用，收取的服务费由于服务水平低、项目少以及居民的承受能力等原因也比较少，这就使得社区中介组织的开办、运行资金存在较大缺口。由于资金的缺乏，也使得社区中介组织的办公设备缺乏，无力购买和租用办公场地。

另外，社区中介组织的人员来源主要是社区的下岗职工、低保对象、离退休职工，具有较高素质和社区工作经验的社区工作者十分缺乏。同时，有的下岗职工对收入的期望超过了社区的承受水平，并且对社区就业存在轻视和疑虑，因此造成不愿意加入社区中介组织从事社区工作的现象。社区服务业相关管理和培训不到位，也是制约下岗职工走上新岗位的因素。高层次的人才缺乏、普通社区工作人员存在一定缺口，这样就造成了“有能力的不愿意干，愿意干的干不了”的社区工作现象。

5. 社区自治功能基本没有形成

与上述问题密切相关的，是社区自治功能基本没有形成。这主要体现在如下方面：

一是自治组织自治主观倾向缺失。自治组织的主观倾向是其自主性能否成长的根本因素。目前社区居民委员会也有一定的自治倾向，但由于资源、收益都是来自政府，因而总的来说还是希望依附政府及其代理机构。在与社区居委会成员的交谈中，我们发现，他们往往把政府职能部门交办的工作称为常规工作，而一些真正属于自治范畴的事情，却成了非常规工作。虽然他们也知道社区居委会是群众自治组织，他们是这个组织的成员，但他们更愿意以政府工作人员的形象出现。

二是真正意义上的社区自治章程的缺失。自治组织的自治章程是自治体活动的规范。其章程应该由全体社区居民或社区居民会议协商制定。由于社区居民委员会的建立完全是在政府的运作下成立的，因此自治章程是在社区居委会成立后才制定。并且，各社区的自治章程是在职能部门或街道办事处给出的范本上稍加修改形成的，这样的范本集中体现了基层政府对居民自治的范围界定和控制程度。甚至社区居民会议、社区居委会的有关制度规定也是按以上方法产生的，无法真正体现本社区的特点与及居民的意愿。

三是严格意义上民主选举的缺失。《居民委员会组织法》规定居民委员会由居民会议选举产生。在社区建设过程中，社区干部的产生一般采用面向社会公开招聘，应聘者通过笔试、面试、政审和体检后，由街道推荐社区，再通过居民代表会议等额或差额选举产生。这种俗称“街聘民选”做法，它的好处在于拓宽了居委会干部的来源渠道，使一批有能力的人进入社区居委会，改善了原居委会干部年龄大、文化水平低和工作能力低的状况，被认为是社区建设对社区居委会选举一种创新。但这种“街聘民选”实际上为街道选派自己满意的人到社区留下了极大空间，同时，也违背了选举权与被选举权对等的选举原则，剥夺了绝大多数社区居民的被选举权，民主选举法基本流于形式。

四是日常决策权的缺失。依据《居民委员会组织法》，“对涉及全体居民利益的重要问题，居民委员会必须提请居民会议讨论决定”，“居民委员会向居民会议负责并报告工作”的规定，这就是说，居民会议是社区公共事务的决策机构，是社区自治的权力中心。但现实中，社区居民会议对社区公共事务的决策权受到来自政府行政机构和社区党组织的强烈冲击，政府组织和社区党组织越过社区居民会议随意对社区居民委员会发号施令，随意摊派工作，社区决策机构——社区居民会议完全被架空，成了摆设。现实中，居民会议一年也召开不了几次，即使能正常召开，也基本上形成不了决议。

五是考核与激励机制的缺失。自治组织的动力包括有形的物质激励和无形的精神激励，目前的社区居民委员会的物质激励和精神激励完全来自于街道办事处和政府各有关部门。政府激励的基础如前所述，是依靠对社区居民委员会工作的全方位考核，以考核、评比为指挥棒左右居民委员会的工作精力及其投向。当法定的指导与被指导的关系异化为领导与被领导关系后，政府的考核与评价就远比社会的考核与评价重要得多。

总之，从社区建设的基本目标出发，针对以上存在的问题，我们认为今后一段时期内，云南省城市社区建设所要完成的任务是，进一步理顺关系，完善管理体制、加强社区财务体制建设和社区经济发展，调整社区居委会的管理方式，发展社区中介组织，促进社区居民的参与，培育社区自治功能，深化社区建设。

二、云南省城市社区建设中的政府职能分析

那么，今后应如何完成进一步推进社区建设的任务呢？无疑，现阶段影响云南省城市社区建设进程的因素是很多的，从现阶段云南省整个城市社区建设的实际情况来看，我们感到，无论是当前社区建设所取得的成绩还是存在的问题，直到今后所要解决的问题，都与政府息息相关。因此，能否结合现实需要科学地确定和实施政府职能，正是进一步将云南省城市社区建设推向深入的关键。

为此，有必要结合云南省城市社区建设的现状，对这一过程中政府职能配

置和实施的实际情况作进一步的分析。

（一）政府全面启动了城市社区建设并取得了初步的较突出的成果

对云南省城市社区建设的实地调查，以及基于云南省城市社区建设基本性质和政府与社区的基本关系对调查所做的分析，使我们得出了一个清晰而深刻的印象，这就是：云南省城市社区建设现有成绩的取得，相当程度上就是各级政府积极倡导、支持的结果。云南省各级政府，即从省政府到各市州、县区政府以及街道办事处，对目前城市社区建设，在政府职能的界定和实施方面，主要展开了以下积极而有成效的工作。

1. 领导高度重视并基本落实到组织机构上

云南省城市社区建设的上述成绩，主要是在各级政府的高度重视和大力推动下取得的。首先，各级党委、政府高度重视。2002 年 3 月，省委、省政府召开了“全省城市社区建设工作会议”。会后，下发了中共云南省委、云南省人民政府《关于加强社区建设的意见》、《云南省城市社区建设工作实施方案》等一系列文件，对全省社区建设提出了明确目标和具体措施。按照省委、省政府的要求，全省 16 个州市都成立了党委、政府领导为组长，人大、政协等领导为副组长的社区建设工作领导小组，把社区建设工作纳入重要工作日程，建立责任制。党政主要领导亲自抓，经常深入社区检查指导工作，在办公场地、活动经费、社区干部补贴等方面，帮助社区解决实际困难和问题。二是民政部门的资金投入和大力推动。省民政厅下设有专门进行社区建设的机构即基层政权与社区建设处。

此外，2001 年 2 月成立的省社区建设工作领导小组，下设办公室也在省民政厅。作为社区建设工作的牵头部门，民政厅先后投入全省社区建设的资金就达 1.83 亿元。这对于云南这样经济文化相对落后的边疆省份来说十分难得。同时，民政部门还根据不断变化发展的新形势，深入社区调查研究，积极探索，辛勤工作，大胆实践，积累了宝贵经验。

2. 全面规划、制定政策

如果说当代中国城市社区总体上属于非自发型，必须依靠社区外力量尤其是政府的力量，通过一个“建设”过程来形成社区的话，那么，对于 2000 年之际新型城市社区及城市社区建设几乎为零的云南省来说，这一对政府力量的需求就显得尤为突出，而云南省各级政府在中共中央和国务院的有关指示和精神要求下，意识到了自己的职责所在，面对几乎是空白的云南省城市社区建设，积极发挥了政府在这一过程中不可替代的作用，首先提出了云南省城市社区建设的目标，根据目标作出了总体规划，围绕规划出台了相关政策，为全省城市社区建设的展开提供了一个必须的制度空间。

第一，中央两办“23号文件”颁布之后，云南省的领导十分重视社区建设工作，并于2001年2月成立了省社区建设工作领导小组，由省主要领导担任领导小组组长。同年4月，省委、省政府召开了“全省社区建设实验区工作会议”，确定昆明市五华区、盘龙区，曲靖市麒麟区，红河州个旧市和大理州祥云县为省级实验区，进行社区建设实验，以期通过树立社区建设的典型，以榜样示范的形式引导、带动云南省城市社区建设的快速发展。

第二，2002年3月，在5个实验区实验工作取得成功经验的基础上，省委、省政府又召开了“全省城市社区建设工作会议”。会后，下发了中共云南省委、云南省人民政府《关于加强社区建设的意见》、《云南省城市社区建设工作实施方案》等一系列文件，对全省社区建设提出了明确目标，作出了总体规划。同时，通过省主要领导的讲话以及省社区建设工作领导小组出台的一系列具体的有关社区建设的文件，指导全省社区建设的开展。省民政厅还通过开展社区调查研究和信息收集，了解社区建设的现状和建设中存在的问题，提出有针对性的深化社区建设的对策建议。

在市州及县区，一般也都由党政主要领导兼任社区建设领导小组组长，负责本地区的城市社区建设工作。除了省里出台的社区建设的文件外，各市州也结合本地实际出台一系列的行政规章以推动社区发展。

可以说，正是通过上述工作，发挥了积极的法律规范和政策导向作用，给全省社区建设工作确立了一个基本的制度空间。

3. 舆论宣传、引导动员

在全面的城市社区建设之际，由于大多数单位和居民对何谓社区不了解，且居民长期以来养成了事事依赖政府的心理，而企事业单位又由于认为涉足社区建设无利可图，缺乏参与社区建设的热情，加之致力于社区发展的社会中介组织很不发达，因而云南省城市社区建设的参与水平普遍偏低。

因此，为了让社区这一新生事物迅速地为广大群众所认知，各级政府首先摇旗呐喊，充分运用大众传媒包括党报党刊、报纸、广播、电视以及互联网等，宣传社区建设重要意义和基本知识，扮演了社区建设倡导者的角色。昆明市和个旧市等地还组织多种形式的社区文化会演、书画比赛、开展社区科普宣传、组织社区志愿者队伍等活动来培养和提高社区居民、驻社区的各企事业单位、社会团体和机关对社区建设的责任意识和参与意识，努力形成“共驻社区、共建社区”、“社区是我家，建设靠大家”的良好局面。同时，各级政府还通过组织力量和正式渠道动员公安、工商、税务、环保、园林、环卫、文化等与社区建设联系较紧密的部门参与到社区建设中来。

这样，使广大群众乃至政府各级工作人员对城市社区建设的必要性和意义有了必须的认识，使广大干部群众投身到城市社区建设中。

4. 直接参与、组织负责

基于云南省城市社会经济发展的具体情况，政府直接参与到了社区建设中，组织展开了社区建设并对社区建设全面负责，主要完成了以下方面的工作：

一是进行了新的社区划分。即根据地域、人口、经济、文化、传统等因素，重新划定了进行建设的社区范围。

二是由街道办事处直接出面，在规定了社区基本组织体系的前提下，组织社区居民进行了社区委员会等组织领导人的选举，优化社区工作人员队伍，引导社区建立了组织机构和完成了机构运行机制的建立。

三是资源支持，为社区管理体制的运行和社区建设提供全面的物质资源支持。可以说，社区建设至今，社区运行的一切费用基本上都是由财政负责的。如社区工作人员的工资、社区的“一室、八机、两柜”即办公室，电脑、打印机、复印机、传真机、VCD 机、电视机、照相机、电话机，保险柜和档案柜，社区卫生服务中心文体活动娱乐室，社区警务室，都主要是由政府财政投入。据统计，仅省民政厅实施的用于改善社区老年福利服务设施的第一、二批共 300 个“星光计划”项目，就投入了 1.83 亿元，等等。

可以说，正是因为有了云南省各级政府对中共中央、国务院有关文件和精神的认真贯彻和执行，有了政府在社区建设中积极发挥上述职能，在人力、物力和财力方面全方位的支持和投入，并对整个社区建设的负责，才使得经过 2 年多的实践，随着社区建设在全省的全面铺开，社区内的各项工作得到了长足发展，社区建设取得了初步的也是令人瞩目的成绩：社区规模调整基本完成；社区居委会干部结构优化、素质明显提高；社区服务领域拓宽、内容拓展、覆盖面扩大；在社区基础设施建设方面，投入增加、力度加大，办公、活动条件有所改善；社区内外关系逐渐理顺，新的工作机制正在形成，社区组织逐步健全。

随着社区建设的开展和深入，社区建设的作用日益显现。即随着工作推进和示范活动深入开展，社区建设已显现出强大的生命力和巨大的社会效益：社区建设已成为新形势下城市工作的重要基础，成为建设现代化城市的基础工作，成为城市管理体制改革的重要内容。在为群众创造安居乐业的良好环境，提高人民生活水平和生活质量上，发挥着服务作用；在促进经济和社会协调发展，适应城市改革与发展上，发挥着推动作用；在树立党和政府形象，密切党和政府与人民群众的关系上，发挥着凝聚作用；在扩大基层民主，维护社会稳定上，发挥着保障作用。

（二）政府职能未能适时转变和正确输出制约着城市社区建设的深入

应该充分注意的是，随着社区建设初期的社区规划、组织建设、资金投入和基础设施的建设等工作的结束，目前云南省城市社区建设总体上出现无法深入的状况。实际调查和研究表明，当前云南省城市社区建设中不断出现的问题乃至总体上呈现的停滞不前，实际上也与目前政府在社区建设中的职能确定和输出方式状况密切相关。

1. 现阶段社区建设过程中政府职能存在着比较突出的错位现象，“缺位”和“越位”并存

城市社区建设和管理作为一项城市的基本公共事务，无疑是政府管理的基本领域，但调查发现，现阶段云南省各级政府在推进城市社区建设，实施城市社区管理过程中，总体上存在着政府职责不清、权利不明的问题，表现出较为明显的政府角色错位，而且是“缺位”与“越位”现象并存，一定程度上阻碍了城市社区建设和新型城市管理的健康发展。

（1）政府在社区建设和管理中的“缺位”

政府角色的“缺位”，是指政府在行政过程中，未能扮演好自己应有的管理者角色，未能履行好自己应尽的职责，也就是我们通常所说的“该管的没有管起来，该做的没有做或者没有做好”。现阶段云南省社区建设和社区发展的实践中，政府的这种“缺位”现象表现比较明显，并主要体现在以下方面：

第一，缺乏进行长期建设的可操作的统筹规划。对当代中国城市社区建设尤其是云南省的城市社区建设研究表明，由于特定的条件，当代中国城市社区建设是政府主导下的城市社区形成过程，政府在整个建设和管理过程中负有重要的引导、指导和管理的责任，指导和支持社区建设并通过相应的方式管理好城市社区，是当代中国城市管理中政府的基本职能，是一项基本而长期的工作。但调查显示，经过建设初期的“热度”之后，目前各级政府部门对社区建设重视程度明显下降，社区建设已经不在各级政府尤其是省市两级政府考虑的主要工作之列，从而对城市社区建设缺乏一个可操作的统筹规划，支持力度不够，甚至在一些地区，政府对社区建设撒手不管，放任自流的现象开始出现。

第二，没有形成政府各部门的工作合力，使社区建设与管理停留在传统的民政部门的职能范围内。从政府城市管理的角度看，社区建设实际上是要构建一个新的管理平台，形成政府对城市管理的新的方式，这就决定了社区建设工作内容复杂，涉及面广，社区是政府各职能部门城市管理的一个基本点，如社区治安涉及公安部门，社区卫生涉及卫生、环保部门，社区服务涉及工商、税务等部门，社区文化教育涉及文化、教育部门，社区环境涉及城管、环保、规划等部门，等等。由于总体上缺乏一个针对于这一改革的长期的可操作的统一规划，目前社区建设主要由各级民政部门负责。但调查发现，民政部门由于职权和经费所限，在实际工作中一旦缺少其他职能部门的配合和支持，往往难以顺利开展工作，更无从发挥领导协调的作用，从而使得不少地区的社区建设工作，仍停留在原民政部门管辖范围内的社区服务，特别是福利服务的范围之中，社区建设与管理难有所突破。

第三，对社区中的民间组织的培育和支持不到位。从社区建设的目标看，最终就是要形成社区群众的“自我管理”、“自我教育”和“自我服务”，实现社会管理的社会化，而其中，存在相应的能承担这些职能的民间组织就是达到这一目标的关键。由于我国传统的相对缺乏民间组织的状况，因而社区建设中培育、扶持、引导和监督民间组织的发展，并创造一个这些组织得以正常运行的良好环境，就是政府的一项重要职能。但调查显示，虽然云南省的各级政府在这方面已作了努力，也取得了较为突出的成绩，但目前在这方面总体上还存在着不少问题，主要表现为对社区群众自治组织、中介机构、社会工作团体的培育、指导不力，对介入社区发展的专业性非政府组织的“资助性投入”不足。

第四，政府对社区的投入数量和方式上存在问题，制约着社区公共财务体制的形成。社区公共财务的资金来源，主要是政府以一定方式的投入和社区内组织的经营收入，以及社区内外相关组织和个人的捐赠等。目前，由于种种原因，大多数社区居委会自筹社区建设资金往往困难较大，同时在社区氛围、社区自治尚未形成的情况下，驻区企事业单位、社会福利募捐和个人资助等社会性集资的数量也十分有限，因而政府以一定方式投入就成为现阶段社区建设和管理的主要经费来源之一。但调查发现，在政府启动了城市社区建设，进行了大量的人力和物力等投入，基本形成了社区管理体制后，由于上述的缺乏后续性的可操作的统筹规划，因而在相当多的地区，社区建设尚未正式列入政府的社会经济发展规划，财政预算中没有用于社区建设的专项资金，政府投入缺乏计划性和经常性。

同时，虽然在推行社区建设的过程中，提出了重心下移、费随事转的原则，要求开展简政放权工作，但出于自身利益的考虑，许多条条上的实权部门并不情愿将权力下放给街道和社区，因而职能转变不到位、责权利不对等。这样，或者是往往根据本部门或本系统的需要，资金使用分散，管理不规范，从筹资、使用到监督的各个环节尚未制度化，综合效益不佳，或者是“事”转“费”不转，从而使社区公共财务体制的形成和发展更加困难，进而制约着社区的发展。

（2）政府在城市社区建设和管理中的“越位”

政府角色的“越位”是指政府在行政过程中超越了其本来的职能与权限，即超职责地行政。在社区建设和社区发展的实践中，政府特别是街道办事处的这种“越位”问题最为突出地表现在以下两个方面：

一是对社区组织干预过多，甚至将社区组织仍作为自己的下属，使社区建设与管理的行政化趋向日益突出。在社区建设和新型管理方式形成过程中，充分发挥政府的主导作用，对社区内的各种社会组织进行政策上的指导和监督，通过各种手段引导和规范它们，使它们能够更好地服务于社区，服务于居民，这是政府培育和扶持社区社会所必需的工作，也是政府部门在社会日益多元化过程中的一种政治责任。但对云南省整个城市社区建设的调查显示，目前大多数的基层政府及其官员不懂得或不习惯或不善于对居委会、志愿者协会和业主管理委员会等社区居民的自治性组织进行政策上的指导，而是习惯于计划经济时代的传统做法，自觉或不自觉地将非政府的社会组织作为依附于政府的附属单位或下属单位，并且直接干预这些组织的自主权利。例如本来街道办事处、政府职能部门与社区居委会的关系是指导与协助、服务与监督的关系，而不是领导与被领导、命令与服从的行政隶属关系，但许多地方政府把对居委会的指导责任变成领导责任，且直接任命居委会的有关工作人员，直接管理居委会的日常活动，等等。

二是政府包揽了过多的应由社区管理组织所承担的职能。城市基层社会的公共事务是政府城市管理的基本内容，因而在社区建设和管理中，政府对社会事务的管理和推动具有义不容辞的责任，但从当今公共管理社会化的基本要求和城市社区建设的基本目标来看，这并不等于说要由政府部门事事负责。然而，我们在调查中发现，由于政府职能缺位，没有在初期建设的同时向社区放权让利，还是习惯于主导、干预社区，政府职能的转移尤其是权力下放还只是限定在行政系统内部，政府向社会放权、向社区放权、向民间组织放权的程度和范围都很不够，从而导致的社区民间组织发展不够和群众参与不足等，政府对社区事务既不放权也无法放权，因而不得不包揽了许多应该由社区自身的管理组织尤其是非政府组织承担的工作，如直接组织和承办了社区内的文化活动、公益性慈善活动、志愿者活动、科普活动等。结果，政府仍然是全能政府，对所有社区事务大包大揽，还是“所有问题都自己扛”，仍然无法走向城市社会公共事务管理的社会化，同时社区自身力量薄弱，对政府的依赖性强，无力承担社会职能，最终社区建设停滞不前，流于表面化、形式化。

2. 政府在推进社区建设过程中所采用的职能输出方式单一

从上面的分析中，我们可以发现，云南省在城市社区建设的工作方法上，主要以行政推动为主导，以落实中央的“23号文件”为任务，相当程度上是以运用法律、政策、舆论大张旗鼓地宣传和发动运动的方式展开，并以行政命令为主，按照行政层级落实的。这种方式的最大特点在于可以运用政府强大的权力势能迅速地积聚各方面资源，动员社会各方面力量，让老百姓很快了解社区建设的意义与目标，从而短时间内取得社区建设的成效，因而在社区建设的初期是十分有用的，也是必须的。这一方式最突出的成绩，就是在短期内在全省迅速划分了社区，初步建立了社区组织体系。

社区组织体系基本建立，意味着社区建设初期工作的完成，社区建设管理工作进入了一个新的阶段。进入新的阶段，要求政府推动社区建设和承担自己责任的方式都必须随着新的情况而有所转变。因为从社区的现状和社区建设的最终目标看，社区建设的目标一方面要解决政府在社会管理过程中“负担”过重的问题，即实现社会职能的社会化，另一方面是让社区真正成为社区居民自我管理、自我教育和自我服务的家园，让居委会成为真正的基层群众自治组织，因而通过一定的方式方法逐步让社区自治组织和其他民间组织承担起自我管理和自我服务的责任，应是确定新阶段政府职能的基点。

然而，调查显示，由于上述社区建设展开之际及初期建设中政府职能“错位”及由此导致的诸种问题，从而一方面，社区管理机构提供的、供居民参与的事项极少涉及社区公共权力的运作，居民对参与的价值和作用表示怀疑，缺乏足够的参与社区事务的热情，同时居民也缺乏通畅的参与渠道和组织保证；另一方面，政府将社区自治组织如社区管理委员会等视为自己的下属，甚至是一个行政层级，因而符合当代政府城市社区管理的一些基本方法，如法律监督、政策指导、委托、合同等等，没有进入政府管理部门的视野也难以实施。这样，目前为止，运用行政权力，采取“运动”式的方式、通过行政层级或者准行政层级进行社区建设和管理仍然是政府参与社区的普遍方式。

通常的情况是，政府认为某项工作有必要了，要么把这项工作作为政绩工程来抓，急功近利，又大张旗鼓地搞一场活动，而不去脚踏实地去做工作，形成了如老百姓常讲的“轰轰烈烈讲建设，踏踏实实走过场”的情况；要么通过自己的派出机构街道办事处布置任务，而街道办事处又通过相当程度上是自己派出机构的社区居民委员会，召集居民来开会、布置、传达，然后开展相应的社区活动。即便是在成立了居民代表大会的社区，什么时候开、讨论什么主题也都是由上级管理机构定，居民代表只有“听”的份，所谓的居民的自发参与相当程度上限于配合政府工作方案，缺乏社会工作专业人才以专业方法启发社区居民的独立自主行动。这样，社区建设像搞运动，一阵风，整个社区建设和管理带上的浓厚的行政色彩，既难以降低政府行政成本，又与社区建设的目标相违。

三、对云南省城市社区建设中政府职能状况成因的思考

城市社区建设是一个过程，在这一过程中政府职能阶段性的科学配置和输出，是推进整个社区建设与纵深发展和管理逐步完善的关键一环。通过对云南省城市社区建设的大量实地调查和思考分析，我们认为，现阶段云南省城市社区建设中所存在的政府职能的“缺位”和“错位”，以及职能输出方式的单一等问题，与下述因素直接相关。

（一）主观认识因素的影响

什么是当代中国的城市社区建设？政府为什么需要介入城市社区建设？其基本性质和目标是什么？这一建设有什么特点和要求？政府在这一过程中的角色和职能如何？这是城市社区建设的基本问题。对政府而言，对这些问题的认识、回答及相应职责的履行，直接关系到整个城市社区建设的成败。

那么，如何认识这些基本问题呢？在调查的基础上，通过较系统的讨论和分析，我们形成了关于这些基本问题的理论思考（本研究报告“第三部分 理论探索：当代我国城市社区建设的若干基本问题”对这些问题有较完整的陈述）。简言之，这些基本问题主要如下。

1. 当代中国城市社区建设的基本性质和特点

当代中国为什么要进行城市社区建设？简言之，就是要通过建设，形成城市社区。在现实中，城市社区形成总体表现为由政府发起并推动，有意识有目的地通过一定的方式或手段形成规定样式的城市社区。因此，目前比较一致的看法是，当代中国城市社区的形成主要是非原生型的外力推动，其特点是在党的领导下、在政府主导下的社区建设[①]。但是，当代中国城市社区形成为何具有这一方式和特点，人们却大都视为当然，极少作深究，从而也就对社区建设的基本内涵、建设目标等较少理性的全面的把握，进而影响了社区建设工作的

① 胡仙芝、曹沁颖：《加强城市社区建设 实现社会和谐发展——“城市社区建设”研讨会综述》，载于《中国行政管理》2002 年第 7 期。

针对性。

我们认为，当代中国城市社区的形成的这一方式是经济社会改革的必然，反映着我国特定社会条件下城市社区形成的基本要求，具体体现为：一是现阶段新型城市社区的形成需要外力推动；二是现阶段城市社区建设的主要推动者必然是政府（详见本报告第三部分）。

2. 城市社区建设的基本目标

当代中国城市社区建设的目标，是在社区建设中必须充分认识的第二个基本问题。对这一问题，目前社会上普遍的看法是“社区建设就是社区服务”。这一看法无疑是不准确的。对此，有论者提出“社区建设的目标不能仅限于单纯的社区服务，而应该既有社区服务的目标，同时兼有政治参与的目标”，认为“只有将两个目标都重视起来，才能保证社区建设顺利的发展”①。但我们以为，虽然后一种观点提出了社区建设要形成以基层民主为基础的群众自我服务、自我教育和自我管理，强调了社区建设的社会改革目标这一重要方面，但仍然不全面，其问题是在现实建设过程中难以充分发挥出目标的导向作用。

那么，当代中国城市社区建设的目标是什么？从以上对建设的基本规律及特点阐述中实际上已不难看出，这一建设所涉及和要解决的问题是多层次、多侧面的，其总体目标的内涵是十分丰富的，是一个在总体价值目标取向下由多方面的目标所构成的有机联系的目标体系。

就总目标而言，我们认为对城市社区建设的总目标可做如下的表述：社区建设是要在传统单位制解体过程中对社会进行整合，重新建构一个以“社区制”为形式、以公众积极参与为基础、以公众为主体、以公共管理社会化为目标的城市治理体系②。

在最终形成城市治理体系这一总目标下，城市社区建设的目标体系包含着如下两个基本方面：其一，不断加强城市基层民主政治建设，扩大群众的参与，形成城市社区自治或城市基层社会群众的自我管理模式；其二，形成政府社会管理（政府在城市的行政管理）的新方式。

3. 关于当代中国城市社区建设的阶段性与政府职能定位

实践与理论均表明，在当代中国城市社区建设中政府占有举足轻重的地位。因此，政府如何推动城市社区建设达到预定目标，实是当代中国城市社区

---

① 胡仙芝、曹沁颖：《加强城市社区建设 实现社会和谐发展——“城市社区建设”研讨会综述》，载于《中国行政管理》2002 年第 7 期。

② 徐勇：《“绿色崛起”与“都市突破”：中国城市社区自治与农村村民自治比较》，载于《新华文摘》2002 年第 12 期。

建设中的必须着力研究基本问题。我们认为，在这一基本问题上，必须对以下两点有必要的认识：其一，必须充分理解当代中国城市社区建设的丰富内涵，准确而具体地把握社区建设中政府职能的基本内容；其二，树立当代中国城市社区建设是一个阶段性发展过程的思想，努力确立以公共管理社会化为取向的政府推进社区建设的目标体系，形成必须进行政府职能阶段性配置的意识。

4. 关于政府在城市社区建设中职能的阶段性配置

城市社区建设是我国城市社会管理体制的重要变革，是国家与社会关系的重新构建，同时也是政府职能的重大调整。在城市社区建设过程中，政府是否应该发挥作用，发挥多大作用？围绕这一问题，许多学者提出不同观点和模式，从行政导向和自治导向①或者二者结合型②，到政府导向型、市场导向型和社会导向型③，不一而足。实际上，不论哪一种模式都无法回避政府的作用，因为现实中，政府已广泛而深入地介入城市社区建设的各环节之中。

我们认为，动态地看，在城市社区建设的不同阶段，政府应配置不同的职能和发挥不同的作用。在社区建设初期，政府的主导和发动将有助于迅速积聚资源，短时间内推动社区建设的全面展开。伴随社区建设的深入，特别是社区自我治理水平的提高，政府应放权让利，确保社区自治权利的行使和社区财政自足能力的提升。同时发挥社会中介组织和社区服务机构的作用，推动公共服务的社会化。但是，由于政府有责任向社区提供必要的公共服务和公共物品，因此在城市社区建设的始终，政府都须承担必要的职能。政府完全退出社区建设过程只充当"守夜人"的情况并不存在。

在调查过程中，我们通过面对面的交谈，通过对社区干部进行的专题培训④，我们一个突出的感觉就是，政府部门及其工作人员对城市社区建设的基本问题的认识，大多限于比较简明的相关文件的叙述，整体认识有待深入。我们认为，正是由于政府部门及工作人员对当代中国城市社区建设的基本特点、建设目标的丰富内涵，政府与社区建设的关系，以及建设的长期性和整体性等认识不足，因而才在现实的建设过程中，或者以行政权力为主，大搞群众式的

① 徐勇：《论城市社区建设中的社区居民自治》，载于《华中师范大学学报》2001 年第 3 期。

② 张立荣、李莉：《当代中国城市社区组织管理体制：模式分析与改革探索》，载于《华中师范大学学报》2001 年第 5 期；魏娜：《我国城市社区治理模式与体制创新》，载于《中国人民大学学报》2003 年第 1 期。

③ 奚建武：《社区管理呼唤新理念》，载于《中国社会报》（社区建设周刊）2003 年 1 月 8 日。

④ 如我们通过昆明市委党校，昆明市盘龙区委党校、五华区委党校、官渡区委党校、西山区委党校，以及个旧市委党校、曲靖市委党校、大理州委党校等，分别对这些地区的相关干部进行了多期关于城市社区建设的专题培训。

建设运动，希望于毕其功于一役，或者是不了解建设阶段性的存在，缺乏服从于总目标的阶段性目标体系，而是以不变应万变，缺乏阶段性的职能配置，出现了职能的错位，进而没有发挥出政府在城市社区建设管理中应具有的职能去推进社区建设。

（二）客观环境因素的影响

从社会发展的角度看，逐步形成并最终达到所要求的社区自治，是社区建设的基本目标，也是决定社区建设中政府职能配置的一个基本点。但如上所述，现实中却普遍存在着政府往往意识不到，或者虽意识到却难以对社区放权，进而出现职能错位的状况。究其原因，主要是存在着客观环境的制约。这其中，一些作为政府职能的配置和发挥的环境因素，另一些一定程度上又与政府在社区建设中已有职能相关，并成为进一步影响政府职能配置的环境因素。这些因素主要如下。

1. 城市政治体制和经济体制改革有待继续深入

社区自治功能的形成是社区建设的基本目标，社区自治的核心是社区公共权力的运行，而社区公共权力运行的基础则是社区的公共利益。时至今日，随着我国宪法明确提出对私人财产的保护，一个基本认识正在日益得到人们的认同，这就是："公"以"私"为基础，公共利益的基础是个人以基本需求为基础的自身利益。当代中国改革的基本逻辑，是开始于1978年的政治改革启动经济改革，进而是经济改革要求"政企分开"和"企社分开"推动政治改革，政治改革则启动了以"政社分开"为标志的调整国家与社会关系的社会改革。正是基于这一改革的基本逻辑发展，上面我们已指出，在当代中国，社区建设就是社会改革的一个基本内容，而随着经济体制和政治体制改革，单位制本身的"解体"，"单位人"开始向"社会人"的转化就是城市社区建设的基本动因。

但现阶段城市改革和发展中，一方面，政治和经济体制改革迫切需要加快城市社区建设，以逐步形成社区自治承担企业原承载的社会管理职能，并在管理社会化的前提下分担政府的社会管理职能，另一方面，政治和经济体制的改革进展又没有给社区建设提供最基本的支援，其中至为关键的是，现阶段单位的"解体"远没有完成，服务社会化还很滞后，城市管理社区化的工作进展也就较慢。这样，且不说大多数人的基本收入与社区无关，就是一般需要的满足更多还是依靠单位而不是社会，人们的"单位人"属性并未获得根本性的转变，总体上缺乏自发地参与城市社区建设的动力——与自身利益息息相关的经济推动力，客观上使社区公共权力的运行缺乏核心的内容；加之我国传统上长期的国家与社会的高度一统性，以及长期实行计划经济体制等在政治文化层面所形成的公民意识和社区意识的缺失，决定了社区群众于社区的归属感和参与度都很弱，使得居民自治组织动力源和权威性不够，难以开展工作，政府不得不承担了应由社区自身承担和负责的工作，表现为职能的错位。

2. 相关法律法规不健全

从《宪法》和《居民委员会组织法》的相关规定来看，社区居委会作为"基层群众性自治组织"的地位不容置疑，这也为社区自治组织建设提供了最高的法律保障。作为宪法和法律，它们对涉及社区建设的相关规定必然只是原则性的，没有对社区居委会的自治领域、自治性质加以更为明确而细致的具有可操作性的限定或解释，如，社区居民"自我管理、自我服务、自我教育"的内涵及外延究竟是什么？社区居委会是基层政权的组织形式还是非政府的自治组织？社区居委会组织的行业性质是归于经济类还是社会或政治类？换句话说，究竟是一个经济自治体呢，还是社会自治体或政治自治体？社区居委会是不是法人组织？它是一种什么样的法人组织？等等。实际上，对于此类问题，理应由地方性的法规和政府的有关政策规定结合本地的情况予以进一步的规定和要求。但上面的相关分报告已显示，以云南省为例，这方面还有许多问题迫切需要解决。可以说，正是地方性法规和政策的不健全或配套，使得现行的法律规定出现了模糊性和可操作性的不足，从而使得社区自治组织的建设实践显得非常混乱，也为政府行政权力的侵入留下了法律缝隙。

3. 民间组织的发展有限

从政府职能的角度看，培育和发展民间组织是当前政治体制改革中政府的一项基本工作，社区建设中对民间组织的培育虽然不是政府对民间组织发展的扶持和管理工作的全部，但由于作为城市基层的社区是民间组织在城市活动的一个基本舞台，因而也必然是政府培育和管理民间组织的一个基本领域。而如上所述，从城市社区建设来看，包括社区管理委员会或社区居委会在内的民间组织，实是达到社区自治，实现社区建设目标最基本而重要的组织载体，也是社区建设过程中政府职能阶段性配置并最终构建政府新的城市管理平台的基本而重要的支撑。

但云南省社区建设的现状反映出，虽然就全国来看，云南省政府部门在民间组织的发展过程中给予了足够的关注和支持，使得云南省民间组织发展的数量甚至质量都居于全国的前列，但一方面，调查显示，这些民间组织的发展一定程度上不是基于经济发展的基础上的个人利益维护和发展的要求产生，更多的是由于云南省特定的历史文化原因和现实中的环境保护及扶贫等需要所致①；另一方面是由于建设过程中政府由于对社区建设目标的丰富性认识有待深化，对民间组织在社区中的地位认识不足，因而没有将对民间组织的培育和管理工作有机地与社区建设相结合，缺乏一种主动而创新的在社区建设中对民间组织的培育和支持。加之原来社区范围内民间组织甚少或几乎没有，而现阶段这些非政府的专业性社会组织刚刚处于发育和开发阶段，无论是组织的数量还是有关的人力资源都还相当稀缺，所以，它们在社区中的信赖度和权威性也相当有限，工作难度较大。这样，民间组织的发育迟缓，没能成为社区自治的主体，难以承接政府和企业转移剥离出来的社会职能和服务职能，也没起到缓解社会冲突与矛盾的中介作用。反过来，民间组织的发展迟缓，又成为制约政府在社区中逐步实现公共服务和公共产品社会化的瓶颈，使政府即便对有些工作想放权也无法放权，不得不大包大揽，出现了严重的职能错位，进而影响着社区建设的发展。

4. 对城市社区民主形式探索不足

城市社区建设基本目标要实现的社区自治，就是建立和完善城市的基层民主，城市社区建设过程就是要孕育社区群众必须的民主意识，培育社区民主的组织载体，形成城市基层民主的基本实现方式。这无疑是政府在推进城市社区建设中的基本工作，是确定政府职能的基本点。那么，这一民主意识的具体内涵是什么？城市社区中的群众自治组织的目标和活动方式是什么？换言之，当前进行的城市社区建设中的居民自治与广大农村的村民自治是否一致？应该说，这实际上是当前城市社区建设中的关键问题。值得注意的是，当前无论是在理论上还是在实践中，人们都将城市社区民主与农村社区民主的具体内容和实现方式视为同一的，并对城市社区的民主建设加以推动。然而，通过对实际的调查和上述相关的理论分析，我们认为城市基层民主和农村基层民主在基本目标一致的前提下，其具体内涵和实现方式应该是有一定差异的（第三部分较详述）。

（三）既有的城市管理思维和管理体制的制约

由于对城市社区建设有关基本问题的认识不到位，在各种客观环境因素的

① 在研究过程中，我们多次走访了云南省民政厅民间事务管理局，并与该管理部门就民间组织发展与管理问题展开了合作研究和对相关社团干部的培训工作。结果发现，云南省行业协会之外的民间组织的发展虽然势头良好，但其中国外非政府组织进入或依托这些组织提供的资源而建立的较多，且活动领域大多集中在扶贫、环保、戒毒、防治艾滋病等领域。当然，城市社区也涉及这些领域，但目前云南省这些工作的领域更多地是在广大的农村社区。

影响下，政府部门既有的城市管理思维、管理体制和管理方式等，也就对政府在城市社区建设过程中应有的职能配置和职能输出方式产生了制约。

1. 既有的传统城市管理思维制约了城市管理理念更新

在现阶段，我国经济体制改革和社会管理体制改革的进展呈现出明显的落差。在经济领域，随着建立社会主义市场经济的改革展开并步步走向深入，在社会主义市场经济条件下，必须更主要地以经济和法律手段对经济进行宏观调控，然后由市场引导企业的认识已成为共识，政府对经济的管理必须从传统的微观走向宏观和中观，并主要以经济和法律的手段进行管理的管理理念已确立，从而在现实中，通过政企分开的改革，政府较顺利地从企业中脱离出来，实现了政府职能的转换。

与经济领域不同的是，在社会领域，由于社会管理改革是继经济改革和政治改革的需要而展开的后继改革，并在相当程度上受到既有的经济和政治改革进度的影响和制约，“企社分开”尤其是“政社分开”和“政事分开”的改革刚刚起步，由于上述的多种原因，政府职能的确定和职能输出方式可选择性很小，因而与社会主义市场经济体制相一致的社会管理理念的探索正随着社区建设等改革的展开而展开，既有的在计划经济体制下所形成的城市管理理念还有相当大的影响。这一既有的城市社会管理理念一方面认为政府是当然的公共产品的生产者和提供者，全面负责城市社会的管理，其社会管理功能应该直接体现在社会的方方面面，一方面又担心如不全面而直接的管理而由社会自我管理，就可能会削弱政府对社会的控制，即一种相对于城市基层社会管理的“全或无”的管理方式。正是在这一既有的管理思维下，事无巨细地包办各种社会事务就成了政府管理社会的必然选择。

2. 既有的城市管理体制和方式滞后于社会发展

所谓既有的政府城市管理体制就是由街道办事处和居民委员会构成的城市基层管理体制，通常称为“街居体制”。街居体制是与我国高度集中统一的计划经济相适应的，并且是作为单位体制的一种辅助体制，起拾遗补缺的作用。从城市基层社会的管理而言，传统的街居体制最大的特点，就是将居民委员会作为自己的附属机构，是一种领导与被领导的关系，一定程度上使居民委员会成为准行政机构，整个街居体系依靠行政权力对城市单位体系之外的基层社会进行管理，行政性成为其突出的表征。

调查中发现，当前云南省与全国其他省区一样，进行了以管理重心下移为目标的“两级政府、三级管理”改革，但由于上述多种原因，尤其是在既有的管理理念下，传统的街居体系管理体制并没有改变，而且一定程度上现实的管理需要更强化着传统的管理体制与方式。其原因在于，一是城市管理重心的下移使得作为城市基层政府派出机构的街道办事处负有代表政府行使全方位行政管理职能，负责本辖区的社会管理，但由于相应的权力为条条所分割，造成职、责、权、利不统一，不对称，管理难度加大。同时，由于现实中街道办事处全面负责社区建设与社区自治的管理事宜，但由于目前的社区组织难以承担起相应的社区自我教育、自我管理和自我服务的职责，而整个社区建设又是政府且相当多的地方是通过街道办事处启动、投入人力物力和财力，并通过街道办事处维持日常运行的，传统的居民委员会及其与街道办事处的关系又提供了现时管理急需的组织资源，因而沿袭传统的管理体制的定位和运行模式进行社区建设和管理，就成为当前政府进行城市基层管理既无奈也是所可能有的选择，进而形成了政府职能错位。

四、加强云南省城市社区建设与管理的基本对策及具体建议

为此，我们通过对现阶段云南省城市社区建设中政府职能的现状的成因分析，从政府职能的角度，提出深化云南省城市社区建设的针对性的对策建议。

（一）城市社区建设和管理的基本对策

这里所说的基本对策，是从科学配置政府职能的角度，提出的加强云南省及与云南省情况总体上相似的西部地区城市社区建设与管理的较为长期而基础性的工作。

1. 首先在政府部门尤其是在涉及城市社区建设工作的政府部门中普及和研究对当前城市社区建设的基本内涵、建设目标、建设的阶段性与长期性，以及基于对这些问题认识的一般性的阶段性政府职能配置的认识

提高关于城市社区建设基本问题的认识，是科学配置政府职能，找到适宜的职能输出方式的前提。惟其如此，才能理性地去展开和推进城市社区建设，并首先形成基于省委省政府提出的关于云南省城市社区建设总目标的各城市和地区的具体的分阶段的目标体系，使政府推动城市社区建设的工作理性而有序地发展。

2. 在实施的行政管理和经济改革过程中充分注意与城市社区建设相关的改革，为城市社区建设的深入提供必须的资源和基础平台

上面的分析已指出，当前城市社区建设展开既是经济体制改革和政治体制改革的结果，且其建设的推进又有赖于经济体制和政治体制改革的进一步深入，因此，一方面不能超越当前我省社会经济发展的现实提出不切实际的社区

建设目标，另一方面又必须在进行经济改革和行政管理改革中有意识地注意与社区建设相关的改革，为社区建设的不断深入持续地提供必须而扎实的基础，例如，除了继续推动单位体制改革和社会保障制度改革等以外，一些相关的工作如继续保持传统的计划生育、社区治安、居民调解、门前三包等外，在经济改革和企业转制的作用下，可逐步将社会就业、扶贫帮困、社会保障和大量流动人口登记工作交由社区进行，使社区工作模式加速向适应市场经济管理方式的转变。

3. 树立必须的创新意识和实事求是的精神，整合力量，弄清情况，深入研究，正确把握云南省城市社区建设的具体内涵与要求，提出当地现阶段具体的建设目标和任务

城市社区建设是当代中国改革的一项重要任务，也是一项长期而艰苦的工作。在这一建设过程中，一方面，如上所述，对于城市社区建设的若干基本问题，以及上述特别需要注意的作为城市社区建设核心的城市基层民主的具体内涵和运行方式，需要结合现实改革的发展和需要不断探索，另一方面，由于不同的省、市和地区等有不同的社会经济发展程度，对社区建设有不同的要求，因而社区建设的进程快慢不同、阶段性不同，具体的建设要求也不相同。因此，应该将这一建设过程作为一个不断探索和创新的过程，积极结合一般要求和所在地具体的情况和要求，积极进行研究，科学地把握当地社区建设的具体内涵、要求和阶段性，积极发挥政府职能，推进社区建设。实际上，无论是从全国还是从云南省的情况看，都是在不同的范围内通过不同程度的社区建设实验，总结出可以借鉴的经验后全面启动和推进社区建设的。

这里我们特别提出的是，在这一实验—总结—推进的过程中，应该以政府推动社区建设为主线，以政府为主导，充分整合资源来对社区建设进行针对现实需求的实验应用型研究。所谓整合资源进行研究，主要是指整合现有的科研机构和高校中专业研究人员，针对现实中社区建设的需要和问题，以特定的社区为平台，将专业研究人员和实际工作人员有机结合，将理性与经验有机结合，紧紧围绕当地社区建设的现实阶段以及这一阶段中政府职能的确定和输出问题进行探索。并且，逐步扩大实验，甚至最大限度地将所有的社区都作为实验地，有目标地扎实地推进所在地的城市社区建设。我们认为，这是推进社区建设中不可缺少的一环。

（二）城市社区建设和管理的具体建议

这里的具体建议，是基于我们对云南省城市社区建设的调研和研究，认为是必须马上着手解决的较为具体的工作。主要有以下方面。

1. 尽快制订地方性的关于城市社区建设的法律法规，使城市社区建设的相关法律法规增加可操作性

除上面提及的要结合本地情况对社区建设的基本问题作出更为细致的可操作的规定外，还要出台一系列配套的、具有可操作性的政策和规章制度（如社区资源共享的规定），以明确社区工作的职责、范围，理顺与社区工作有关的各政府业务部门之间的关系，使社区建设工作有法可依，“四自”工作有法可循，落到实处。

2. 在深化政府机构改革中，从当地城市社区建设的具体需求出发，完善政府社区建设领导及机构

目前，民政部已正式被确定为政府在中央一级负责社区建设和社区发展工作的职能部门，民政部的主要职责是制定有关社区建设和发展的宏观规划和政策，而具体政策的执行和协调，尤其是结合当地的情况推进社区建设，则主要由市、区两级政府及有关的民政部门负责。实地调查和研究已显示，在渡过了城市社区建设的启动阶段后，客观上缺乏有力的组织领导和基于长期建设的统筹规划，从而使得民政部门在落实社区建设的具体政策时，往往因不能得到其他有关政府职能部门的协调配合而感到力不从心，影响了政策执行的效果，是现阶段云南省城市社区建设难以继续深入的主要制约。因此我们建议，我省各州市、县区两级政府可考虑配合地方政府的调整改革，在条件允许的情况下，尽快筹组由当地党委和政府主要领导干部参加的、具有权威性的、专门的社区建设领导机构，承担两项主要任务：一是根据党中央、国务院和民政部有关方针政策，因地制宜地制定或调整社区建设和发展的规划、政策和措施，引导社区建设工作健康发展；二是在当地党委和政府的领导下，组织协调督促各有关政府职能部门，与民政部门分工合作，相互配合，形成合力，共同推动社区建设和发展工作。

3. 改革现有的街居体系，逐步推进“街道体制”向“社区体制”转换

现阶段云南省城市社区建设难以深入的一个症结，就是基层管理中既有的街居体系滞后于社区建设的要求。实际上，在已进行的城市管理改革中，“面向社区，工作重心下移，权随责走，费随事转，责权利配套”的工作思路，街道办事处和政府职能部门与社区居民委员会的关系是“指导与协调、服务与监督”关系已经很明确。因此，如何结合云南省的实际并借鉴国内其他省区的先进经验进行改革，从根本上转变“权力在上，责任在下”的不合理状况，逐步推进街道体系向社区体系转换，最终建立起与社会主义市场经济体制的基本要求相一致的，符合云南省特点的新型的基层管理体制，是当前必须马上着手的一项工作。

具体来说，目前国内改革中取得比较好效果的，是所谓的“两级政府（市、区）、三级管理（市、区、街）”。这一改革的重点是在明确街道办事处作为政府派出机构与社区关系的基础上，科学界定街道办事处的参与社区建设与管理的职能①。

以“第三级管理”为目标的街道体制改革与旧的街道办事处相比，至少具有以下优势：其一，加强了街道办事处的管理权限，初步理顺了政府在城市基层社会管理上的条块关系，有利于调动和发挥第三级块上街道办事处的积极性和创造性，也有利于发挥政府职能部门在第三级块上的专业行政效能。其二，有利于街道办事处整合和调动社区内各种资源，实现政府、居民和社区内单位共建社区、发展社区的新格局。其三，有利于加强政府在社区管理第一线

① 实践中，上海市自1994年开始，积极探索“两级政府（市、区）、三级管理（市、区、街）”的街道体制改革的新思路。1997年1月15日，上海市十届人大常委会正式通过了《上海市街道办事处条例》，以立法的形式确认了第三级管理即街道管理的体制。“两级政府，三级管理”中的两级政府指的是市、区两级政府，三级管理分别是市、区和街道三级行政管理。“两级政府、三级管理”体制重点在于政府在街道所进行的第三级管理。其核心是推动市、区两级政府及有关职能部门的权力下放和分权，以街道办事处为主体，强化政府在街道层面即第三级的行政权力和行政效能。基本内容如下：(1) 按照“条块结合、以块为主”的方针，加强街道办事处的综合管理和协调管理的权力与职能，如部分城区规划参与权；属地管理权，对环境卫生、社会救济、计划生育等事务的直接管理权；综合协调权、协调辖区内的治安、工商、税务、房管、环卫、地级医院等机构；并可召集辖区内有关单位参加社区联席会议，商讨协调社区建设事项。(2) 在将综合管理的事权下放给街道办事处的同时，把专业管理的权力下放给职能部门的派出机构，并建立街道层面专业机构的对应机构，如公安派出所、工商所、环卫所、房管办、税务所等，以加强政府职能部门在街道的专业管理。而街道办事处和区政府职能部门对专业派出机构实行双重领导制，如对公安、工商等专业派出机构负责人的任免会签制，街道办事处享有“一票否决权”，由此强化街道办事处的行政权威。(3) 按政企、政事、政社分开原则，将区政府和街道办事处原来承担的一些社会服务性、经营性的事项，分别划归各专业服务机构和资产经营机构等，由此强化政府在街道层面的行政管理职能和行政效率。(4) 组建了由居民代表和单位代表组成的街道居民代表会议，对社区性的重要事项进行沟通和协商，听取意见和建议，接受监督。(5) 增加了街道财力。管理街道办事处联社，街道所属的工业、商业、服务业、建筑业等企业，管理在辖区内的各类市场、发展一些高科技项目（见唐忠新《中国城市社区建设概论》，天津人民出版社2000年版，第197页）。

的人力、物力和财力投入，提高政府的行政权威和行政效能。①

当然，从社区建设的长远发展来看，街道办事处作为政府的派出机构直接参与所辖社区的管理工作，只是一种过渡性措施，最终应将社区管理的权力归还居民自治组织，退出必须退出的领域，通过建立社区管理委员会、社区事务协商制度及居民互助、志愿者、选举社区领导人等活动，培养居民的自治能力，提高居民的参与意识，逐步实现“街道体制”向“社区体制”的过渡。

4. 从国家关于社区建设的基本要求出发并结合本地社区建设的具体目标，改革和完善启动阶段所构建的社区管理体制

从城市基层社会的管理来看，现有的街居体系真正向社区体系转换，除了街道办事处的职能逐步转换外，另一个关键就是确立起真正的新型社区管理体制。调查和研究表明，经过社区建设的启动阶段，云南省已形成构建了城市社区管理体制，但由于多方面的原因，这一管理体制与社区建设的要求相比较，更多的是形似而不是神似。这既是导致政府职能错位的一个重要原因，更是社区建设的缺憾。因此，在继续推进社区建设过程中，如何结合国家关于社区建设的基本要求，在探索本地社区建设目标和基层民主基本形式取得结果的基础上，改革和完善已构建的社区管理体制，使其成为形神兼备的新型社区管理体制，就是当前政府推进社区建设的一项重要任务。我们认为，要完成这一任务，在进行配套改革完善社区建设环境，政府在出台相关政策扶持民间组织的基础上，重点可考虑开展以下工作。

（1）明确所形成的新型社区管理体制应该是多中心的管理体制

当前，从参与城市社区管理的政府以外的组织来说，主要是自治组织。城市社区中的自治组织。根据社区建设章程，社区自治组织主要包括社区居民大会、社区居民代表大会、社区居民委员会、社区议事协商委员会、业主委员会等群众性自治组织。但无论是从当前城市社区建设的基本要求，还是当代公共

① 继上海市的“两级政府，三级管理”体制改革之后，1998 年北京市也开始实行“两级政府，三级管理”的街道体制改革。改革的要点是：(1)“一个确立”，即确立街道办事处对辖区管理负总责的地位，实质就是“以块为主，融条于块”的制度变革。(2)“两个赋予”，即赋予街道办事处对职能部门派出机构的领导权或统筹协调权，对辖区内务管理机构工作的监督权。原来实行双重领导的市容、房管等部门改由街道直接管理，而实行垂直领导的公安、工商、税务等部门，其工作要接受街道统一部署协商，人员任免须征求街道意见。赋予综合执法权，街道辖区内的环境卫生、园林绿化、违章建筑、无照经营、乱搭乱建等现象的执法由街道负责，对辖区内的施工扰民，污染源处理，街道有监督检查权。(3)“三分开”，即实行政企分开，政事分开，政社分开，首先进行政企分开的工作，街道与街办经济实体脱钩，街道干部工资和经费开支统一由财政支付（见夏建中《城市社区基层社会管理组织的变革及其主要原因——建造新的城市社会管理和控制的模式》，载于《江苏社会科学》2002 年第 2 期，第 167 页）。

管理的一般趋势来看，社区自治不应该是单中心的，即不应只有承担一定管理职能的自治组织，它应是社区内各类组织和居民按自己的意愿做出有利社区公共利益的选择。也就是说，社区自治的参与主体还有应有社区中介组织。社区中介组织在我国是一种新兴的社区组织，如社区事务服务站（所）、社区慈善协会、社区老年协会、社区发展基金会、社区志愿者服务协会，等等。社区中介组织的根本特征在于它为社区公益事业服务的非赢利性，因此，社区中介组织的出现、存在和发展是社区组织发展的十分重要的方面，是社区兴旺发达的重要标志。

（2）培育社区公共财务体制

逐步形成社区公共财务体制，使社区建设资金充裕是社区建设继续深入的一个关键性条件。社区建设启动阶段，政府的投入极大地推动了社区建设的快速而顺利的展开。但是目前却普遍缺乏有计划的财力进行后续投入。由于当前社区自我筹措资金的能力有限，因而我们认为在接下来的一段时期中，政府投入将是形成社区公共财务的一个主要支撑。当然，在这一过程中，除了在有条件的地方可考虑通过政策的优惠扶持社区经济发展，增加社区自主投入从而促进公共财务体制发展外，一方面是可考虑逐步引入公共管理社会化的理念，逐步采用政府基层管理即提供必须的公共产品的委托、合同、授权等方式，真正使“费随事转”落到实处，而且，这同时也是培育和扶持社区中介组织或民间组织的一个重要内容；另一方面，可考虑通过相关政策的制定，培育一个良好的社会环境，使驻区单位的资源与社区共享，并促进社会公益意识和公益捐赠等，扩大社区公共财务的资金来源。

（3）完善社区管理的运行机制

一是指导社区自治组织制定社区自治章程。自治组织的自治章程，是自治体活动的规范。其章程应该由全体社区居民或社区居民会议协商制定。但目前，由于社区居民委员会的建立完全是在政府的运作下成立的，因此自治章程是在社区居委会成立后才制定。并且，各社区的自治章程是由职能部门或街道办事处给出的范本上稍加修改形成的，这样的范本集中体现了基层政府对居民自治的范围界定和控制程度。甚至社区居民会议、社区居委会的有关制度规定也是按以上方法产生的，无法真正体现本社区的特点与及居民的意愿。因此，必须指导自治组织重新制定符合自己社区情况和要求的自治章程。

二是完善社区民主选举。《居民委员会组织法》规定居民委员会由居民会议选举产生。但在现实中，社区干部的产生一般采用面向社会公开招聘，应聘者通过笔试、面试、政审和体检后，由街道推荐社区，再通过居民代表会议等额或差额选举产生。这种俗称“街聘民选”做法，它的好处在于拓宽了居委会干部的来源渠道，使一批有能力的人进入社区居委会，改善了原居委会干部年龄大、文化水平低和工作能力低的状况，被认为是社区建设对社区居委会选举的一种创新。但这种“街聘民选”实际上为街道选派自己满意的人到社区留下了极大空间，同时，也违背了选举权与被选举权对等的选举原则，剥夺了绝大多数社区居民的被选举权，民主选举法基本流于形式。因此，必须积极探索，形成既能保证社区干部质量又能体现社区民意的社区民主选举方法。

三是调整政府职能，落实社区自治组织的日常决策权。依据《居民委员会组织法》，“对涉及全体居民利益的重要问题，居民委员会必须提请居民会议讨论决定”，“居民委员会向居民会议负责并报告工作”的规定，这就是说，居民会议是社区公共事务的决策机构，是社区自治的权力中心。但现实中，社区居民会议对社区公共事务的决策权受到来自政府行政机构和社区党组织的强烈冲击，政府组织和社区党组织越过社区居民会议随意对社区居民委员会发号施令，随意摊派工作，社区决策机构——社区居民会议完全被架空，成了摆设。现实中，居民会议一年也召开不了几次，即使能正常召开，也基本上形成不了决议。因此，必须采取措施，落实社区自治组织的日常决策权。

四是探索社区组织的考核激励机制。自治组织的动力包括有形的物质激励和无形的精神激励，目前的社区居民委员会的物质激励和精神激励完全来自于街道办事处和政府各有关部门。政府激励的基础是依靠对社区居民委员会工作的全方位考核，以考核、评比为指挥棒左右居民委员会的工作精力及其投向。当法定的指导与被指导的关系异化为领导与被领导关系后，政府的考核与评价就远比社会的考核与评价重要得多。因此，随着社区建设进入新的阶段后，必须由政府引导和推动，探索面向社区成员，责任机制向下的社区组织的激励考核机制。

第二部分　云南省城市社区建设分类调查研究

——基于政府与社区关系的视角

2001 年 4 月，中共云南省委、云南省人民政府在昆明召开了“全省社区建设实验区工作会议”，确定昆明市五华区、盘龙区，曲靖市麒麟区，红河州个旧市和大理州祥云县为省级实验区，进行社区建设实验。2001 年 6 月 20 日，昆明市五华区昆明理工大学社区召开首届社区成员代表大会，选举产生社区居委会，并正式挂牌，成为云南省第一家城市社区，由此正式拉开了云南省城市社区建设的序幕。此后的 2002 年 3 月，在 5 个实验区实验工作取得成功经验的基础上，云南省委、省政府又召开了“全省城市社区建设工作会议”。会后，下发了中共云南省委、云南省人民政府《关于加强社区建设的意见》、《云南省城市社区建设工作实施方案》等一系列文件，对全省社区建设提出了明确的建设目标和具体的建设措施。自此，城市社区建设实验工作在云南省全面展开。2002 年 9 月 8 日，全国城市社区建设四平现场会议召开，会上民政部命名云南省红河州个旧市等 27 个市为“全国社区建设示范市”，昆明市五华区、盘龙区和曲靖市麒麟区等 148 个区为“全国社区建设示范区”。

随着全省城市社区建设的全面展开，昆明市五华区、盘龙区和曲靖市麒麟区、红河州个旧市在完成社区建设实验后，继续深化城市社区建设工作，积极开展创建全国城市社区建设示范市、区活动，为全省城市社区建设工作提供了样板和示范。全省 16 个州市也根据自身的特点相继展开了城市社区建设，云南省的城市建设由点到面整体铺开。截至 2005 年底，云南省共调整划分或新建城市社区 942 个，其中居委会翻牌的 193 个，合并的 85 个，家委会转居委会的 42 个，新建社区居委会 375 个，村改居的 273 个；1 000 户以下的社区 199 个，1 000 ~ 3 000 户社区的 510 个，3 100 ~ 50 00 户的社区 164 个，5 100

~8 000 户的社区 68 个，8 100 户以上的社区 24 个。经过调整和建设，城市社区规模趋于合理，社区功能得到扩展，社区居委会的职能也得到加强。

根据课题申请时所确定的研究课题基本性质，即本课题是一项应用研究，重在正确而深入地了解和认识当前云南省的城市社区建设现状，要通过研究，不断地提供城市社区建设的现状材料和对策建议，并根据已有的理论认识出发，课题组分为若干子课题组，从政府与社区建设的关系入手，以云南省特别是城市社区建设取得较大进展的昆明市五华区、盘龙区，曲靖市麒麟区和红河州个旧市为重点，同时对昆明市、曲靖市、红河州、楚雄州、大理州、昭通市的其他城市社区进行了调查研究，围绕城市社区法制体系建设、城市社区组织建设、城市社区居民委员会建设、城市社区公共财务体制建设、城市社区中介组织建设、城市社区居民参与、城市社区公共卫生体制建设、准城市社区组织建设等城市社区建设中的八个问题形成了相应的调研报告。这些调研报告也为我们最终撰写课题研究总报告（第一部分）奠定了基础。

调研报告之一：城市社区法制体系建设的现状及对策

具备一个基于我国城市社区建设的基本目标、符合我国城市社区建设特点的相对完善和具有包容性的社区法制体系，是实现政府依法对城市社区进行管理、社区依法自治的重要基础，也是实现我国城市社区建设目标的基本保障。因此，随着我国城市社区建设进入深化阶段，依法行政，依法治社，加强社区法制建设，成为新时期城市社区建设的主题。

从广义的法律角度来看，城市的社区法制体系是一个国家法制体系的组成部分，其基本内涵应包括：国家立法形成的社区治理法制体系、地方立法形成的社区治理法制体系以及社区自治形成的契约性规范章程等，同时还应包括社区的法律宣传教育及服务体系。城市社区法制体系作为维持社区公共秩序的规则，它以有效地调整社区各自利益主体及其关系为对象，以期实现“驻在社区、服务社区、奉献社区、建设社区、繁荣社区”的目标。

西部地区城市社区建设中法制体系建设现状如何呢？从对社区法制体系及其作用的基本认识出发，我们重点调查了昆明市五华区、盘龙区、官渡区和西山区的城市社区法制体系建设情况。调查发现，在国家所颁布的《居民委员会组织法》及中共中央办公厅、国务院办公厅下发的《关于转发民政部〈关于在全国推进城市社区建设的意见〉的通知》（中办发［2000］23 号）等构成的城市社区建设及居民自治的总体法律框架下，通过地方政府颁布规范性文件等形式，城市社区法制体系建设取得了明显的进展，为推动城市社区建设打下了较为坚实的基础，积极推动了社区建设的开展，但同时仍然存在一些必须解决的问题。根据对调查获得的资料进行研究分析，我们提出了推进城市社区法制体系建设的建议。

（一）城市社区法制体系建设现状

对昆明市城市社区法制体系建设现状的调查，我们分为对已颁布的相关法律法规文件的调查和对“法律进社区”活动调查两个主要内容。对前者，主要调查了除了国家的相关法律以及云南省委省政府的相关文件，如中共云南省委、云南省人民政府《关于加强社区建设的意见》、《云南省城市社区建设工作实施方案》等外，市级及市级以下党委和政府颁布实施的有关规范性文件的情况。

1. 已颁布实施的相关文件

对社区治理具有直接影响的广义的政府部门政策产出，是社区自治性章程、规范性契约形成、发展和成熟的文本基础。从昆明市的情况看，政府针对社区建设的规范性文件从无到有，目前已初步形成了一个以国家相关法律法规为基础，针对昆明市社区建设情况和需要，地方性规范性文件为内容的法律体系。

这些规范性文件包括：市一级党委对社区党组织建设的实施意见（如昆明市委组织部《关于加强街道、社区党的组织建设的实施意见》）；城市工青妇等党群组织对社区相关组织建设和工作开展的意见（如昆明市妇联《关于加强社区妇联组织建设的意见》）；城市民政局对社区自治组织建设、城市社区服务的指导性意见（如昆明市民政局《关于加快发展昆明市社区服务的指导性意见》）；城市政府对发展城市社区卫生服务的实施意见（如《昆明市关于发展城市社区卫生服务的实施意见》）；城市管理局关于社区环境工作的意见（如昆明市城市管理局《关于美化社区环境工作意见的报告》）；城市公安局关于解决社区治安问题的措施（如《昆明市公安局社区警务改革的实施方案》）等。

同时，市属各区党委和政府也根据市政府的规范性文件精神和要求，针对自己管辖区域内社区建设的具体情况，出台了一系列旨在促进社区建设的文件，如盘龙区先后制定实施了《昆明市盘龙区社区建设工作实施方案》、《盘龙区开展社区建设示范活动的实施方案》、《盘龙区社区建设示范街道基本标准》、《盘龙区社区建设示范社区基本标准》、《关于创建文明社区的意见》和《盘龙区文明社区创建管理办法》等文件。此外，昆明市还通过政府引导，使各社区普遍制订了一批相关的社区群众自治和管理的文件，如《社区居民公约》、《社区工作者守则》、《支部工作制度》。

从内容上看，这些由市级党委政府、区一级党委政府制订的有关规范性文件，以及社区群众自己制订的公约等，涉及了现阶段社区建设的方方面面，如社区组织建设、社区群众自治、社区财务管理、社区服务、社区中介组织等。这些指导性的文件初步形成了指导昆明市城市社区建设工作开展的规范体系，对社区自治组织的建设、社区公共事务的管理以及相关社区问题的解决起到了积极的推动作用。

2. “法律进社区”活动的开展

2002年3月，中央文明办、中央综治办、司法部等9部门提出了文化、科学、卫生、法律“四进社区”的活动意见。两年来，昆明全市结合相关文件精神，全面开展了“法律进社区”活动，取得了一定成效，受到广大居民群众热烈欢迎，有效推动了全市社区普法和依法治理工作的深入开展，使全市社区建设逐步纳入法制化轨道。

在调查中我们注意到，如昆明市有关部门开展“法律进社区”活动的具体做法是：通过深入调研，明确目标，营造氛围，首先在城区选择了几个典型社区作为“法律进社区”和依法治理工作的试点。通过试点，积累了经验，明确了开展“法律进社区”和社区依法治理的目标，然后在全市推广。同时，在“法律进社区”活动中，注意把与社区群众工作和生活密切相关的法律法规作为法律服务和法制宣传教育的重点内容和切入点，大力开展社区居委会组织法、人口与计划生育法、城市建设规划法、土地管理法等法律法规的宣传，引导社区组织和群众正确行使权利，依法履行义务，维护自身合法权益。通过“法律进社区”活动的开展，提高了社区居民的法律意识和依法参与社区自治的意识，也提高了社区工作者的法律素质，得到了社区群众和社会舆论的好评。

（二）城市社区法制体系建设存在的问题

对昆明城市社区法制体系建设的专门调查中我们也发现，虽然昆明市的城市社区法制体系建设已取得了一定的成绩，但是还是存在诸多亟待解决的问题。这些问题，有的是总体上的国家相关法律有待完善，有的是地方性规范性文件需要改进。

1. 关于城市社区的法律、法规体系还不健全

它主要体现在两个方面。第一个方面，从现有的法规情况来看，目前涉及城市社区的法律有1990年开始实施的《居民委员会组织法》和制定于1954年的《城市街道办事处组织条例》。它们由于制定的时间太早，其内容涉及面已经跟不上我国社会改革实践深入的需要，而且其规定即使在总体上符合当前城市社区建设的精神，却也缺乏程序性规定的保障，使其在执行过程中难免违背立法初衷。关于此，学界已有过诸多论述，这里就不再深入探讨。

法律体系不健全的第二个方面，这就是目前涉及城市社区的法律、法规和规章制度都只是从社区本身进行规范的，或者说都是集中在规范社区、社区居民委员会及其相关工作机构的组织结构、职责及其运行机制等内容；却没有对政府与社区、社区居委会及其相关工作机构的关系以及政府行政行为与社区居委会及社区工作的关系进行规范。

我们要构建社区法制体系，而所谓“体系”，就应当形成一张“网”，将涉及社区、社区工作以及社区的民主自治的各个主要环节以及这些主要环节相互之间关系的诸方面内容网络其中。很显然，单单只有社区这一个支点，是远不能支撑起社区法制体系这张网的。考虑到中国城市社区建设的特点，即我国城市社区不是自发形成的，而是政府主导的，它从一开始就是政府发动的，在建设过程中，也是政府通过制订规划、给予人财物力以及政策上的支持、有步骤有计划地推进；同时基于我国城市社区建设的基本目标，城市社区法制体系这张网至少要有三个支点——政府、社区居民委员会、社区居民，即社区法制体系应涉及对居委会自身的组织结构、功能和职责的规定，同时还应包括对居委会与政府关系以及居委会与居民关系的规定。具体一些说，在我国当前城市社区建设的基本目标的规定下，居委会是城市居民的自治组织，同时是党和政府联系广大群众的桥梁和纽带，因而，它既要接受党的领导和落实党的方针政策、协助基层政府的一部分行政工作，但又不能完全变成政府的“腿”，完全丧失其依法自治的功能。因而就必须规定政府与社区居委会在社区工作中的定位，明确二者的关系，并在此基础上明确规定行政机关委托居委会执行行政任务或居委会协助基层政府开展行政工作的范围、程序及双方的权限职责以及人财物力的保障；只有这样，才能使社区居委会协助行政机关开展部分工作有据、有节，才能保证其作为城市居民民主自治组织的地位不徒有虚名，同时也使其作为党和政府与广大群众的桥梁纽带作用得到制度化的保障和充分的发挥。规定社区居委会及其相关的工作机构与社区居民的关系，通过制定相关法规制度使社区居民与居委会的沟通以及社区居民通过居委会向政府表达其要求的程序制度化并保证这种表达有回应，当然也很重要；但这还涉及居民对社区事务的参与度等其他因素，在当前，社区居民对社区事务的参与度还不是很高，现有的规章条例还比较可行。所以目前规范第一对关系，即政府与社区居委会的关系，显得更迫切一些。再者，也只有理顺了政府与居委会的关系，使居委会作为城市居民依法自治的组织的地位得到保障，它才能代表居民向政府表达要求，也只有这样，居民自主参与社区事务和向居委会的表达才有意义。

2. 制定有关规章及条例过程的参与度有待提高

目前，涉及居委会工作和社区事务的规章及条例（甚至是社区自治条例）

的制定过程只有从上（政府）到下（居委会）的单向过程。有关规章、条例是政府制定后下发给居委会，并通过行政指导性意见等形式指导居委会实施，而在这一过程中，没有规范、可操作的程序性规定来将居委会工作人员的意见纳入章程或是章程实施的指导性文件的制定中；而社区居民对规章、条例的制定大多也只是被动的参与（通过居民代表投票）。这样就一来与社区建设的基本目标有出入，同时，考虑到社区的多样性和复杂性，如能将身处社区、直接接触社区居民和从事社区工作的社区工作人员的意见规范地纳入到涉及社区事务的章程条例的制定中，或是让其发挥主动性，自行制定实施细则，也更有利于相关法规、规章的实施。当然，根据我国城市社区建设的总目标，居委会除了是基层群众依法自治的组织，同时还是联系党和政府与广大居民群众的桥梁和纽带，其性质决定了其不可能脱离党和政府的领导，变为西方式纯粹的居民自治组织，同时我国城市社区建设的政府主导性特点，也决定了社区不可能（客观上也没能力）完全自主地制定其相关规范；无疑，行政机关制定规范社区机构及其工作的法规、规章，对推进我国城市社区建设并最终实现社区建设的总目标具有极其重要的意义。

3. 社区依然存在诸多不稳定因素

社会不稳定因素在社区依然存在，居民（特别是流动人口）的法律意识仍有待提高。尤其是治安纠纷、相邻权纠纷、物业管理矛盾时有发生，就业、医疗、劳动保障、青少年教育等问题在社区表现得更为集中、突出，有的甚至可能转化为不安定因素。近几年来，由于邻里纠纷等社区居民间的矛盾而酿成的血案屡见报端，这反映出城市社区居民的法律意识仍有待提高。特别是目前，由于流动人口不断进入城市社区，而他们的法律意识普遍较低，因此继续推进社区法制的宣传教育工作仍然任重道远。

（三）健全城市社区法制体系的对策

建立起基于我国城市社区建设的基本目标、符合我国城市社区建设特点的相对完善和具有包容性的社区法制体系，是实现政府依法行政、社区依法自治的重要基础，也是实现我国城市社区建设目标的基本保障。那么，现阶段我国西部地区城市社区建设的基本目标及建设的基本要求何在呢？我国的城市社区作为建设中的城市社区，具有自身的特殊性，从法律规范的角度看，它不具备农村社区所具有的相对独立的、较长期历史积淀形成的“惯例治理”，也不具备西方成熟的城市社区因其城市自治历程和早期城市化过程中培育起来的“公民社会”。因此，我国建设中的城市社区必然要经历一个“政府—社区”之间互动和整合的过程。这个过程中，既要政府提供关于社区建设的“稳定的法律环境”，又要培育社区自身“惯例文化”来实现“没有政府的治理”，使法律和惯例成为社区规则文化的两个重要组成部分，实现社区的秩序价值。

基于中国当代城市社区建设的基本目标及其政府主导的特点，社区法制体系的建立应以政府、社区居委会、社区居民为支点所构建的法律法规体系为基础，明确三者之间的关系，在现阶段尤以明确前二者之间的关系并使之通过明确的程序性规范具有可操作性为主要任务；且该法制体系的构建不应只是从上至下的单向过程，而是在准确把握我国当前推进城市社区建设的基本目标的前提下形成一种制度化的双向互动。同时，考虑到我国社区建设的现阶段水平及其发展的不平衡以及它特有的政府主导性特点，再加之我国经济、政治体制的改革还在不断深入，整个社会尚处于转型时期，存在并不断出现许多不确定因素，社区法制体系的建设是一项具有深远意义却又复杂艰苦的工作，需要我们随着社区建设实践的深入和我国社会各项制度改革的进展不断地进行积极努力的探索。

基于以上讨论，我们认为现阶段，社区法制体系的建设应从两大方面着手，一是逐步完善相关法律法规，规范法规的制定程序；二是要继续推进法律进社区活动，建立普法网络体系和完善的社区法律服务体系，具体分述如下。

首先，政府要继续为城市社区健康发展提供必要的法规和政策支持。

社区发展是以社区居民真正实现自我服务、自我管理、自我教育为最终目的的。在社区建设和居民自治进程中，需要政府在调查研究的基础上制定有关的法律、法规来规范和保护社区居民的自治活动，实现有序的政治参与；另外，还需要政府制定相关的政策为社区建设和居民自治营造一个良好的生态环境，以此引导、保障社区自治的顺利发展。要继续健全社区自治议事制度，使居民委员会能够充分发挥居民决策作用，帮助社区完善自治章程、决策制度、议事制度、选举制度、协商制度、会议制度、依法治理规章。发展社区民主监督机制，使社区居民对居委会有定期评议制度，居委会有公开办事制度、公开财务制度等。

现阶段，针对社区的法律规范应更多采取行政规章、条例的形式，因为我国城市社区建设本身就是政府主导的，加之其目前还在探索中进行，模式及运行机制尚未定型，大量新问题还在不断涌现；另外，社区自身的特点（多元性）及我国城市社区建设发展的不平衡性，也决定了我们当前尚不适于以对稳定性和连续性要求较高的法律作为规范的形式。同时，我们应加强针对政府与社区关系的行政立法，以明确政府与居委会的关系，畅通社区向政府表达的制度化渠道，尤其前者是当前迫切需要解决的，同时只有在前者的基础上，后者才有依据和意义。下一步还应考虑加强制定保障社区居民参与社区事务管理的程序法规；当然，保障社区居民参与社区事务的程序法规的建设与居民参与是一个互动的过程，有了前者并不一定带来社区居民对社区事务的高度参与，而且只有首先理顺政府与社区居委会的关系，对社区居民参与社区事务的程序法规的讨论才有意义。

其次，要健全对城市社区组织管理的法律、制度。

成熟的城市社区，应该有完善的居民自治组织，有社区协商议事委员会、社区成员代表大会、社区居委会，并能够有效地发挥作用，同时也要有包含社区中介组织的辅助组织体系。因此要健全对社区组织管理的法律、制度，对它们加强引导和管理，对要以法律的形式确立新建立的社区管理委员会等决策组织的法人地位，赋予其相应的权利和义务，依法划定其与政府行为的边界；通过法规和规章，赋予社区各类工作委员会或执行机构以一定的权力。如在社区的治安、卫生、公共设施保护等方面，必须使相应的职能机构能行使管理、检查、监督、处罚等权力，使社区组织能有效地发挥应有的作用；通过各项制度，确立社区内各类组织的职权范围及其相互关系，建立对各组织机构工作的内外监督制度。另外，在制定全国性法律之前，地方政府可以根据本地的特点和情况制定有关城市社区组织管理的地方性法规；也可由社区在不违背国家法律的前提下，制订本社区组织管理条例，确立居民共同遵守的规范，强化依法管理的理念，并加大执法力度，维护大多数居民的利益。且政府也可以尝试着制定相关的法律法规为社区工作人员职业化奠定法律基础。

第三，要规范法规、文件的制定程序，充分听取城市社区居民的意见，提高法规制定过程的参与度。

在社区法制建设中，我们必须规范法规文件的制定程序，将法规制定过程由单向转为双向，并通过行政机关制定相关法规将这种双向互动制度化，提高社区居民的参与度；因为这种双向互动本身就体现了我们建设城市社区的目标，同时在这种双向互动中，也会逐步培养起社区的能力——依法自治的能力，以及强化社区居委会作为联系党和政府与社区群众的桥梁纽带的地位。确实，如何正确把握社区居委会作为居民依法自治组织以及联系党和政府与社区群众的桥梁的双重定位，并将这二者之间的关系通过法规明确化并使这二重定位相互适应，是一个复杂且意义重大的论题，它还需要基于动态把握不断深入的实践基础上的更加努力的研究。

第四，建立完善的法律宣传网络和城市社区法律服务体系。

在社区居民逐步从“单位人”向“社会人”过渡的过程中，许多事关居民切身利益的问题都需要通过法律途径来疏导和解决。在实践中，昆明市有关部门曾经组织法律援助进社区、公证律师服务进社区等活动，都受到广大的居民热烈欢迎。因此，政府应该继续贯彻依法治国方略，以法律宣传和法律服务为切入点，以提高居民的法律素质为目的，积极引导、鼓励和支持社会单位利用资源和专业优势，与街道和社区联办或独资兴办社区法律公益服务项目，开展各种社区法律宣传活动，在社区内营造良好的法制氛围。具体做法可以采取司法行政部门牵头，其他政府部门配合，社区居委会具体实施，社区内的单位和居民积极参与的形式。在这一过程中要注意充分发挥社区居民的积极性，在有条件的社区可以建立社区法律志愿者服务队和宣传队。可以将法律宣传和法律服务有机地结合起来，以服务促宣传，以宣传带动服务工作的发展，使社区法律宣传网络的建设和社区法律服务体系的建设相辅相成，互相促进。

调研报告之二：城市社区组织建设现状调查

组织建设是城市社区建设的关键。一般来说，城市社区中的组织，应包括群众性的自治组织、社区志愿者组织、社会中介组织和市场经济组织等。功能是组织的表现，组织是功能的依托。要完成好社区服务的五项工作，必须有相应的组织，因而社区组织建设必须对这些类型的组织进行建设。不过，从最终必须建成群众依法进行自我管理、自我教育和自我服务的社区建设的目标，从社区建设首先必须将群众组织起来，让群众积极参与建设来看，在这些组织中，最为重要的是群众自治组织的建设。实际上，我们所说的社区组织建设是整个社区建设的关键，其含义更主要的是指通过建设群众自治组织等，为社区建设提供组织保证，推进社区的建设。相当程度上，社区组织建设就是组织体系的建设，是创建新的社区管理体制。

云南省系统的城市社区建设实验始于 2001 年 4 月，全面展开于 2002 年。云南省的城市社区建设一开始，即在各级政府的指导和推动下，将社区的组织建设作为建设工作的起步之点和重要内容，并作为深化社区建设的基本工作。具体来说，云南省构建城市社区组织体系的主要做法是：①建立党组织。根据工作需要、党员数量和社区规模建立社区党委、总支或支部，对党员实行属地管理。暂住人口、无工作单位、尚未分配工作的复转军人和学生党员的组织关系均转入社区，登记造册，进行管理，使这些党员能够正常地参加组织活动。对组织关系不在社区的在职党员，以“党员联系卡”的方式在社区登记，将党员姓名、楼门牌号、电话、服务项目印在卡上，发给居民，接受居民监督。②建立自治组织。主要有社区成员代表大会，社区居民委员会，社区协商议事委员会等社区自治组织，以及社区志愿者队伍。③建立居委会内设机构，包括社区服务、文体科教、社会保障、环保卫生、妇女儿童、计划生育等委员会。

我们对云南省城市社区组织建设情况作了一个较为全面的实地调查，发现经过各级政府的推动和引导，社区组织体系框架已基本确立，但各个地区发展程度不同，且普遍存在一些值得重视和解决的问题。

（一）云南省城市社区组织建设进展①

1. 昆明市五华区和盘龙区的基本情况

2001 年 4 月，五华、盘龙两个中心城区被省、市两级确定为社区建设实验区，在区委、区政府有力的领导和支持下，各部门协调一致，各街道办事处广大干部积极工作、引导和鼓励广大市民积极参与，经过数月努力，完成了实验区的试点工作。通过认真工作，大胆探索，圆满完成了社区划分和建立社区组织两大任务，并在建立新的社区管理体制和运行机制方面进行了积极探索。为全市乃至全省城市社区建设工作开展提供了较好的经验和模式。五华、盘龙许多社区面貌一新，社区建设取得了明显成效。主要表现在以下几个方面。

第一是顺利圆满地重新划分了社区。原居委会经数十年变迁，愈来愈不能适应现代城市发展的需要，再加上主城区的发展，形成了许多管理空白点。经过五华、盘龙区委区政府的缜密组织、精心安排，重新划分了社区，圆满地实现了城市基本管理划分的历史性跨越。五华区将原 86 个（1999 年由 151 个居委会调整压缩）居委会和家委会（单位型居委会）重新划分为 65 个社区。盘龙区将原有 212 个居、家委会划分为 58 个社区。分别较原来减少 60% 以上。平均 2 000 户一个社区，基层社会资源配置较科学合理，交叉管理或管理空白现象大量减少。

第二是形成了新的城市社区居民自治运行机制。建立健全社区组织是建立新型社区的主要标志，是全面实现社区建设各项目标的关键。昆明市社区组织建设的具体表现如下：

一是建立了领导层。根据《中国共产党章程》的规定，从有利于加强党对社区的领导，有利于社区建设各项任务的全面推进，有利于发挥社区党组织的堡垒作用和党员的先锋模范作用的高度出发。成立了社区党委（党支、支部），如五华区的 65 个社区中均建立了社区党支部。

二是建立决策层。在两区 123 个社区建立了社区居民代表大会制度。

三是建立执行层。依法选举产生社区居民委员会组成人员，成立社区居民委员会。

四是建立议事层。各社区都成立了协商（调）议事委员会，聘请人大、

① 本报告所用数据，除课题组实地调查外，主要来自昆明市五华区、盘龙区、官渡区、西山区民政局，曲靖市民政局，楚雄市民政局和云南省民政厅基层政权建设处的有关统计资料，特此说明。

政协委员、知名人士、公共户单位领导、居民代表参加，共同管理社区事宜，实现大事由社区成员会议或社区成员代表会议决定。如五华区的65个社区建立了社区议事协商委员会，有人员715人。

五是制定《自治章程》和《社区居民公约》，让社区成员和驻区单位明确必须遵守的道德规范及行为准则。

六是建立社区事务公开制度，实现大事向社区居民公开，接受群众监督。

七是建立社区居委会自身及所属委员会的管理和工作制度，实现社区工作的有序进行，逐步形成新的社区工作运行机制。

通过这些制度的实施，社区居民民主意识普遍提高，居民委员会干部的责任感得到增强。

2. 昆明市官渡区和西山区的基本情况

由于城市建设迅猛发展，西山区城市建成区由10年前的4平方公里增至现在的20余平方公里。官渡区更高达70多平方公里，远远超过五华、盘龙中心城区的现有面积。西山、官渡的城镇户口和流动人口超过百万，从人口和城建看，几乎相当于新增一个昆明市。城市建设与管理工作日益加重，总体上看，官渡、西山区城市社区建设难度较大，社区组织建设工作任务也较为艰巨，组织建设处于起步阶段。

两区政府都十分重视社区组织建设。如西山区委、政府对城市社区建设进行了专门调研并加强了领导。在区属的许多部门，近年来对城市基层工作、社区工作有针对性或方向性地布置与安排，如公安、文化、城建等。2000年，在村级体制改革中，为了适应城市社区建设的需要，西山、官渡两区进行了调整、合并、新建居民委员会（官渡30个、西山20个）。加上原有的居委会，使原来主要是村级管理的状况有所改变，由相对松散的以经济管理为纽带的村及村民小组的管理向现代城市社区管理转变。自2001年以来，西山、官渡区城市社区建设有了飞跃性发展，其核心就是社区组织体系的基本确立。

总体上看，经过4年多的建设，昆明市城市社区已基本构成了与社区建设目标相一致的组织框架，已开始改变着传统的“单位组织构成了基本调控单位和资源分配单位”，① 社区组织成为“拾单位之遗，补单位之缺”的配角，国家通过单位控制社会成员，城市居民成了单位人的状况。

3. 曲靖市麒麟区的基本情况

麒麟区是曲靖市政治、经济和文化中心，随着城市化进程的加快，经济社会的快速发展，旧的城市基层管理体制日益成为城市发展的掣肘。单位人变为

---

① 王沪宁：《从单位到社会——社会调控体系的再造》，载于《公共人力资源》1995年。

社会人、农民变为居民后，迫切需要有专门的组织为他们服务。传统的单位管理与政府管理脱节，管理难以到位，导致在治安、卫生、计划生育、流动人口等的管理上出现真空。32万人口，8万流动人口，以及902个中央和地方单位的管理横亘在面前。基于此，麒麟区把社区建设作为城市体制改革的关键着力点。

2001年8月，在深入调研的基础上，麒麟区科学制订区划方案，撤销城关镇、环城乡，设立4个办事处，以居住地为特征、居民的认同感和归属感为纽带，人性化地划分为29个社区。社区建设没有现成的模式，为顺利打开切入口，在集思广益的基础上，区里从4个街道各选择一个最具代表性的社区作试点，试点成功后，以点带面全面铺开社区组建工作。2002年3月，29个社区全面完成居委会的选举组建工作。社区党建创出特色，非公经济和民间组织中的党组织纳入属地管理，对社区暂住人口中的党员、无工作单位的党员等长期游离于党组织的党员均转入社区党组织，成立流动党员党支部。社区干部的选拔上，采取原村（居）委会的优秀干部留用一批，面向社会公开招聘一批，街道干部选派一批，社区成员单位推选一批的方式组成。同时健全了社区工、青、妇、协会等群团组织。为充分发挥社区的全方位功能和强化居民的自治功能，29个社区因地制宜结合实际制定了居民自治章程、居规民约、居民代表大会议事制度等一系列规章制度。区里把环境卫生、计划生育、治安等11项权力下放到街道、社区，重心下移、权力下放使社区有了发挥作用的空间。

4. 楚雄市（楚雄彝族自治州州府所在地的县级市）的基本情况

楚雄市委、市政府高度重视城市社区建设工作，把城市社区建设列入重要工作中认真抓好。一是成立了由市委、市政府主要领导任组长和副组长，22个有关部门领导为成员的楚雄市社区建设工作领导小组，下设办公室在民政局，加强了对社区建设的组织领导和协调服务等工作。抽调13名市级机关干部组成指导组，分赴8个综合型社区具体指导开展工作。二是研究制订了楚雄市社区建设实施方案，认真组织实施。由于领导重视，加强领导，机构健全，方法科学，使社区建设形成了“党委、政府领导，民政部门牵头，有关部门配合，社会力量支持，群众广泛参与”的运行机制，确保了城市社区建设工作顺利开展。楚雄市在广泛征求并认真听取各方面意见的基础上制订了城市社区建设实施方案，按照规模适当、地域调整、普遍认同、合理配置资源、便于服务管理的原则，将过去的4个街道委员会、3个村委会、755个辖区单位、35 896户、102 931人，调整划分为12个社区，即9个综合型社区、3个单位型社区。从中选择了基本具备社区建设条件的8个综合性社区开展组建工作。现除楚雄烟厂、楚雄师院2个单位型社区和花果山综合型社区因条件不成熟和其他因素影响未组建外，已组建了东兴、龙江、万家坝、西苑、北浦、中大街、学桥街、米市街8个综合型社区，各项工作运行良好。

在社区组织建设方面，一是建立了社区党组织。按照《中国共产党章程》有关规定，在8个社区成立了4个党总支，4个党支部，下设43个党小组，对508名党员实行属地管理。二是建立了社区自治组织。按照《居民委员会组织法》有关规定，建立了社区居民代表大会、社区居民委员会、社区居民协商议事委员会。按党章及有关法律法规要求，选举产生了第一、二届社区党总支（支部）、社区居委会班子。三是建立了居委会内设机构，包括综治、爱国卫生、妇女儿童、民事调解、计划生育等委员会。通过上述社区组织的建立健全，现形成了以社区党组织为核心的“领导层”，以社区代表大会为组织形式的“决策层”，以社区协商议事委员会为智囊团的“议事层”，以社区管理委员会为办公机构的“执行层”。社区基层组织体系的建立，使社区组织的整体性、系统性、协调性和制约性有所增强。四是先后制定了社区党总支（支部）工作职责、社区居民委员会工作职责、居民代表会议制度、社区居民公约等一系列规章制度，以此明确和规范社区职能职责，规范社区工作者行为，使社区各项工作有序开展，逐步走上制度化、规范化轨道。

在社区组织建设工作中，严格按照“公开、公平、公正、择优”的原则和“定岗竞争、择优入围、竞争上岗、民主选举”的程序，在8个社区共选举产生了党总支书记4名，党总支副书记4名，党支部书记4名；社区居委会主任8名，副主任16名，委员32名。以上人员中，妇女40名，少数民族4名，中共党员44名，大专以上文化程度13名，中专（含高中）文化程度46名，平均年龄35.42岁。与上届相比从年龄及性别结构看更加合理，从文化程度看有了较大提高。由于社区组织干部队伍结构改善，素质提高，为城市社区建设工作奠定了坚实的基础。

（二）城市社区组织建设中存在的问题

调查中也同时发现，虽然云南省城市社区建设在组织体系建设方面，在合理而科学地调整社区规模和管辖范围的基础上，基本完成了由原居委会和原村民小组向社区委员会的转换，或在一些地区新设立了社区委员会，从而形成了较为完整的社区群众自治的组织体系，但仍然存在着不少问题，需要引起足够的关注，在深化社区建设中及时解决。这些问题主要是：

第一，总体上，社区组织建设发展不平衡。

从整个情况看，由于城市基层管理的历史不同、组织资源（居委会）不同，加上社会经济发展的差异，属于中心城区的昆明市五华和盘龙两区的社区组织建设相对较好。与中心城区相比，地处城郊结合部的昆明市西山区和官渡区，相对来说情况复杂，问题多，矛盾突出，尤其是存在诸多的处于城市边缘的新建住宅小区、“农转非”的居民小区，加之外来人口（流动人口）众多，因而社区组织建设中问题较多，个别社区的社区组织仅仅是一个形式，甚至形式都不完整。曲靖市麒麟区作为曲靖唯一的中心城区，也存在城市中心社区发展较好，城郊结合部社区建设仍然比较滞后的问题。

第二，现有的社区组织在诸多方面存在问题，迫切需要进一步改革完善。这些问题主要是：

一是社区组织结构不平衡。传统的社区管理中，区政府、街道办事处、居民委员会对社区事务无所不包，社区内中介等其他组织缺乏成长的土壤，功能萎缩，社区居民也缺乏参与社区治理的组织条件，自治意识淡漠；而且，社区内企事业单位形成条块分割的局面，缺乏必要的横向联系。这就使得社区组织的结构失衡，形成居委会唱独角戏的局面。社区建设展开后，虽然重新划定了社区，成立了社区委员会，但现阶段昆明市的社区中，这一传统的组织构局及管理运行方式仍然没有打破。

二是社区组织功能紊乱。街道办事处的工作范围包括了党、政、经、警、文化、劳动就业、计划生育、卫生、治安、优抚安置等等方面。由于多种原因，目前新成立的社区委员会基本上还是街道办事处的下属。这样，本应是群众自治组织的居委会自治功能逐渐丧失。而本应由社区其他社会服务组织承担的功能也由居委会承担，其服务质量难以令居民满意。其重要原因，是社区组织的运行缺乏法律和制度的有力保障，特别是在实际操作中未得到贯彻。

三是社区组织目标错位。社区委员会本应本着为社区居民服务的目标，但事实上其目标是直接对街道办事处负责，为政府服务。目标的错位又直接导致了社区委员会以物的管理为中心，而不是以人的管理为中心，以行政命令、制度约束为主要管理手段，非人性化的色彩相当突出。

四是社区组织凝聚力不足。在农村，村庄公共事务和公益事业与农民的切身利益直接相关，尤其是与村民的经济利益直接相关，因而受到高度重视。而在城市社区由于社区公共事务不涉及居民的经济收入等问题，所以居民把关注的重点放在单位上。城市社区对居民而言缺乏经济上的聚合力，再加上以往居委会忽略了社区文化建设，所以居民对社区组织缺乏认同感、归属感，参与意识不强。

五是社区组织人力资源不足。虽然昆明市和曲靖市在组建新的社区委员会的过程中，通过政府部门的干部下派、招聘等方式，相当程度上改变了传统的居委会干部的年龄、知识等结构，但目前从社区建设的要求来看，新的社区委员会中从事社区管理和服务工作的人员文化层次还有待提高，同时，专业素养、年龄结构、性别结构等也不尽合理。

六是社区组织管理服务方法和技术手段单调。传统的社区管理中，社区组织多采取行政或准行政的管理方法和手段。从调查情况看，现阶段云南省城市社区组织的管理方式方法上离新的社区建设管理的要求还有相当的距离。主要表现为大多数社区组织管理和服务理念落后，方法过时，技术手段陈旧，不仅组织效率低下，而且耗费成本巨大。

（三）推进和完善城市社区组织建设的对策建议

我国城市社区建设是一个政府主导、社区成员参与的共建过程。因此，政府的职能定位及其科学发挥，在社区建设中具有重要的作用。而且，在建设过程中，政府的职能配置又是一个动态的过程，它既包括认识层面又包括实践层面。故此，我们侧重于从政府职能与社区组织建设关系的角度，来对如何进一步加强西部城市社区组织建设进行分析和思考。

首先，政府观念需要更新。

政府首先要理清思路、提高认识、转变观念，才能提高实施过程的效率并保证其科学方向。现阶段我国社区建设的实践中许多地方政府的工作并不是很有成效，政府要么管得过多，要么管得不够，社区建设难以走向深入。导致这种情况发生的一个重要原因就是政府的观念上还存在问题。所以在进行社区组织建设时政府首先需要明确一些观念：

一是因地制宜观念。我国西部各个地区经济水平不同，社区发展程度也不尽相同，居民的文化生活习惯、心理接受能力也存在较大差异。地方政府要精确地把握本地实际，根据调查情况选择适宜的方案，经过试点反馈进行调整，形成既符合现代城市管理需要又具有地方特点的社区组织模式。

二是因时放权观念。社区组织建设中政府应对放权的时机和程度有准确的把握。一方面社区组织建设的目标是建立自治型社区，但并不意味着政府可以在很短的时间内取消介入。另一方面，政府是社区组织建设的主导者也不意味着整个过程中政府时时事事均要以主导身份介入。政府要根据社区组织的成长速度适时地将权力转移到其手中。政府片面的权力失落心态和责任转让心态均不利于社区建设的大局。

三是角色渐变观念。政府在社区的角色呈现出管制者—主导者—合作者的变化。过去的行政型社区中政府是社区的管制者，现在政府要以主导者的身份推动社区组织建设，将来当社区组织有能力实施自治功能时政府就成为社区治理的合作者。

四是生态型和网络型组织观念。新型社区组织是一个生态系统，各种类型的组织均要协调发展，任何一种组织的发育不足和功能欠缺均会导致整个社区组织系统的失衡。此外新型社区组织还具有网络性质，各类组织相互依存合作，形成紧密网络，某一环的缺漏都将破坏网络的严密性和整体性。政府在社区组织建设中忌重此轻彼、顾此失彼。

五是电子政府介入观念。电子政府可以在很大程度上促进社区自治的进程。其一，它有利于政府和社区组织互动合作模式的建立，实现二者最为快捷有效的沟通，节约管理成本提高管理效率。其二，它有利于政府与社区居民、其他社区成员的交流，准确而快速地向居民传递相关信息，居民也可适时作出反馈。其三，它可以向社区成员提供传递监督信息的平台，促进社区组织的自我约束和规范。

六是多元主体观念。社区组织建设的主体是多元的，既包括政府也包括社区居民、社区内单位及其他社会力量。政府应充分明确建设主体的多元化，在实践中调动其他主体的积极性，引导其发挥潜在能量。

其次，政府应积极在城市社区建设的实践中进行引导和推动。

在实践过程中，政府承担着对社区组织建设所需的社会资源进行调动和分配的责任。大致而言，社区组织建设过程中政府在职能配置上应做好六个方面的工作：

一是进行社区组织建设的政策引导。首先，政府要从实际出发设计适合本地区情况的社区组织体系和建设模式，接收分析社区成员的诉求，形成具有指导性的公共政策。其次，政府需要对社区建设的总目标进行目标分解，以系列政策的方式输出，增加政策的可操作性、连续性，及时接收反馈信息，对政策进行适当调整。第三，政策宣传是政策过程的重要组成部分，政府要做好对政策群体，尤其是社区居民的宣传动员工作，培养其参与意识。

二是完善社区电子政府建设。我国的社区电子政府建设还处于起步阶段，它不仅对社区组织建设有重要意义，对整个社区建设工作也有着重大而深远的影响。电子政府是政府与社区组织、社区居民交流的平台，发挥着信息发布、咨询、服务、监督的功能，具有权威、准确、快速、便捷的特点。在政府逐渐淡出社区管理的过程中，电子政府可以填补其间可能产生的真空，既有利于社区自治、基层民主，又有利于政府实施有效的城市管理，降低管理成本。

三是加大对社区组织的人力和技术支持。从业人员素质低和管理服务的技术方法落后是我国社区组织面临的两大困难。社区组织需要合格人才的支撑，政府应注重培养社区管理实用人才，提高社区管理人员素质，并建立社区管理人员的考核任用制度和准入机制，制定对社区组织从业人员包括居民直选人员资格的相关规定；在可能的范围内提供技术和方法的支持，让社区组织获得自我发展的内在动力。

四是为社区组织进行效绩评估和实施必要的监督。社区组织系统中的决策、执行、议事组织作为自治组织也是要讲求效率、追求效益的，而其效绩由政府通过一定科学、规范的方式进行评估并向公众发布，这样能保证结果的公正可信，促进这些组织自我完善。对于物业管理、医疗服务、法律咨询等收费的中介组织，政府也应对其所提供的准公共产品及赢利情况进行必要的监督，以保证社区市场环境的规范，使居民得到高质量的服务。

五是为社区组织建设提供法律和制度的保障。目前，我国还没有完备的关于社区组织地位、职责、经费等方面的法律法规和制度规范。社区自治组织和其他社会服务组织的存在、运行缺乏有力的法律和制度保障，其行为也缺乏法律制度的引导、规范和监督。社区自治是社区依法自治，我们要建设的自治型社区是合法存在、依法办事、以法监管的社区，民主和法治是其基本特征。政府可以面向社区成员，在某种程度上采取开门立法的方式，推动社区组织法律和制度建设。

调研报告之三：城市社区居民委员会的现状与改革

根据《居民委员会组织法》第三条规定，居委会担负着以下六方面的任务：一是宣传宪法、法律、法规和国家政策，维护居民的合法权益，教育居民履行应尽的义务，爱护公共财产，开展各种形式的社会主义建设活动；二是办理本居住地区居民的公共事务和公益事业；三是调节民间纠纷；四是协助维护社会治安；五是协助人民政府或它的派出机关作些与居民利益有关的公共卫生、计划生育、优抚救济、青少年教育等项工作；六是向人民政府或它的派出机关反映居民意见、要求和提出建议。因此，在正在展开的城市社区建设和管理中，社区委员会既是社区居民代表大会的日常执行管理机构，又是承担沟通政府与社区群众联系，维护社区群众利益并协助政府进行社会管理的自治组织，占有十分重要的地位，是整个社区组织建设的核心。因此，我们在对整个城市社区组织体系建设调查研究的基础上，又以昆明市和红河州的若干社区为对象，重点调查了社区居民委员会的组织建设和运行状况，并简要提出了深化改革的对策建议。

（一）城市社区居民委员会组织建设现状①

1. 城市社区居民委员会建设的进展

云南省的城市社区建设全面展开始于2002年，在建设中，各地方都从社区组织建设是社区建设的第一步，而社区居民委员会作为社区组织中的执行层，是社区组织建设中的一个重要内容的认识出发，积极开展社区的组织建设。至2005年底，云南省的城市社区居民委员会建设取得了明显的进展，主

① 本报告所用数据，除课题组实地调查外，主要来自昆明市五华区社区建设办公室、盘龙区民政局、红河州民政局和云南省民政厅基层政权建设处的有关统计资料，特此说明。

要表现在以下方面：

（1）社区居民委员会组织健全

传统上，居委会规模过小、资源少、功能弱、居民归属感不强，是居委会难以开展工作的一个重要制约因素。在社区建设展开后，为最大限度利用社区资源，有利于管理、有利于自治、有利于提高工作效能，昆明市盘龙区对社区进行了科学定位，将全区所属的社区划分为58个，组建社区组织体系的过程中，在建立了一个社区党委、57个社区党支部，以及在58个社区建立了居民代表大会的基础上，依法在58个社区选举产生社区居民委员会。这些社区居委会作为整个社区组织的日常管理机构和执行机构，与社区党支部、社区居民代表大会一起，在相关工作制度和守则下，展开了社区建设和管理。

红河州坚持从实际出发，在社区划分上进行创新。社区体制改革前，全州共有居民委员会72个，居委会干部247人，且多为离退休干部或社会上的老人，管辖范围过大，管辖人口过多，管理不到位，基本无社区的概念，居委会只负责一般的户口登记、环境卫生、计划生育等方面的工作，居民的许多要求无法满足，社区服务更是一句空话。通过社区体制改革，按照便于服务管理、便于开发社区资源，便于社区自治的原则和地域性、认同感，合理划分社区，把全州13个市县城划分为122个社区，首批建立106个社区居委会，比改制前增加了50个，使社区的划分更加合理，居委会的管辖范围、人口与管理水平更加相符，改变了过去居委会干部待遇不高、工作严重超负荷的状况。管理工作更加规范，各项活动开展得有声有色。

（2）社区居委会工作人员的素质明显提高，工作者队伍正朝着知识化、年轻化的方向发展

总体上看，通过一段时间的努力，社区居委会改变了过去均由各种边缘人群构成，人员年龄偏大的状况，人员组成趋于合理，人员素质相应有所提高。如五华区，在选配居委会委员时，采取保留一部分骨干，面向社会公开招聘一部分的办法，在招聘中做到共产党员优先，热爱社区工作的优先，年富力强的优先，文化水平高的优先，经过全区的共同努力，使居委会委员的平均年龄下降为39岁，居委会成员中具有大专以上文化程度的占到了34%。

如盘龙区58个社区现有社区工作者358名，全部由社区居民代表大会选举产生，并经过民政局的统一培训。具体情况如下：

①性别比例：在358人中，有男性55人，占15.4%，女性303人，占84.6%，男女比例为1:5.5，女性占了大多数（见图1）。

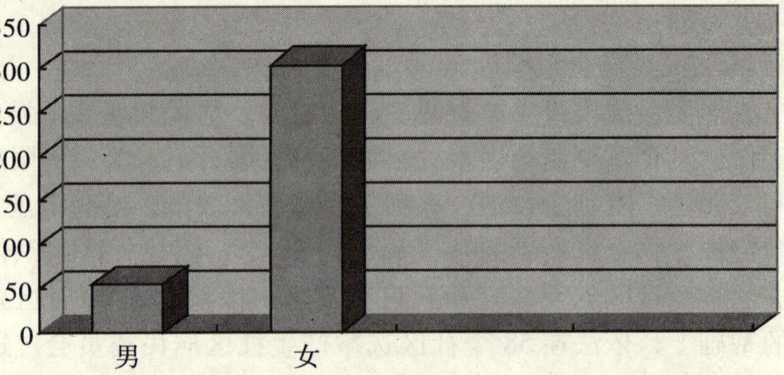

图1 昆明市盘龙区社区工作人员性别比例图

②文化结构：358 人中，中小学文化的仅有 2 人，占 0.6%，初中文化程度的 72 人，占 20.1%，高中、中专文化程度的 191 人，占 53.4%，大专以上文化程度的 93 人，占 25.9%；高中、中专以上文化程度的人合计 284 名，占 79.3%，接近 4/5（见图 2）。

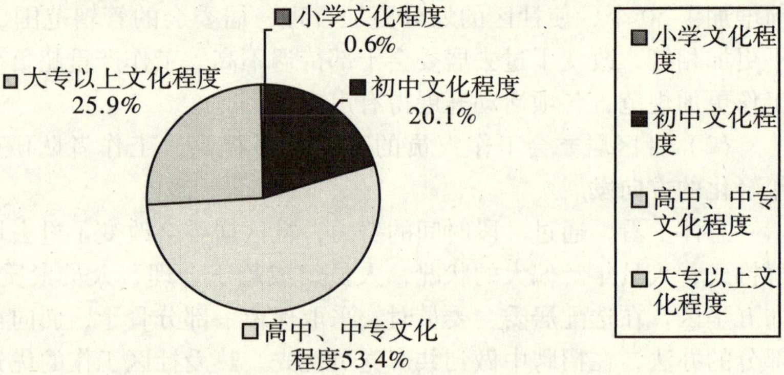

图2 昆明市盘龙区社区工作人员文化程度结构图

③年龄结构：358 人中，25 岁以下的 5 人，占 1.4%；25～30 岁的 30 人，占 8.4%；31～40 的 112 人，占 31.3%；40～50 岁的 117 人，占 32.7%；50 岁以上的 94 人，占 26.2%。40 岁以下的人合计 147 名，占 41.1%，几乎占到总人数的一半（见图 3）。

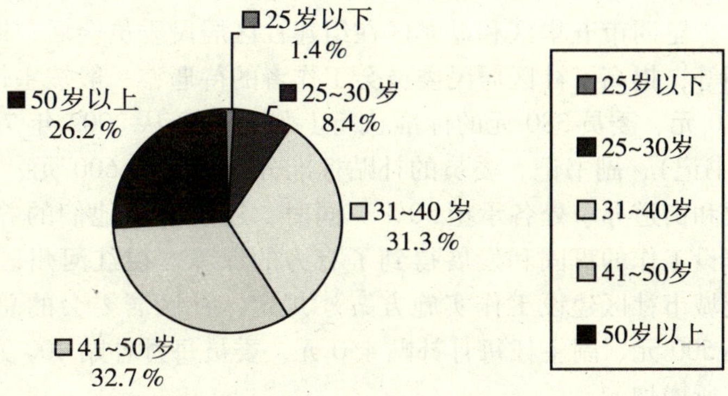

图3　昆明市盘龙区社区工作人员年龄结构图

红河州为了把一大批年富力强、有知识、能办事的人吸收到社区建设工作者队伍中来，在社区体制改革的过程中，把选好人、用好人作为组建社区居委会班子的重要工作来抓，采取“公开招聘、定岗竞争、择优入围、依法选举”和“招聘与推荐相结合”的办法，通过笔试，竞聘演讲，民主选举，选举产生了首届社区居委会组织，年龄结构、人员素质得到较大改善。以个旧市为例，全市28个社区居委会，居委会干部由原来的76人增加到168人，平均年龄由51岁下降到36岁，中专以上文化程度的比例由原来的4.8%上升到63.7%，党团员比例由原来的25.8%上升至51.8%，一批政治素质高、业务能力强、有文化、较年轻、善开拓的干部走上了社区居委会的领导岗位，为社区建设注入了新的活力，社区日渐显现出蓬勃的生机和良好的态势。

(3) 社区居委会工作经费落实

盘龙区居委会办公经费按政策规定，根据社区规模的大小，执行每月从400元到550元不等的标准，1 000户以下的社区400元/月，1 000~3 000户的社区450元/月，3 000~4 000户的社区500元/月，4 000户以上的社区550元/月，经费来源由区政府和街道办事处各承担50%。

红河州坚持政府与社会相结合的多元投资机制，通过争取上级支持、吸收社会捐助、整合现有设施资源等多种方式，落实了社区居委会的工作经费，加强社区基础设施建设，改善社区基础设施条件，先后争取省列“星光计划”项目23个，投入资金460万元，吸收捐助和政府投入资金100余万元，采取社区共驻共建、资源共享和整合、调剂、改造、置换、购买、租用等形式，建立了一大批社区老年活动中心（室）、社会福利院等社区服务网点，缓解了社区基础设施严重滞后带来的各种矛盾。

（4）社区居民委员会工作者待遇提高

昆明市五华区和盘龙区在组建社区居民委员会后，即根据新的社区管理范围等，提高了社区居民委员会工作者的待遇，一般按主任每月450元、副主任410元、委员380元的标准执行。如盘龙区从2002年7月1日起，社区主任（书记）、副书记、委员的补贴标准分别提高为600元、550元、500元。区财政和街道办事处各承担50%。同时，还解决了他们的养老保险问题，使社区建设工作的巩固和发展得到了有力的保障。在红河州，州政府制定的《红河州城市社区建设工作实施方案》规定，社区居委会的总支书记、主任每月补贴500元、副主任每月补贴450元，委员每月补贴400元。这一待遇比原来也有所增加。

（5）社区办公设备初步配套

这里以盘龙区为例：盘龙区出台了盘发［1999］35号《关于昆明市盘龙区委办公室昆明市盘龙区人民政府办公室关于解决居民委员会办公用房问题的通知》文件，按照“一室、八机、两柜”的标准对社区居委会的办公设备进行建设，即：不少于50平方米的办公室，配置微机、打印机、复印机、传真机、VCD机、电视机、照相机、电话机，保险柜和档案柜。社区的办公用房通过政府提供、驻区单位借用、租用和与星光计划合用四种方式解决。大部分社区基本上达到了50平方米的标准，其中通过政府提供办公用房的社区有13个，占22.4%，与星光计划合用的社区10个，占17.2%，租用办公用房的社区15个，占25.9%，由驻区单位提供办公用房的社区20个，占34.5%（见图4）。

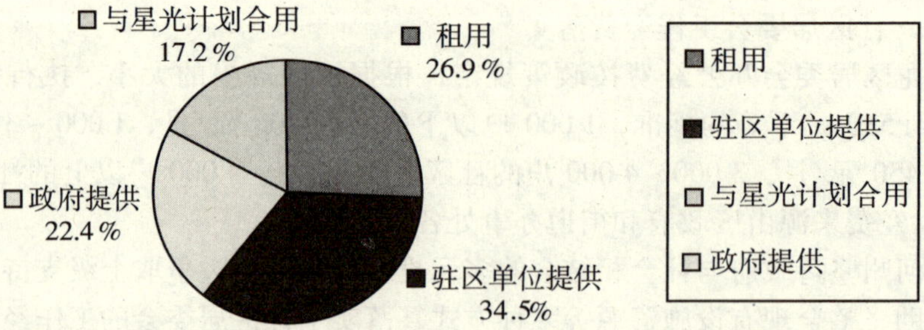

图4 昆明市盘龙区社区居委会办公用房解决情况图

两年来，盘龙区政府为11个社区解决购建办公用房经费共计102.2万元。

58 个社区的办公设备初步改善，其中：微机由区民政局统一拨款一次性解决，另外 42 个社区配置了打印机，占总数的 72.4%；10 个社区配置复印机，占 17.2%，52 个社区配置了电视机、VCD 机，占 90%；43 个社区配置了照相机，占 74.1%；13 个社区配置了传真机，占 22.4%；58 个社区配置了电话机。22 个社区配置了保险柜，占 38%；48 个社区配置了档案柜，占 83%（见图 5）。

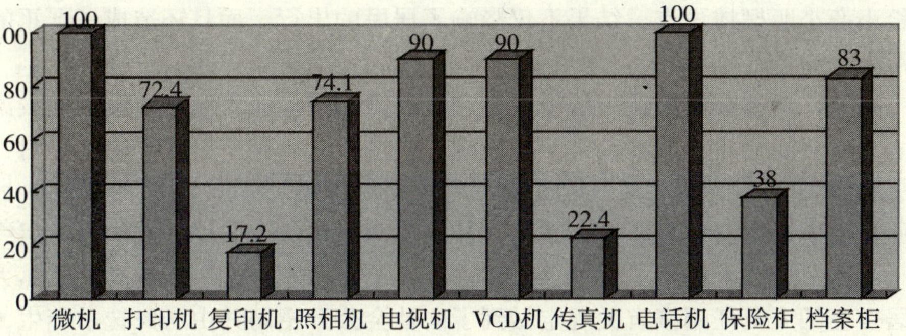

图 5　昆明市盘龙区社区办公设施配置情况图

相比较而言，红河州的城市社区居委会的办公设施设备条件就要差一些了。仅就办公用房而言，红河州 106 个社区居委会办公用房，由政府提供 36 个、租用 35 个、驻社区单位提供 32 个，至今无办公用房 3 个；办公用房面积 8 347.4 平方米，办公条件很简陋，最小的仅 12 平方米，特别是蒙自市 11 个社区，10 个社区办公条件较差，无社区服务、治安、卫生、文化用房等。在计算机办公方面，个旧市 28 个社区，开远市 19 个社区，建水县 5 个社区已配置了微机，其余县（市）正在通过努力争取驻社区单位支持等多种形式，为没有配置微机的社区争取资金，逐步解决部分社区办公设施问题。

2. 城市社区居民委员会建设中存在的问题

虽然社区居民委员会的建设取得了明显的进展，但从城市社区建设的目标来看，仍然存在着一系列问题，主要有：

第一，居民委员会的工作有“行政化”倾向。这主要体现在工作内容与工作方式两方面。其工作内容还主要是应付上级政府特别是街道办事处下达或交办的各种庞杂而繁多的任务，如计划生育、民政福利、人口登记与收费等。用老百姓的话讲是“居委会是街道办事处的腿”，工作方式也有向政府部门靠拢的趋势，特别是体现在工作时间上，采用的几乎都是与政府部门一致的八小时工作制。这样一来，居民上班时居委会人员也上班，居民下班有事找居委会时居委会也下班了。“八小时外找居委会”基本成为一句空话。

第二，居委会的现有职能出现错位，而法定职能被严重削弱。《居民委员会组织法》对居委会的职能任务确定为教育宣传、社区管理、化解矛盾、协助政府、利益代表等六项，但目前城镇居委会大多数都把主要精力和人力放在抓创收上，而把自身的主要任务放在了次要地位上来应付了事。在有些地方不同程度地侵害了社区居民的利益，如一些居委会把居民通行的道路划出来，出租给小商小贩摆摊设点，结果不仅影响了居民的出行，而且还造成了严重的市容污染、噪音污染等。

第三，居委会在居民中的凝聚力和号召力不强。居民对居委会的建设漠不关心，对居委会组织的活动也不积极响应，往往只有有事要找居委会办时，才会想起居委会的存在。这一方面是因为我国传统的“单位制”的影响，另一方面是由于居委会自身还存在缺陷，并未成为确实代表居民利益的自治组织。

第四，居委会的人员任用仍需改进，人员素质有待进一步提高。虽然大部分居委会的人员任用按有关规定做到了向社会公开招聘并由居民选举产生，但大多数情况下都流于形式。如居委会的主任、书记一般都由街道办事处推荐，等额选举等。居委会人员的素质虽有了改善，但离社区建设的要求还有一定距离。

（二）深化城市社区居民委员会改革的建议

当代中国的城市社区形成不是完全自发的，是一个有意识、有目标的建设过程——城市社区建设，而在实践中基本表现为政府主导，即无论是在发达地区还是欠发达地区，社区建设一般都是由政府发起、政府规划或参与规划，并由政府直接推动的。居委会建设作为城市社区建设的重要内容，要使其在今后的发展中取得进一步的成绩，在社区建设中发挥更重要的作用，同样要由政府部门主导并推动。针对目前居委会存在的问题，在今后居委会的进一步建设中，政府部门应至少在以下两方面发挥其主导作用。

首先，引导社区建立健全的社区组织体系，理顺居委会与各种组织的关系。

社区组织是指以兴办、管理辖区经济、政治、文化事业而建立起来的社会性地域组织，分为管理组织与服务组织两种类型，具体包括社区党组织、社区自治组织、社区中介组织和社区专业服务组织四类。它们都是社区建设中不可缺少的组成部分，它们互相配合、互相促进与制约。长期以来，由于社区内各种组织不健全，居委会与社区内外相关组织关系不清、职责不明，影响了居委会应有功能的发挥。这一反面作用提示我们，在社区建设中起主导作用的政府部门应引导社区形成科学、完善的社区组织工作体系，理顺居委会与其相关的各种组织的关系，使各种组织承担起各自应处理完成的各项工作，这将有利于居委会从各种繁杂的“事”中解脱出来而致力于其应承担的各项事务。具体来说，应处理好居委会与街道办事处、社区党组织及业主委员会等的关系。

其次，领导居委会完善各项具体制度并监督其认真执行。

居委会的建设，最终要依靠各项具体的制度来实现，要使居委会真正履行其职责，就要使其工作制度化、规范化，并认真实施。具体来说，至少可以从以下几方面入手：

第一，坚持和完善选举制度。民主选举制度是居委会和其他社区组织有效发挥功能的基础，是产生居委会干部的重要途径，直接关系到居委会干部素质的高低。因此，选举制度不能成为形式，应出台具体的、可操作的实施细则，为每个人提供平等的机会，公开、公平、竞争、择优地进行选举，保证优秀人才脱颖而出，促使当选人员树立强烈的责任感，最大限度地保证选进居委会队伍的人员素质。

第二，开好居民代表大会。通过居民大会的形式，密切居委会与社区居民的联系，倾听居民的意见和要求，并按照居民的建议开展居委会建设及社区建设，从而增强居委会的凝聚力和号召力。

第三，强化居委会的日常工作制度。社区居委会应以公开、公平、公正为其活动原则，以服务于社会成员为活动目标，以民主、自治精神为活动宗旨，可以在管理上建立或强化以下几项工作制度：

一是定期报告制度。定期向社区协商议事会报告其履行工作的情况，听取、征求其意见，汇报近期工作要点，社区居委会还应定期向社区成员代表大会汇报有关工作，接受其评议。

二是居务公开制度。将财务、政务、事务等方面的情况以公开栏的形式向全体社区成员公开，工作时间应挂牌上岗，以接受社区成员监督。

三是服务承诺制度。为社区成员提供的服务项目应明确服务标准，自觉接受检查和监督。

四是考核评议制度。社区居委会应定期接受社区成员及社区议事协商会的考核评议。社区成员对居委会工作满意率低的或居委会成员有严重失误等情节的，社区议事协商会应及时对社区居委会班子进行调整。

调研报告之四：城市社区公共财务体制建设的调查研究

社区公共财务就是指以社区治理主体之一的居民居委会，通过社区居委会的收支活动，集中社区内的各种资源，用于治理社区事务和满足社区居民公共需要的经济活动。社区公共财务的建设与制度架构水平，已经成为社区内权力分配结构状况、社区建设与发展水平和社区民主与治理水平高低的一个重要标尺。

我国城市社区建设的最终目标是要构建城市基层社会居民自治的新模式，使社区变成城市居民依法实行自我管理、自我服务、自我教育的新型自治型社区，但是由于我国的城市社区是一个业缘关系和居住关系构成的人群共同体，同农村社区相比，缺乏集体经济，公共财力薄弱。因此，在城市社区公共财务体制的建立过程中，政府扮演着重要的角色。政府在城市社区公共财务体制的作用体现在：政府设立专项资金，加大对社区财政的投入；拓展社区资金来源渠道，实现多样化；扩大社区组织经济自主权，开展有偿服务；确保社区各项资金支出更加合理、高效。

2005 年，云南省有 4 375. 6 万人口，全省生产总值为 2 458. 8 亿元，财政总收入 510 亿元。全省 129 个县（市、区），有 80 个为贫困县。在这样的财政状况下，云南省的城市社区建设所需经费缺乏基本保障。我们通过对昆明市的金牛社区、昆纺新村社区、交三桥社区、东庄社区，红河州个旧市五一社区、宝华社区，楚雄州楚雄市北浦、中大街等社区的公共财务制度建设状况的实地调查，对云南省部分城市社区公共财务制度建设的现状与存在问题作出了分析评估，提出了欠发达地区城市社区公共财务建设的选择方案和对策建议。

（一）城市社区公共财务体制的现状

通过我们的调查发现，城市社区财政资金主要有市、区财政行政预算拨款、社区经济收入、社会资源重新配置、社区单位共建、社区服务与其他社会团体和基金赞助等形式。

1. **市、区财政预算拨款**

目前，市、区财政预算拨款主要用于社区居委会的工作经费，居委会干部的生活补贴等方面。此外，政府还以无偿提供办公场地、社区文化及教育活动场所、社区服务业的税费优惠与减免等形式间接投入社区。

在红河州个旧市，社区居委会党总支书记、主任每人补贴500元/月，副主任450元/月，委员400元/月，办公经费800元/月都是由市级政府的财政预算拨款支付的。社区干部除补贴外，协助一些职能部门开展工作，按“费随事转”原则，也获得一部分收入。收入好的社区每人每年有2 000元左右的奖金，收入差的社区每人每年有500元的奖金。另外，办公用房每个居委会平均有45平方米（最大的147平方米，最小的有16平方米），其中40%是由市政府提供的。红河州在城市社区建设的启动过程中，省、州、市（县）都给予了一定的经费补助，省级财政补助20万，州级财政补助179万元，市（县）补助130万元。

在楚雄市，一是每月每个社区安排拨付办公经费500元，使社区必要的办公费有了保障；二是将社区居委会工作人员的补贴列入财政预算，适当提高补贴标准，将书记、主任工资由首届的每月505元提高到600元，副主任工资由440元提高到500元，委员工资由350元提高到400元，使社区工作人员的主动性和责任感进一步增强。楚雄市政府将原北路派出所一幢三层楼房划归北浦社区使用，解决了北浦社区无办公用房的问题；将中大街原西城公安分局办公楼的二楼至七楼的房产、院子及底层大门通道、现有设施无偿划拨给中大街社区居委会作为办公用房，并补助3万元资金用于办公用房装修及办公设施购置，彻底解决了中大街社区办公场地狭窄，办公用房极为拥挤的问题。市政府还针对其部分社区居委会办公用房破旧，不适应工作的实际，利用省、州下达“星光工程”项目进行维修改造，改善了社区办公条件，在7个社区投资242.33万元实施了“星光计划”建设项目，设立了老年活动室，完善了服务设施。

昆明市五华区是云南省经济条件较好的区，该区社区居委会的办公经费按社区大小分为3个档次：1 000户以下的每月400元，1 001～3 000户的每月450元，3 001户以上的每月500元。这些经费仅够支付水电、电话和完成上级规定订阅的报刊费用。经济落后的地区，经费更少，甚至没有。如昭通市11个县区，昭阳区每个社区居委会每年3 000元，巧家、盐津县每年1 200元，永善县每年1 000元，其余6县的社区居委会完全没有工作经费。居委会干部报酬偏低，后顾之忧严重。

目前，社区居委会干部的报酬普遍低于当地800元/月的平均工资，多为300~500元/月。高的如昆明市五华、盘龙、西山区，社区居委会主任、书记每月600元，副主任550元，委员500元。低的如昭通市，书记、主任每月仅260元，扣除20元的责任制经费，每月只有240元。此外，除昆明市五华、盘龙区和保山市隆阳区等极少数的地方为社区干部办理了养老保险外，其他地方的社区干部没有任何社会保障。

总的来说，在云南省，政府投入在城市社区建设总投入中比例很低，仅占社区运作资金的30%左右。随着社区建设任务的增加，政府财政资金的有限，这项投入愈来愈不足以维持社区建设和发展的需要。

2. 社会资助资金

社会资助的渠道比较广泛，从目前看，主要包括国内外机构、企事业单位、社会团体、慈善基金会组织或个人的无偿资金援助。特别是社区建设借助辖区内单位的力量，实现共驻共建、资源共享，谋求社区公共利益的发展。以个旧市宝华社区为例，在其开展的“相互关爱，共享生命”大型中英项目预防艾滋病专题活动中，宝华佛寺、中英项目艾滋病基金会等慈善组织积极参与了该项活动，提供了近7 000元的资助，占整个活动经费的50%。在宝华社区开展的“公民道德建设纪念活动”中，宝华公园、红河州化肥厂、红河州科协、红河州图书馆等单位积极踊跃参与并资助了近60%的活动经费。又如盘龙、五华两个实验区的一些社区通过开展每人捐献一元钱、两元钱改善社区环境的自治活动，收到了良好的效果。在社区建设全面展开的形势下，随着社区功能的完善，社区居民的参与意识日益提高，这一块资金来源有提高的势头。但是其中的企业单位受经济效益的影响，不能有效保证社区建设的公共财务需要。

3. 社会福利募集资金

福利募集资金的目的就是取之于民，用之于民。城市社区建设中，社区承担了相当的社会保障和社会福利职能。因此，通过发行彩票募集形式的筹资相当部分被用于星光老年计划、社区体育设施与活动场所等建设。如个旧市第一批五个社区居委会进入老年福利服务“星光计划”项目，福利彩票投入15万元，占总投入的24%。

4. 社区服务收入资金

社区服务是在特定区域范围内，以社区居民为服务主体和组织主体，调动社区内外一切可用资源，以灵活多样的机制来配置资源，实现社区居民福利最大化的活动。挖掘和利用社区现有的社会资源，拓展社区服务，发展社会经济，提高社区“造血”功能，使社区服务成为城市经济新的增长点，为社区建设提供社区公共财务发展的资金来源。2000年个旧市社区服务年总收入完成31.2万元，实现利润14.2万元，为今后社区服务发展打下了良好的基础。服务方式采取无偿与有偿、低偿相结合的方式。如，个旧市宝华社区的社区服务收入：2 000元~3 000元/年（茶室），房租使用权500元/月（用于网吧租用），五一社区每年通过社区服务获得10 000元左右的收入。昆明市顺城社区地处昆明中心城区，辖区内有保存完好的百年老街——顺城街，又有现代化的大商场——昆百大、百盛、诺玛特、金碧辉煌、五华大厦等多家单位，在社区建设中，它们为该社区建设发展提供了许多的资金支持，且顺城社区据此开展了一些服务项目，社区经济也是社区公共财务制度框架体系构建的重要组成部分。

总体上看，调查反映出，云南省的城市社区公共财务已初步形成政府投入为主、社会广泛参与资助、社区经济支撑组成的发展格局。这一格局的形成，为整个社区建设和管理提供了基本的保证。

（二）城市社区公共财务体制存在的问题

然而，不容忽视的是，城市社区公共财务体制建设在取得上述成绩的同时，也存在着许多问题。

1. 总量不足

发达国家的政府在社会福利方面的支出占财政支出上比例普遍较高，以加拿大为例，安大略省的社区和社会服务部1998年的年预算为79亿加元，占该省全年总预算531亿加元的14.8%。政府的许多项目都是社区项目，政府对社区的投入一般占社区筹措资金的近50%，而云南省社会福利、社区建设的政府投入远远低于这个水平。城市社区公共财务资金总量不足，导致社区建设资金缺乏，往往是捉襟见肘，甚至成为制约社区建设与发展的“瓶颈”。

2. 增量不够

随着我国城市社区建设的纵深发展，社区建设与发展需要有强有力的社区公共财务支撑，我国城市社区公共财务资金普遍增量不够，跟不上社区发展所需要的财力支持，制约了社区的进一步发展。因此，社区公共财务资金增量有待提高，社会资金的筹集尚待进一步拓展。据调查了解的多个社区居委会负责人都认为社区的资金支撑增量太少，社区建设举步维艰。社区居委会办公经费严重不足仍是一个困扰城市社区建设的问题。费随事转，本来可以成为弥补城市社区建设资金不足的一条途径，但实施起来却非常困难，大多停留在文件上，没有真正落到实处。调查结果表明，昆明市五华、盘龙两区只有少数部门在要求社区协助完成工作时落实了这一原则，其他部门都未能做到费随事转。

3. **社区公共财务构成不平衡**

由于我国社区建设尚处于起步规划阶段，因此，政府在社区建设中发挥着重要作用。相应地，在现阶段政府的资金投入占社区公共财务体系的主体部分，在总量不足的情况下，一般政府的财政拨款居多，社会捐助、福利募集和社区经济等资金所占比重偏少，从而形成我国现行社区公共财务构成不平衡。

4. **资金来源不稳定**

从单个社区建设发展的资金来源看，社区公共财务应主要依靠发展社区经济自筹资金。但是由于社区经济自身发展能力有限，受经济大气候影响，发展有很大的不稳定性，另一方面，社区公共财务体系中社会赞助又具有变数，政府随着社区自治的回归逐步减少对社区的资金拨款，因此，整个社区公共财务体制不稳定，为社区今后的发展带来了许多变数，难以形成稳定的社区公共财务资金来源。

5. **管理制度不健全**

健全的社区公共财务管理制度将会促进社区的建设与发展。但是目前我国的城市社区公共财务管理制度普遍不够健全，收支情况不能很好地定期向居民会议报告，进行居委会财务公开，接受居民监督和有关部门的监察审计。因此在现实过程中，许多社区公共财务资金使用效率低下，甚至资源浪费的情况也屡见不鲜。

总体上看，调查显示：①社区良性公共财务体制的建立已成为社区建设一个既事关长远又非常紧迫的问题；②社区公共财务体制的建立是一个涉及权力分化、责权界定、社会资源重新整合、制度创新的系统工程，在当前情况下，单独依靠政府或社区都不能完成，必须由政府牵头，充分调动各种社会力量，统一筹划，全面抓好；③目前，昆明市和个旧市各社区公共财务体制的建立才刚刚起步，而且各社区财政状况差距较大，发展极不平衡，各项工作还任重道远。

（三）城市社区公共财务体制存在问题的原因分析

我国的城市社区建设，尤其是西部地区的城市社区建设起步较晚，大体始于20世纪90年代后期。由于我国城市缺乏群众自治的传统以及现有社会改革相对于经济改革滞后的特点，导致政府必然要作为社区建设的发动者、规划者和推动者。这也因此致使我国城市社区建设模式属于政府行政主导模式。因此，政府在社区建设过程中必须充分发挥政治权威，利用体制内的各种资源，以公共管理社会化为取向，积极启动、引导、推动、规划并参与社区建设。

从社区组织体系的运行来看，社区组织作为政府与市场之外的第三部门，其主要功能是自主管理社区内的公共事务。目前，由于包括云南省在内的整个西部地区社会经济发展程度不高，尤其是作为公共管理社会化核心的公共管理市场化才刚刚起步，因而发展社区事业的资金主要不是通过市场的方式，而是通过政府扶持、社会赞助和社区服务解决。因此，在目前制度框架内，城市社区公共财务制度建设离不开政府资金的支持。在一定程度上说，政府财政资金投入的力度及合理性，决定着社区公共财务制度的形成，也从根本上决定着社区建设的进程。根据这一基本观点，我们认为西部地区城市社区公共财务制度框架形成中的上述问题，其原因可以从以下方面进行认识。

1. 法律法规对社区公共财务制度建设的规定不够健全

《居民委员会组织法》第四、十六、十七条规定，居民委员会的财源主要包括三方面：一是政府拨付，用于行政开支；二是向本居住地居民和单位筹集，用于公益事业；三是居民委员会兴办的有关服务事业。首先该法颁布的时间是1989年，当时实行的是计划经济，一切经济活动都纳入国家统一规划之中，居委会的公杂费和生活补助费等都由省、直辖市的人民政府统一拨发。而现在实行的是政府分级管理、财政包干的管理体制，实行以市或区级政府拨付为主。因此，该法显得过时了。其次，现行的各省、市、区的有关社区建设的规定和条例，大多没有体现公共财务的理念，各级政府、社会资助等资金各占社区公共财务多大比例，如何管理运营等尚没有厘清。

2. 社区公共财务资金的政府阶段性配置意识尚未形成

由于我国城市社区建设是一个动态的发展过程，那么必须确立政府职能的阶段性配置和输出的思想，在当前，中国城市社区建设大致划分为三个阶段，这其中当然也就包括各个阶段时期社区公共财务资金的阶段性配置意识。在社区建设的启动阶段、发展阶段和成熟阶段，政府在社区公共财务建设中的作用如何发挥等问题，我们的社区建设者尚处于迷茫之中。面前的有关法律没有作出规定，而这种分阶段配置的意识更是缺乏。据我们对诸多的市、区级政府负责人和社区居委会负责人的调查了解，他们的社区公共财务政府阶段性配置思想普遍缺乏。

3. 社区公共财务资金尚未完全建立事权和财权相统一的财力支撑体系

按照国家有关法律和规定，各职能部门要在分清事权、明确责任的基础上，按照责权利统一的原则，对有关专项经费进行分割，需社区居委会协办的事情，应将经费拨至居委会，实行“谁办事，谁用钱”。但据调查所知，社区居委会似乎成了一个谁都可以扭的“水龙头”，各个职能部门都找居委会办事，而专项资金下拨则很难到位。居委会在社区治理中，事权和财权不能很好地统一。因此，在社区建设中，街道办事处要充分尊重、依法维护社区居委会财产所有权、支配权和管理权。

4. 公共财务管理制度不健全，社区公共资金支出管理水平不高，资金使用率低

健全的社区公共财务管理制度将会促进社区的建设与发展。但是目前我国的城市社区公共财务管理制度普遍不够健全，收支情况不能很好地定期向居民会议报告，进行居委会财务公开，接受居民监督和有关部门的监察审计。另外，社区普遍没有确立社区经营理念，不能很好地盘活社区公共资源，未能积极吸引社区单位和居民广泛参与到社区建设中来参与监督，因此在现实过程中，许多社区公共财务资金使用效率低下，甚至造成公共资源浪费的情况也屡见不鲜。

（四）建立健全城市社区公共财务体制的对策建议

随着城市社区建设实践的深入，社区建设中日益出现许多问题，其根源来自缺乏共同利益一致的社区公共财务制度。随着“单位制”的弱化、政府职能的转变、职能的逐步剥离，社会阶层分化和社会结构的重组，城市社区建设实际上正在进行社会的重新组合。社区公共事务的治理和公共利益的维护，最重要的改革措施，是要求建立社区公共财务体制。社区公共财务就是指以社区治理主体之一的居委会，通过社区居委会的收支活动，集中社区内的各种资金资源，用于治理社区事务和满足社区居民公共需要的经济活动。

由于我国城市社区建设是一个阶段性发展过程，因此努力确立以公共管理社会化为取向推进社区建设，必须形成政府职能阶段性配置的意识，这其中也包括社区公共财务资金的阶段性配置意识。这主要是由于我国城市基层缺乏自治的传统资源，以及经济体制改革现状下居民参与社区建设动力不够等因素造成的。我国城市社区公共财务体制建设框架思路就是要建立政府稳定投入、社会广泛参与、福利募集支持、社区经济为主的多层次、多渠道的资金来源机制和健全的社区公共财务监督审计制度。政府在社区公共财务体制中发挥作用的探索方向是：街居组织逐步退出自办经济项目，转向创造良好社区经济发展环境，大力发展多种所有制经济，丰富社区税源，把社区的财政收入的“蛋糕”做大，在此基础上运用财政转移支付的办法，来解决社区组织的经费来源，并形成一种良性的社区公共财务体制。

1. 形成政府公共财务阶段性配置的意识

社区建设是一项长期的系统工程。随着整个经济体制和政治体制改革的深入，随着社区建设的展开，社区组织建设和基础设施的不断完善，相应的政府职能及输出方式改革也应逐步到位。在社区建设的各个不同发展阶段，政府在社区公共财务体制建设中应该发挥多大的功能，这么一种有步骤分阶段的政府公共财务职能供给及输出方式的意识必须形成，否则将对于整个社区建设向纵深发展起到阻碍作用。因此，在社区建设的启动阶段、成长阶段和成熟阶段，政府在社区公共财务体制建设中的职能输出方式应该进行深入的调查和研究。

2. 政府通过政策引导，拓宽社区建设资金筹资渠道

政府需要不断加强社区公共财务体制建设的法律、法规建构和政策引导，积极拓宽社区建设资金筹资渠道。鼓励和倡导现代公民理性行为，发挥全社会的力量，共同参与到社区建设和发展中来。在必要时候，政府对企业、社团等组织赞助社区建设资金时，可以进行税制改革的探讨，提供宽松的社区政策环境，为社区发展提供更多筹码。同时，督促居委会加强社区公共资金支出管理，提高资金使用率，逐步确立社区经营理念，盘活社区公共资源。居委会在社区建设中把社区建设好，让更多的单位愿意进驻该社区，从而提高社区的知名度和美誉度，改善社区形象，增加社区的无形资产，从而可以在更大程度上争取更多的社会单位加入到社区建设中来。

3. 实行“费随事转”、事权和财权相统一

在积极加强社区建设过程中，可以探索将过去在绿化、环卫、治安等方面条块部门的专项收费，相应拨支社区，实行“费随事转”。同时，社区承担的政府的部分社会职能，今后应该逐步做到事权和财权相统一，让社区有充分的社区财政资金保障社区建设的深入发展。各个政府职能部门要在分清事权、明确责任的基础上，按照责权利统一的原则和“费随事转”原则，根据社区承担的区、街道下转社会职能和专项职能对有关专项经费进行下拨给社区，从而保证社区建设持续发展所需的公共财务资金支持。

4. 实行公共税收增量比例返还制度

以街道为单位，以目前提供的税收和财政下拨的经费为基数，将每年新增加的创税部分按比例返还；同时，大力发展社区经济，构建社区公共财务的“造血”机制，让社区公共财务总量和增量都不断地增加。另外，还可以考虑改革税制，设立不动产税作为区和街道政府的收入来源。在此税制改革后，为了使社区的不动产总价值最大化，政府就必须不断地吸引高收入者入住，分区管理。社区公共生活和居住环境不断得到改善，社区得以利用这些资金加快社区的建设和发展。

5. 实行各类社会募集资金的切块下拨

以社会募集形式形成的来自驻区企事业单位、部队、社会团体和个人支持援助公益事业的及福利彩票募集资金，根据社区的职责向社区组织切块下拨。

随着社会事务的不断增多和复杂化，社区在某种意义上是作为第三部门，应该介于政府和市场之间，弥补它们的两者的缺陷，实现政府、社会和市场的三足鼎立，共同实现对现代社会的多元化治理。

调研报告之五：城市社区中介组织的培育与管理

城市社区中介组织的建立及志愿者队伍不断壮大，是衡量社区文明程度的重要标志，也是搞好社区服务工作的重要保证，因此，社区中介组织建设是一个在社区建设发展中十分重要，但同时也是目前无论是理论上还是现实中争议很大的问题。根据课题研究的安排，我们首先在理论上对城市社区中介组织，政府与社区中介组织的关系等问题进行了必要的梳理，然后根据所形成的认识，对云南省部分城市社区的中介组织现状进行了调查分析。

（一）关于城市社区中介组织的一般认识

1. 城市社区中介组织的基本内涵和类别

城市社区中介组织就是指以城市社区为活动区域，以满足社区居民的需求为目的，由社区居民参与的介于社区主体组织（社区党组织和社区居民委员会）和居民个体之间的具有公益性、志愿性、非营利性的社会组织①。目前，针对城市社区中介组织，国内的学者提出了不同的划分类型。我们参照中国目前城市社区中介组织发展的实际情况以及发展目标，把民政部界定的社区建设中的主要活动划分为三个层次②，并据此将参与这些活动的城市社区中介组织划分为以下三大类：

第一层次的中介组织：在回应社区居民生存要求层面上活动的中介组织。

① 关于社区中介组织的定义，国内学者和有关政府部门有不同的看法，分歧较大，目前还没有形成较为统一的共识，有社区非营利组织、社区非政府组织等类似表述。此定义主要参考了王时浩、杨巧赞在《探析社区中介组织》一文中对社区中介组织的界定和分析，该文载于中国政治学网（http：//www. cp. org. cn）。

② 参见《民政部关于在全国推进城市社区建设的意见》（2000年）中“促进城市社区建设各项工作的开展”一段中对社区建设工作的表述。

这一层面上的活动内容主要包括社区服务中的面向老年人、儿童、残疾人、社会贫困户、优抚对象的社会救助和福利服务，面向下岗职工的再就业服务和社会保障社会化服务等三项内容。在这一层面上活动的社区中介组织其目标是为了满足居民基本的生存需要，主要是面向弱势群体提供服务。

第二层次的中介组织：在回应社区居民、单位生活要求层面上活动的中介组织。这一层面上的活动内容主要包括社区服务中的面向社区居民的便民利民服务、面向社区单位的社会化服务，还包括社区卫生、社区环境、社区治安等三大项内容。在这一层面上活动的社区中介组织其目标是满足社区居民、单位的生活需要。

第三层次的中介组织：在满足社区居民精神需要层面上活动的中介组织。这一层面上的活动内容主要是面向社区居民的文化、体育、娱乐服务。在这一层面活动的社区中介组织的目标是满足社区居民的精神需求。

2. 城市社区中介组织的发展目标、作用及其与政府的关系

为什么必须在城市社区建设中推进社区中介组织的发展，或者说，城市社区中介组织的目标何在?

城市社区中介组织的发展目标应该服务于城市社区建设的总目标，因此结合形成以公共管理社会化为取向的城市治理体系的社区建设总目标，它的目标定位应是：接收政府的社区管理和服务职能，同时积极动员和吸纳社区居民参与社区建设，构建新型的、完善的社区管理和服务体系，回应和满足社区居民的各项需求。在现阶段，城市社区中介组织的发展方向应该主要放在以提供全方位的社区服务为核心，这是由城市社区建设还处于较低层次的特点决定的。只有先从门槛较低、入手较容易、贴近社区居民的社区服务开始，逐步获得社区居民的认同和支持，并形成一定规模的组织体系，才能为今后的进一步发展打下基础。且无论社区中介组织发展到什么规模和层次，社区服务都是组织活动的中心内容，这一点已经被国外社区的发展经验所证实。

社区中介组织在社区建设中发挥着非常重要的作用。首先，它是政府向社区转移职能的载体，没有完善的社区中介组织体系支撑，政府社会管理体制改革所转让出来的社区管理和服务职能就不能得到很好的接收，使得城市社区建设无法深入下去。其次，它可以起到政府与社区居民之间沟通和桥梁的作用。由于社区中介组织既是城市社区服务的提供者，又是政府管理社区的合作者，因此使社区居民的利益和愿望得以表达。第三，它为居民参与社区社会生活提供了渠道，有助于提高社区建设中的居民参与度。

在城市社区中介组织的发展过程中，特别是培育阶段，政府起着非常重要的作用。这是因为，社区中介组织承接的是政府转让出来的社会管理和服务的职能，它的发展速度和程度取决于政府向社区分权的力度和广度；而且，在现今的中国社会，特别是西部城市，社区自身缺乏中介组织生长的传统和机制，且政府仍然掌握着包括资金、人力、物力在内的大部分社会资源，这就决定了它必将在城市社区中介组织的培育过程中扮演主要的角色，也决定了城市社区中介组织的培育很大程度上是一种政府行为。

（二）城市社区中介组织现状

据有关部门2004年的统计，全国共有10万个社区居委会，城镇社区服务设施达18万个，社区便民利民服务网点45万个；社区专职服务人员36万人，另有兼职人员57万人；全国各地建立的社区服务组织9万个，志愿者人数发展到540万人。社区建设总体上已从启动阶段走向成长阶段。但目前，在社区组织体系中的社区党组织和社区居委会等主体组织已经基本建立的情况下，社区中介组织总体上发展滞后，已成了制约社区建设走向深入的一个瓶颈。

昆明市的情况如何呢？通过调查，我们发现，截至2005年6月份，全市共建立219个社区，社区划分和建立社区主体组织的社区建设第一阶段任务已经基本完成。而且，昆明市社区建设搞得较好的五华区和盘龙区，都注意到了社区中介组织的建设问题，两个区均是以社区服务为切入点和核心内容来推进社区中介组织建设，取得了较好的成绩，得到了社区居民的认可和支持，形成了有利于中介组织发展的社区氛围。两年来，社区中介组织发展较好的五华区在58个社区建立了一支人员众多、涉及居民生活面广、专业素质较高的社区志愿者队伍和一批针对政府各职能部门的中介组织。一是建立了353支志愿者队伍，总人数达1.1万余人，主要有青年志愿者、巾帼志愿者、社区建设志愿者、计生志愿者、助残志愿者、老年志愿者和社区党员志愿者等志愿者队伍。二是在58个社区建立了妇联、残联、计生协会和关工委，51个社区成立了老年协会，这些组织的成立，为社区建设工作提供了有利条件。

在曲靖市，麒麟区把为社区居民服务当做社区一切工作的“龙头”，建立了老年人活动中心、少年儿童活动园等各类为社区居民生活服务的中介组织，既方便和丰富了社区居民的生活，又创造出了一批社区工作岗位，解决了部分居民的就业问题。在丰登社区，我们看到“星光老年之家”里医疗保健设备、健身器材、书籍报刊、棋牌桌等设施一应俱全。丰登社区居委会的同志介绍说，老年之家每天有近百位老人来活动，非常热闹。该社区还建有一个曲靖市一流的“儿童文化园”，现因城建需要正在拆迁，我们没能见到，下一步将重建成全省一流的儿童文化园。养好老的，育好幼的，这是该社区最主要的服务理念。2001年民政部提出全面实施为社区老年人福利服务的“星光计划”，省里把麒麟区作为试点之一。全区投资近2 000万元，建成29个统一名称、统一服务功能的“星光老年之家”，使社区老年人有了自己的乐园。从居民迫切要求的问题入手，麒麟区努力完善、拓展服务内容，对生活困难的低收入群体认真进行登记、调查核实、组织评议、张榜公布，使符合条件的17 966户、41 318人次城市贫困群体全部纳入最低生活保障，做到应保尽保。成立3个社区卫生服务中心和6个社区卫生服务站，为居民建立健康档案，使居民能够无病早预防有病早治疗。各社区还根据自身的实际情况，成立劳动技能培训、物业管理、家政服务、法律服务等机构，充分满足市民的各种需求。麒麟社区还建有“下岗再就业互助协会”，会员达1 300多人，下设信息发布处、再生物品回收队、送水服务部和方圆交友俱乐部，对内通过腾岗，对外争取社区成员单位支持，短短一年便成功介绍750名下岗失业人员重新走上岗位。社区的家政服务公司拥有国外进口的外墙清洗设备，服务项目多达41种，2004年公司开始赢利，走上了良性发展轨道。我们在曲靖市麒麟区访问的每一位社区负责人都能说出一连串生动的事例，小到居民头疼脑热、针头线脑的琐事，大到单位之间、单位与居民之间几年都没有解决的纠纷，在社区中介组织细致入微的帮助下都迎刃而解。麒麟区的中介组织建设在社区服务这个“龙头”的指引下，呈现出勃勃生机，社会效益凸显。

在玉溪市，新平县于2002年10月在桂山镇依法成立了五桂、凤凰、青龙三个社区。通过近三年的努力，三个社区居民委员会的建设取得了成效，社区自我服务的功能逐步得到健全和完善。一是三个社区都设立了便民利民服务站。主要职能是：为高龄老人办理优待证；为残疾人办理残疾证；为社区贫困户申请低保，发放低保资金；为社区居民提供家证服务和老年人生活护理服务等中介服务和婚丧服务。二是都成立了社区卫生服务中心。依托现有的社区卫生医疗机构开展社区医疗服务，建立社区卫生服务中心，为老、弱、病、残等弱势群体体检和减免挂号费；为驻新平军（警）部队提供服务，加强疾病预防、宣传、咨询服务。三是设立文体活动站。各社区建立了文体活动服务组织机构，落实了工作人员，积极组织开展文化体育活动。四是建立了社区劳动服务站。在三个社区都成立劳动保障服务所，配备了专兼职工作人员1~2人。五是成立了志愿者服务队伍。服务队伍主要由社区团员、青年、在校青少年学生和驻新平军（警）部队以及其他专业技术人员组成。六是建立健全了其他服务组织。三个社区都建立了“残疾人协会”，开展为残疾人提供教育、就业、生活救助服务活动。

（三）城市社区中介组织存在的问题

虽然云南省的城市社区中介组织建设取得了较好的成绩，但同时，我们也发现目前在社区中介组织的建设中，存在着以下需要解决的问题。

1. 总量偏少，发展不平衡，种类不齐全

目前，在云南省的城市社区中，除了少数社区建设开展较早的社区的中介组织发展得较好外，大部分社区的中介组织数量都偏少，无力应对社区居民多种多样的需求。社区中介组织的种类也不齐全，按照我们前面的分类，目前主要缺乏的是第二层次的中介组织，这主要是由于第二层次涵盖了众多的社区活动内容；但是第一和第三层次的中介组织中的种类和数量也离居民的要求还有较大差距，还有很大的发展空间。如我们走访的昆明市的几个典型社区和曲靖市、红河州的几个社区，居民的普遍反映是为居民提供便民服务、卫生医疗等的中介组织不足；同时，在有的社区，居民平均收入较低，生活困难的家庭数量较多，这些社区居民认为第一层次的社区中介组织严重不足；至于对第三层次的社区中介组织，居民普遍认为目前发展得较好，但是还应该充分考虑到各层次、各年龄段社区居民的需要，在门类上再继续拓宽，不能光形成老年人活动“一枝独秀”的局面。

2. 组织人员来源困难、资金来源不足，缺乏办公场地和设备

整体上，社区中介组织的人力、财力、物力等资源都很缺乏，导致了目前社区中介组织规模小、水平较低的现状。

通过调查，我们发现社区中介组织的人员来源主要是社区的下岗职工、低保对象、离退休职工，具有较高素质和社区工作经验的社区工作者十分缺乏；同时，有的下岗职工对收入的期望超过了社区的承受水平，并且对社区就业存在轻视和疑虑，因此造成不愿意加入社区中介组织从事社区工作的现象。社区服务业相关管理和培训不到位，也是制约下岗职工走上新岗位的因素。高层次的人才缺乏、普通社区工作人员存在一定缺口，这样就造成了“有能力的不愿意干，愿意干的干不了”的社区工作现象。造成社区中介组织人员来源困难的原因比较复杂，但主要可以归结到高校缺乏社会工作专业设置、社会公众就业期望值高以及社会上存在的轻视社会工作观念和社区工作目前待遇偏低等原因上。

缺乏资金、办公设备、办公场地等资源，是现阶段社区中介组织发展存在的又一问题。目前，社区中介组织的资金主要有相关部门拨给、社区自筹、收取服务费用三种来源。其中依靠政府有关部门拨给仍然是大部分社区中介组织的主要经费来源，而政府部门由于自身原因所拨付的经费也有限，而且社区自筹还没有充分发挥出社会捐赠的作用，收取的服务费由于服务水平低、项目少以及居民的承受能力等原因也比较少，这就使得社区中介组织的开办、运行资金存在较大缺口。由于资金的缺乏，也使得社区中介组织的办公设备缺乏，无力购买和租用办公场地。

3. 独立性差，官办色彩浓厚

城市社区中介组织如果按照举办来源可以概分为政府相关部门举办、社区居委会举办、社区居民举办三种形式。目前，根据对云南省部分城市社区的抽样调查，绝大部分的社区中介组织都是由政府相关部门直接或间接举办的，应由社区居委会自己举办的中介组织也与街道办事处等相关部门有千丝万缕的联系，像社区里数量较多的服务中心、服务站均属此列。社区中介组织官办色彩浓厚的特点，导致社区中介组织产生依赖思想，遇到困难只管向政府部门伸手请求帮助，没有独立意识和竞争意识，影响了社区中介组织的独立运行和发展，同时，从长远来看，这对于形成社区自治的城市社区建设最终目标也很不利。

4. 管理体制不够健全

城市社区中介组织如何管理，哪些事情该管、哪些事情该组织自行解决，民政部门、相关政府部门、社区居委会等机构在社区中介组织的培育和管理上的角色为何、关系为何，这些问题仍然没有得到很好的解决，这就造成了有的社区中介组织大家都来管，有的社区中介组织无人来管理、监督的现象，总体上反映出目前城市社区中介组织的管理体制还有待健全。

5. 组织机构不完善，没有合理的运行机制

由于城市社区中介组织在现今的中国，还算是一个新鲜事物，发展的历史还很短，因此在组织机构的设置上、运行机制的建立上，还没有像美国、日本那样形成科学合理的模式，目前大部分的社区中介组织的机构设置和运行主要是参照企业的模式来进行的，因此就带来了很多诸如如何进行组织的内部约束、如何处理非营利与组织发展的关系、如何激励组织成员等问题，影响了社区中介组织走上规范运营的道路。

6. 信誉差，行为不规范

通过对社区居民的走访调查，我们发现，部分社区中介组织行为不规范的问题比较突出，居民的意见主要集中在服务质量、收费、工作人员素质等问题上。虽然只有部分中介组织行为不规范，但这是一个非常值得关注的问题，由于社区存在众多非正式的交流、沟通渠道，只要有少数居民对社区中介组织抱怨最终都将影响到整个社区，从而影响社区居民对社区中介组织这个整体的认同与支持。从长远来看，如果不能尽早解决部分社区中介组织社会信誉差的问题，对于社区中介组织的发展非常不利。

以上这些问题，急需根据城市社区建设的基本目标，在正确认识政府与社区建设的关系基础上，针对社区建设发展的阶段性特点，充分发挥政府的作用，提供社区中介组织发展的良好空间，既从各方面积极和扶持社区中介组织的形成和发展，同时，也需要根据有关法律法规，加强对社区中介组织运行的外部监督的过程管理。

调研报告之六：城市社区居民社区参与的调查与分析

居民的社区参与具有十分重要的意义。首先，它是城市社区建设的主要动力和终极目标。通过社区参与，有助于城市社区居民树立社区意识和公共精神，增强社区认同和社区归属，也有助于巩固社区建设的成果。其次，居民参与社区事务有助于缓解城市政府公共管理和社会管理的压力。发挥社区居民在参与社区事务上的主动性和积极性，实现社区在政府有限介入下的社区自治，能够极大地分担政府管理的压力。此外，居民对社区政治事务的参与，将有助于培育社区居民的民主意识和民主技能，推动城市基层民主的发展和社会主义民主建设。推动社区居民广泛参与社区事务对于城市社区建设尤其有着重要意义。

在课题的研究过程中，我们对昆明市五华、盘龙、官渡、西山四区的一些主要社区进行了调查，发现由于昆明市城市社区建设起步较晚，居民整体素质偏低，思想观念落后，在居民社区参与方面普遍存在着参与意识不强、参与动力不足、参与者偏少和参与领域过窄等问题。居民社区参与不足成为制约城市社区建设前进的瓶颈，需要引起足够的重视。

（一）昆明市城市社区建设中的居民参与现状

昆明市地处祖国的西南边陲，地理位置、经济发展水平、民族构成、文化教育、居民素质和思想观念等方面都带有西部地区城市的典型特征。历史地看，居民的社区参与与城市社区建设之前相比有了大的提高。社区建设开展之前，城市居民很少参与社区活动和社区事务，即使是居委会为迎接上级检查或纪念节日而动员居民参与的也只是些打扫公共卫生、慰问孤寡老人、知识竞赛、诗歌大赛等较为俗套和形式化的活动，居民参与率很低。2001 年 4 月全市社区建设开展之后，政府一方面广泛动员社区居民参与社区的政治事务，选举社区工作人员和社区组织成员，召开居民会议和社区居民代表大会，讨论社区事务；另一方面重视吸收居民参与社区文化教育活动，开展了较为丰富的社区文化教育活动。如盘龙区桃源街社区举行了5场广场文艺会演，吸引了大批本社居民参与；东庄社区组织了一支60人左右的群众性文艺队，组织编排节目，义务为社区群众演出；石井社区组织了百余人的“轻骑文化艺术团”、“南雅中老年人健身团”等，吸收社区居民参与。五华区还建立了不同类型的社区教育场所，如市民文明学校、老年大学、再就业培训学校、健康卫生学校等，为社区居民提供实用性、多样化和个性化的社区教育。

但是，从总体上看，昆明市社区建设中存在着明显的居民参与不足。表现在：

1. 参与意识不强

在五华区与社区居民的访谈中，他们表示对社区事务不甚关心。他们认为，社区事务无非是搞人口登记、计划生育、民政福利、收款催费……几乎无须他们的参加。此外，社区居民中的大多数仍然习惯了由政府或所在单位组织参与和动员参与。他们很少人积极主动参与所在社区的活动，宁愿把时间用于在家中读书、看报、看电视或出门逛街、购物、旅游。

2. 参与主体少且分布不平衡

通过我们在盘龙区的调查发现，约有超过80%的社区居民不愿或无暇参与社区活动和社区事务，只有不到20%的人表示愿意和乐于参与社区活动。并且从分布上看，由于年龄、就业状况、性别、收入、教育、职业的不同而体现出参与的不平衡性。从年龄层次上看，参与社区活动的主要是离退休人员和在校中小学生；从就业状况上看，在职人员参与少，无业人员、下岗工人、待业人员其他社会闲散人员参与多；从性别上看，女性多于男性；就收入、教育程度看，居民收入、教育程度越高，社区参与率就越低。从行业系统上看，工业系统人员、科教系统人员及党政机关人员的社区参与意愿比较强，商业系统人员的社区参与意愿比较弱，文化系统人员的社区参与意愿最弱。

3. 参与领域不平衡

社区居民对社区活动的参与在参与领域上也表现出不平衡。总体上可概述为：社区文化教育活动参与多；社区服务中面向社区全体居民的便民服务参与多，面向社区弱势群体的福利服务参与少；社区政治事务和自治活动参与少。我们在盘龙区的调查发现，社区居民多喜欢参与社区文化教育活动，诸如广场文艺演出，早晨或傍晚的广场身体锻炼、舞会、歌咏比赛、老年大学、就业培训学校等等。通过参加这些活动，锻炼了身心，陶冶了情操，丰富了他们的业余生活。社区服务中面向全体居民的便民店、理发美容厅、服装裁剪部、书报亭、家政服务站等，由于其有赢利性，成为人们竞相参与的对象。而面向社区残疾人、老年人、优抚对象等社区弱势群体的福利性服务，帮助孤寡老人和残疾人解决日常生活起居的各种困难，帮助优抚对象解决就医、日常生活困难，救助贫困及失业下岗工人，帮教吸毒人员和法轮功分子等等，需要具有社区奉献精神和慈善意识，且无利可图的，参与者多是志愿者组织、社区工作人员和学校，社区居民的个人参与很少。此外，社区居民也很少对社区政治事务进行参与，如选举社区组织的工作人员，参加社区居民代表大会和社区协商议事委员会，协商社区重大事项，对社区居委会成员进行民主监督和民主评议。

（二）影响昆明市城市社区居民社区参与的因素分析

就昆明市居民社区参与整体不足及分布不均衡的现状，其形成原因多种多样，既有与东部相同的原因，如单位体制和行政本位制的存在，也有自己独特的因素。具体地说，主要有：

1. 落后的观念和陈旧的单位意识影响了居民形成主动积极的社区参与意识和社区公共精神

昆明地处西南边陲，不论从经济发展、文化教育水平，还是对外界信息的接受程度上都较东部地区有一定的差距，特别是人们的观念更趋于保守、封闭、僵化，对于新生事物的接受能力和适应能力较低。对于作为城市基层社会管理体制重大变革的城市社区来说，人本身并未对之有一明确清晰的认识，认为它和先前居委会无甚两样，仍是街道的“腿”和直属办事机构，对于社区开展的各项活动多持旁观态度，缺乏主动参与的意识。

此外，我们所考察的盘龙区和五华区处于中心城区，其居民的大多数为各单位成员，“单位意识”严重影响着社区参与意识和社区精神的形成。作为单位成员，他们更多地是从所在单位获取资源、收益、地位、身份、福利（又包括医疗、退养、住房、教育、就业等），他们对所在单位有着强烈的依附性和归属感，而对所居住的社区则缺乏认同和参与的意识。

值得一提的是，社区居民在社区中的“寄居性”也影响了社区参与意识的形成。官渡、西山两区，处于昆明市的城乡结合部，其居民中的很大部分是来昆经商务工的外来人口和流动人口。他们寄居于社区之中，在生活和工作上与当地居民有着很大的差异，并时常受到“社区正式成员”（城市居民）的歧视和排斥。这种遭遇使他们产生的只是对社区的憎恨与负认同，而不是对社区的归属和热爱。他们感觉到自己被排斥在社区之外，是局外人和过客，因而很难形成社区参与的意愿。

2. 单调的社区文化活动和丰富的业余生活降低了居民社区文化参与的热情和积极性

从目前这三个区的开展的社区文化活动来看，总体显得较为单调，且形式主义成分较多，社区文化活动常常是为庆祝节日、迎接上级检查或达成各种指标而开展。这些活动开展较少并脱离居民的实际需求，因而很难吸引社区中的中青年人的参与。社区文化活动的少而单调，有着深层次的原因，即社区居委会存在人员和经费不足的问题。五华区和盘龙区社区居委会在编“干部”一般只有7~10人，官渡区由于社区范围大，工作人员大致在13~18人。而社区事务却纷繁复杂，不仅包括原来居委会的许多职责，如，调解、治保、卫生、福利、计划生育、青少年、老年7项工作，同时还增添了社区建设的新内容，如社区环境、社区医疗、社区安全。居委会真是“上管天文地理，下管鸡毛蒜皮，内管油盐柴米，外管斗殴扯皮”。显然，社区居委会很难再抽出闲暇组织社区文化活动，除非上级布置安排，或是遇有重大节日、庆典，搞个形式、走走过场。同时，社区经费不足也是制约社区文化活动开展的另一重要原因。在我们调查的盘龙、官渡、五华三区的社区居委会当中，普遍存在着经费欠缺的问题。政府对社区居委会的经费开支有一定的预算控制，一般每月只有200元的办公费用，而社区经济本身也十分脆弱，无法给予社区充足的财力支持。经费欠缺，就很难完成开展活动所需的场地、道具、人员等等。业余生活的丰富也是导致居民社区文化活动参与不足的一个原因。昆明市是一个旅游城市和商贸娱乐业较为发达的城市。社区居民工作之余有多种休闲选择，游览市内和近郊的旅游景点，如世博园、民族村、石林等，到商场舞厅、泡图书馆网吧、参观各种表演、展览，所有这些也都分散了人们对社区文化活动的注意。

3. 行政化的社区组织限制了居民的社区政治参与

社区居委会与街道和职能部门仍有着千丝万缕的联系，带有浓厚的行政色彩。一方面从其产生来看，社区组织的建立，人员的产生、工资发放，办公经费的提供，硬件设施的建设，无不留有着强烈的政府行为的印记；另一方面，从其工作范围上看，主要仍是完成区街和职能部门布置的行政任务，包括催款收费，计划生育、民政帮困、文明达标、社会治安等等。因此，居委会虽然是法定的“居民自我管理、自我教育、自我服务的基层群众性自治组织”，但长期以来，居委会一直是充当政府的“脚”，而非居民的“头”，基层群众自治组织的性质一直处于异化的状态。[①] 因此，它们很少吸收居民进行民主决策和民主管理，同时，社区居民也以习惯化的思维将其当做社区建设之前的居委

① 陈涓：《社区空间和权力规制——对一个中国城市单位附属社区的个案研究》。

会，缺乏政治参与的主动性和意愿。

4. 不适中的社区规模影响了社区居民参与的可能与程度

一般认为，“相对较小的单位将有利于社区的发展，规模越小，其居民越可能相互了解，彼此熟知对方，因而更可能理解和同情相互的需求和欲望。反之，过大的规模容易导致非个性化，孕育自利和竞争，并由此无法达到居民的真正参与。”① 在昆明市社区建设的初期，盘龙和五华都进行了适当的社区规模调整，然而官渡、西山两区不仅地域较广，而且行政区划也很混乱。如官渡区辖8乡9镇，乡镇下面又设30个“农村办事处”和36个居民委员会，有学者将这种地处城乡结合部的社区称之为“边缘社区”。社区建设工作开展之后，官渡区只是将原来的30个农村办事处直接转换成社区居委会，与原36个居委会并存，组成76个社区。这些社区居委会的工作人员、工作内容及方式与先前的农村办事处相比未有大的变化，不过是“新瓶装旧酒”。这些社区的范围普遍较大，一般在1平方公里～8平方公里，人口2万～3万，远远超出“2 000户～3 000户”的规模，面积最大的金马镇云山社区，面积12.4平方公里，与五华区和盘龙区全区面积相差无几，居民有5万多户。在如此广域的范围内若想实现居民对社区事务的广泛参与，简直是不可能的。

① Peter J. Stainberger. Ideology and the Urban Crisis, State University of New York Press 1985, P. 67 ~ 88.

调研报告之七：城市社区医疗卫生体系的调查研究①

发展城市社区医疗卫生服务是构建社会主义和谐社会的一个重要方面，也是城市社区建设的重要组成部分。城市社区建设的一个重要目标就是形成健全的社区医疗卫生体系，承接政府转移出的医疗卫生服务职能。社区医疗卫生机构作为城市社区中介组织的重要组成部分和社区医疗卫生体系的主体，对于政府摆脱具体的社区医疗卫生事务，实现“小政府、大社会”的管理格局和社区自治的城市社区建设目标，起着不可替代的促进作用，是推动城市社区建设深入下去的重要力量；同时，社区医疗卫生机构的发展程度在某种意义上也是衡量城市社区建设进程的重要指标。民政部在《关于在全国推进城市社区建设的意见》中，把“发展社区卫生”作为城市社区建设的重要工作，并明确提出：“要把城市卫生工作的重点放到社区，积极发展社区卫生。”② 卫生部等部委局在1999年联合印发的《关于发展城市社区卫生服务的若干意见》中，也提出“到2005年，各地基本建成社区卫生服务体系的框架，部分城市建成较为完善的社区卫生服务体系”的目标。因此，积极推进城市社区医疗体系建设，无论是对于政府医疗卫生体制改革还是城市社区建设本身，都具有非常重要的现实意义。

在云南省，根据民政部和卫生部的有关文件精神，省卫生厅、省计委等10个厅、委、局2001年联合印发了《云南省发展城市社区卫生服务的实施意见》（以下简称《意见》）。《意见》计划用10余年的时间，分三个阶段建成全省较为完善的城市社区卫生服务体系，以就地就近满足居民对基本卫生服务

---

① 本报告的部分调查与九三学社云南省委员会课题“云南省城市社区卫生服务现状调查与思考”合并进行，同时借用了部分调查资料。特此说明并致谢。

② 参见赵志强《社区卫生与医疗》，中国劳动社会保障出版社2001年版，第21页。

的需求为基础，强化预防保健工作、降低卫生服务成本、控制医药费用的不合理增长，减轻财政和人民群众的经济负担。第一阶段为试点阶段（2000～2002年），要求各地根据开展社区卫生服务有关精神，对当地有关现状和需求进行调查研究和社区健康诊断，并在此基础上制定总体规划，确定试点单位，开展试点工作，同时制定相关的配套政策、措施。这一阶段任务已经于2003年上半年完成。第二阶段为建立社区卫生服务框架、全面实施阶段（2003～2007年），在总结经验的基础上完成社区卫生服务中心、社区卫生服务站的建设，开展医疗、预防、保健、康复、健康教育、计划生育技术六位一体的服务。这一阶段任务已经接近尾声。第三阶段为完善体系阶段（2008～2010年），建成全省较为完善的社区卫生服务体系，使之成为城市居民满意的，有效、经济、方便、可持续发展的基层卫生服务体系。《意见》成为了云南省城市社区医疗卫生体系建设的指导文件。

国家也非常重视社区医疗卫生体系的建设，国务院总理温家宝2006年3月5日在十届全国人大四次会议上作政府工作报告时说，要大力发展城市社区卫生服务；要通过调整城市医疗卫生资源、加大政府投入、加强人才培养、完善服务功能、推进机制创新等措施，加快构建以社区为基础的新型城市医疗卫生服务体系；将符合条件的社区卫生服务机构纳入城镇基本医疗保险定点范围，实行社区首诊制度试点，逐步实现小病不出社区、大病才上医院；探索建立城市医疗救助制度。温总理的报告为城市社区医疗卫生体系建设提出了新的目标。

2010年，云南省卫生厅根据社区医疗卫生发展的实际，提出了在社区建设中要大力发展云南省城市社区卫生服务，努力构建以社区卫生服务为基础、社区卫生服务机构与医疗机构、预防保健机构分工合理、协作密切的新型城市卫生服务体系，方便群众就医、减轻费用负担，建立和谐的医患关系，缓解群众“看病难、看病贵”，并把昆明市、曲靖市作为全省大力发展城市社区卫生服务的试点市。

根据课题要求，我们对昆明市五华、盘龙两区开展社区卫生服务工作的进展情况、经验及存在的问题进行了调研。通过对五华区所辖的西站、西坝、大观、丰宁、莲华等社区，盘龙区所辖的江岸、江东花园、苏家村、威远街等社区进行了实地调查。结果显示，昆明市社区卫生服务体系建设较社区建设的其他方面起步较早，目前已基本形成了社区卫生服务的基本框架，但仍然存在诸多亟待解决的问题。

（一）城市社区医疗卫生体系的现状

1. 城市社区卫生服务体系建设基本情况①

昆明市城市社区卫生服务体系建设总体上起步早于整个社区建设。1998年，为贯彻《中共中央、国务院关于卫生改革与发展的决定》、国务院办公厅转发10部委《关于城镇医疗卫生体制改革的指导意见》，进一步落实《中共昆明市委、昆明市政府关于卫生改革与发展的实施意见》，制定了昆明市社区卫生服务的实施意见，确定了昆明市社区卫生服务的指导思想和基本原则，规划了发展的总体目标和设置原则，并就发展社区卫生服务中政府领导、政策扶持、规范管理等方面工作做了具体的部署，昆明市卫生局在1998年机构调整时成立了社区卫生管理处，配备了专职人员着手在昆明市开展社区卫生服务的整体工作，为昆明市社区卫生服务的发展打下了基础。

按照昆明市社区卫生服务的实施意见，1998年至2003年要基本完成盘龙、五华、西山、官渡四区的社区卫生服务试点和扩大试点工作，初步建立昆明城市社区卫生服务体系的框架，设置50~60所社区卫生服务中心和社区卫生服务站，服务覆盖面达60%以上，有条件的其他县（市、区）开展试点，启动社区卫生服务工作；至2005年建成四区的社区卫生服务网络体系，在昆明市城区和城郊结合地区设置150~160所社区卫生服务中心（站），覆盖所有城区居民，培养400名具有高、中级专业技术职称的全科医师。以社区为单位，健康档案建立和使用率达80%以上，妇女、儿童管理率达85%以上，居民家庭保健合同签订率达80%以上；到2010年，建立以社区卫生服务组织为基础，以大中型医院为中心，以疾病控制、妇幼保健、健康教育等机构为预防保健中心，适应社会主义市场经济体制的城市卫生服务体系。

自1998年正式启动社区卫生服务工作以来，昆明市市委、市政府把社区卫生服务作为坚持为人民服务、直接关心群众生活的重要的“德政工程”、“民心工程”来抓，社区卫生服务的工作也成为了市卫生局重要的改革工作，并为此提出了试点工作的目标和任务，与五华、盘龙、官渡、西山四区签订了年度综合目标管理责任书。

在建设开始后，五华区以区属一、二级医院为主体，抽调48名医务人员到12个社区开展卫生服务工作，建立了健康档案1.49万余份，签订保健协议合同393份，建立家庭病床24张，上门服务1 916人次。盘龙区人民医院分

① 本节所列统计数据，主要来自昆明市卫生局社区卫生管理处的相关统计以及对若干城市社区的实地调查。

别在江岸、太和、小南、拓东等社区为1 100个家庭的3 000多人建立了健康档案；盘龙区中医院在环城等办事处及颐园小区开展了健康教育及慢性病管理服务，建档5 380份，为群众进行健康咨询7 600余人次。昆明市儿童医院成立了婴幼儿社区服务部，深入社区为婴幼儿提供10项健康服务，一年多上门服务70多个家庭。为加强全科医生的培训工作，与昆明市卫校制定了《昆明市全科医生培训计划》，设立了集预防、医疗、保健、康复、健教、计生等20个科目为内容的培训工作，2003年已培训1 570人，实现了进入社区卫生服务医护人员基本思想及工作方式、服务模式的转变。昆明医学院2002年开设了社区医疗专科班，为培养社区全科医师奠定了基础。

随着卫生改革的深入，昆明市社区卫生服务工作，以居民健康为中心、家庭为单位、社区为范围、需求为导向的服务模式健康发展，使昆明市社区卫生服务工作呈现出积极推进的良好态势。据市卫生局统计，截至2005年4月底，全市已建立110个社区卫生服务中心（站）覆盖人口132万，建立健康档案17.25万份，已有1 826名医护防保人员参与社区医疗卫生工作，有10万名儿童的计划免疫工作开始纳入社区医疗卫生服务中心（站）的工作范畴。五华、盘龙两城区还启动了社区慢性病管理工作。这表明，起步于1998年的城市社区卫生体系建设工作，在全省城市社区建设工作全面展开后，获得了新的动力，建设一定程度上得到加强，社区卫生服务体系初步形成。

2. 城市社区卫生服务体系的构成分析

从调查来看，分布在社区内的各种类型的医疗卫生机构是城市社区医疗卫生体系的主体，它们共同为社区居民提供了社区预防、社区医疗、社区保健、社区健康教育等卫生服务，它们的类型和数量也是社区医疗卫生体系是否健全的体现。目前，城市社区的医疗卫生机构按照性质主要有以下类型（注：这些类型的划分不是绝对的，其中有交叉和重叠，有的医疗卫生机构兼是两种或两种以上的类型，如有的社区卫生服务中心的背景是企业的职工医院）：

第一，大型医院的分院。通常是由一些大中型的综合医疗机构在社区开办的，规模普遍较大，科室较全，设施、设备较完善，一个社区一般有一到两个。

第二，企事业单位开办的职工医院或分院。通常是由一些在社区居住职工比较集中的单位开办的，这种情况在单位职工的集中住宅区比较普遍，混合型的社区也有一些，其特点类似于第一类，数量视社区的规模和类型而不等。

第三，医学科研单位。主要是一些位于社区内的专科性质的研究机构开办的，这些科研单位一般都附设有门诊以及数量不等的住院床位，平时主要是针对一些专科病人进行诊断、治疗，在医学院校附近的区较多，其他社区较少。

第四，社区卫生服务中心和服务站。通常是由区级医疗卫生主管部门开办的，其规模大小不等，在理论上是办事处或居委会提供医疗卫生服务的主要专业力量，一般一个办事处设有一个社区卫生服务中心，各个居委会下分设数量不等的卫生服务站。

第五，非营利性医疗机构。主要分布在医学院校附近的社区，数量较少，规模较大，科室较全，拥有较多数量的住院床位和较完善的医疗设施。

第六，个体私人诊所。通常是由本社区里的退休、离职的医务人员开办，其特点是：规模小，技术水平一般不高，设备条件较差，有的以销售药物为主，数量较多。

第七，药店内设的医疗机构。通常由大型药店的经营者在药店内部开办，聘请离退休医生坐诊，有的配有一定的护理床位，数量也较多。

据统计，大多数规模较小的城市社区只有其中几类医疗卫生机构，规模较大的城市社区兼有以上七种类型的社区医疗卫生机构。同时，居民平均收入较低的社区主要以小规模的社区医疗卫生机构（特别是私人诊所）为主，而平均收入较高的社区则拥有相对数量较多的中、大规模社区医疗卫生机构。

（二）城市社区医疗卫生体系存在的问题

大中型综合医疗机构、专科医疗机构是城市社区医疗卫生服务体系的中坚力量，其他规模较小的社区医疗卫生机构是社区医疗卫生服务体系的基础，两者互相配合，发挥各自的长处和优势，为社区居民提供不同层次的医疗卫生服务。但目前，从社区医疗卫生机构的发展现状来看，社区医疗卫生体系主要存在以下问题制约了其作用的发挥。

1. 分布不合理

城市社区医疗卫生机构的设置缺乏统一规划，分布不合理。有的社区医疗卫生机构过多、过滥，造成了医疗卫生机构的无序竞争，影响了社区医疗卫生机构的发展，导致宝贵的社区医疗资源的浪费。相反，有的社区，医疗网点不健全，居民看个小病都必须到社区外的医院，当病人病情紧急或是有公共卫生事件发生时，这些缺少医疗网点的社区就只能将病人往大医院送，这样就可能耽误挽救病人生命的宝贵时间。

2. 设施、设备不完善

虽然也不乏设施、设备较齐全的医疗机构，但总体上社区医疗卫生机构的硬件设施比较缺乏，仪器设备陈旧，特别是当面对危重病人和突发公共卫生事件时，这个问题暴露得更加突出。

3. **医务人员水平较低**

由于社区医疗卫生机构的待遇普遍不高，工作条件也不如大医院，所以吸引不来也留不住具有较高专业水平的医务人员，这跟人们通常把社区医疗卫生机构定位为承担初级医疗、保健任务的观念也有一定关系。其实，随着时代的发展，社区医疗卫生机构也同样需要具有一定治疗、救助的能力，“非典”疫情和近几年经常发生的集体中毒等公共卫生事件等都在提醒我们，社区也需要配备一定数量具有较高专业水平的医务人员，社区医疗卫生机构也不能总是在关键时刻仅仅充当救治病人的“转运站”的角色。

4. **没有服务和参与意识**

社区医疗卫生机构特别是私人机构普遍缺乏公共服务的意识，没有树立为社区居民提供良好医疗服务的思想，反之收费较高，有的甚至高过大型综合性医院；社区医疗卫生机构的社会责任感也不强，对于社区公益活动的参与积极性不高。这些也都是导致社区医疗卫生机构在社区居民中公信度不高的原因。

5. **沟通渠道不畅**

上级相关部门以及街道办事处、居委会等社区管理机构与社区医疗卫生机构的沟通渠道不畅通，没有与之建立一种长期的、稳定的信息沟通渠道和合作机制，这使得社区医疗卫生机构与社区的联系不紧密，缺乏对社区的归属感，影响了社区医疗卫生机构树立面向社区、服务社区的意识。

6. **物力与财力不足**

所调研的社区卫生服务机构大都为区级医疗单位的派出或自我转型机构，其仪器设备均为派出单位配置，基本能够满足社区卫生服务机构开展医疗卫生工作。社区卫生服务机构的收入来源有四个渠道：①政府财政的差额拨款作为对服务人员的工资补偿。②政府的专项拨款，在所调研的社区卫生服务中心(站)，仅莲华、虹山两家获得启动资金，共6 670.7元；江岸和大观作为省和市的社区卫生服务示范点给予了专项拨款，其余各站点未接受过拨款。③服务收入。④药品收入。筹资渠道目前主要是来源于医疗服务收入，医疗服务收入中又有大部分来源于药品的收入，一份调查显示我省城市社区卫生服务站点仅有少数实现了盈余，而大多数是收不抵支，其中药品的收入所占比例高达60%，形成了“以药养医，重医轻防，以医养防”的局面。目前江岸和大观已纳入职工城镇医疗保险，其他站点尚未纳入。

7. **外部支持系统没有形成**

社区卫生服务外部支持系统包括政府与卫生主管部门的支持和社区的支持等，在调研中，发现政府和卫生主管部门缺乏切实有力的支持系统，具体表现为政府对基础卫生保健的投入甚小，上海市的社区卫生服务政府按辖区人口拨款8～12元/年/人，而昆明市基本没有。

（三）健全城市社区医疗卫生体系的对策

城市社区医疗卫生体系是政府向社区转移卫生服务职能的载体，没有完善的社区医疗卫生体系支撑，政府社会管理体制改革所转让出来的医疗卫生服务职能就不能得到很好的接收，城市社区建设也无法深入下去。针对社区医疗卫生体系的现状和存在的问题，以及城市社区建设的实际，只有政府相关部门、社区以及社区医疗卫生机构三者共同努力，社区医疗卫生体系才能朝着正确的方向较快地发展，从而推动城市社区建设不断深入下去。具体分述如下：

1. 明确社区医疗卫生机构的定位

第一，明确目标定位。结合城市社区建设的总目标和建立完善的社区应对突发公共卫生事件体系的要求，社区医疗卫生机构的主要目标应该定位为两个，一是对本社区的居民进行基本的疾病治疗和医疗服务以及卫生知识的宣传普及工作，二是在突发性公共卫生事件发生时成为社区预防和控制工作的主要参与者。因此，社区医疗卫生机构在建设和发展的过程中就要注意两个目标的有机结合，要有随时应对突发公共卫生事件的思想准备，使社区医疗卫生机构真正担当起社区日常的疾病防治、居民保健工作，以及关键时刻应对突发公共卫生事件的工作。

第二，明确与居委会、社区居民的关系定位。社区医疗卫生机构与居委会两者不应该是互不相关或管理与被管理的关系，而应该主要是合作者的关系，共同为搞好社区的医疗卫生工作而努力。同时，居委会又有监督社区医疗卫生机构工作的责任和促进其发展的义务；社区医疗卫生机构也有协助居委会开展社区医疗卫生工作的义务。因此，居委会要注意建立与社区医疗卫生机构的沟通渠道，加强双方的交流与合作。

社区医疗机构与社区居民两者不应该定位为简单的看病和治病的关系，而应该定位为医疗卫生服务的提供者和享有者的关系。在这一新型关系下，社区医疗卫生机构应该把促进社区居民的健康作为自己的最重要任务，树立服务者的意识，除了治病，更重要的是要积极参加、组织社区健康教育公益活动，通过举办讲座等形式，为居民提供全方位的健康指导，帮助社区居民预防疾病的发生。通过这些措施，增强居民对社区医疗机构的亲切感和信赖感，改变有的社区居民对社区医疗机构不信任的态度。同时，社区居民也要支持和配合社区医疗卫生机构的工作，积极参与社区医疗卫生机构组织的公益活动。

2. 科学配置社区医疗卫生资源

社区医疗卫生机构的规模和数量要结合本社区的特点进行科学的设置和规

划，既要避免医疗资源的浪费，又必须考虑到城市社区发展的不断“扩容”问题。

社区医疗卫生机构的设施、设备除了要满足日常医疗工作需要外，还要考虑非常时期可能发生的种种情况。比如平时就要预留出可以改造为隔离病房床位的空间，预留出可以添加大型设备的空间以及各种管线接口，要有在非常情况发生时能改造成为封闭通道的通道。相关部门要帮助社区医疗卫生机构完善医疗设备、设施，在资金不足的社区，可以采取社会捐赠、购买大医院二手设备等灵活形式。

社区医疗卫生机构的从业人员主要应以中、初级医务专业人员为主，居委会和办事处可以帮助聘请一些本社区离、退休的高级医务专业人员进行业务指导和义务兼职。上级主管部门要注意社区医务人员的管理审核，建立相应的考评制度和评估体系，加强对持证上岗的监督，同时建立社区医务人员资料库。相关部门要与社区医疗卫生机构保持好信息沟通和业务指导的关系，帮助社区医疗卫生机构培训医务人员，不断提高社区医疗卫生机构的业务水平和应对突发公共卫生事件的能力。

3. 大力支持社区医疗卫生机构的建设

提供良好的卫生服务，保障城市居民的健康，是政府义不容辞的责任，同时，社区医疗机构的发展关键也在于政府作用的发挥。在现阶段，政府的作用主要表现为制定总的规划和方针，并最终体现在为社区医疗卫生服务的发展创造有利条件，也就是在人、财、物方面尽量满足社区卫生服务机构的实际需要，并制定相应的配套政策①。因此，政府应该做到：

第一，充分认识社区医疗卫生机构的重要性。政府及相关部门的人员要改变原有的认为社区医疗卫生机构没什么能力和作用，只能“小打小闹”的思想观念，充分认识到社区医疗卫生机构发展对于城市社区建设和发展的重要性，把社区医疗卫生体系的建立作为城市社区建设的重要内容，树立大力发展社区医疗卫生机构，健全社区应对突发公共卫生事件体系的思想，把社区医疗机构的发展与城市社区的发展规划和建设进程有机地结合起来。

第二，从政策、资金、人员上给予支持。政府相关部门要把国家已有的一些关于发展社区医疗机构、体系的政策、决定真正贯彻下去，而不是只是应付了事；同时要结合本地实际制定一些相关政策、措施，根据防治“非典”过程和人民群众反映出来的一些问题和薄弱环节，有针对性地对社区医疗卫生机构的建设和发展给予政策层面上的支持。

---

① 参见赵志强《社区卫生与医疗》，中国劳动社会保障出版社2001年版，第6页。

资金是社区医疗机构比较缺乏的资源，政府应该本着社区卫生服务是政府实行一定福利政策的社会公益事业的具体体现的原则，对社区医疗卫生机构给予资金上的支持，并且帮助社区医疗卫生机构广开资金渠道。在财政支持方面，也可以采用城区、街道和社区三级共同承担的方式，再加上社区成员的就诊给付，使多方积极性得到充分体现。同时，政府也应该鼓励有实力的企事业单位或个人以各种形式投资社区医疗卫生事业，并给予政策上的优惠，解决社区医疗机构建设资金不足的问题。

有关部门应该采取一定的优惠措施，提高社区医务工作者的福利待遇，鼓励医学院校的毕业生投身于社区卫生服务事业，同时鼓励一批具有较高水平的中、青年医务工作者到社区医疗卫生部门工作，充实社区医疗服务工作者的队伍，提高社区医疗机构的能力和水平。

第三，鼓励建立跨社区的医疗卫生集团。政府应该积极鼓励社区医疗卫生服务机构之间的强强联合，组建社区医疗卫生集团，这样可以整合社区医疗资源，提高社区医疗资源的利用率，提高社区医疗卫生机构的医疗水平和抗风险能力。

第四，加强对社区医疗卫生机构的管理和监督。政府相关部门主要应从机构设置审批、从业人员资质管理、医疗设备和药物进货渠道、收费标准、职业道德等方面加强对社区医疗卫生机构的管理和监督，特别是要重视提高它们的社会责任感和为公众服务的意识，同时，也要积极帮助社区医疗卫生机构建立科学、有效的管理和运行机制，不断降低其运行成本。

第五，大力发展社区非营利性医疗机构。社区非营利性医疗机构是指那些以服务社区居民为宗旨，不以营利为目的，机构所得收益扣除成本以后全部继续投入社区医疗卫生服务的社区医疗机构，属于非政府组织（NGO）的一个分支。非政府组织在西方发达国家已经非常普遍，在我国由于种种原因一直未能真正发展起来。在已经过去的“非典”危机中，抗击力量主要是政府和政府主导的各类医疗卫生机构，政府承担了相当大的压力，基本上没有非政府组织来分担政府的压力，而国际上总结中国香港防治“非典”的经验时，高度评价了中国香港的非政府组织所发挥的作用。所以，政府应该以这次疫情危机为契机，以发展社区非营利性医疗机构作为非政府组织发展的突破，对于医疗网点不足的社区，鼓励组织或个人设立非营利性医疗机构，街道和居委会对于这些医疗机构可以采取购买服务的方式进行合作，提供资金支持。通过发展社区非营利性医疗机构，改变传统的社区医疗卫生服务体系，促进社区医疗卫生机构的良性竞争，最终带动整个社区医疗卫生服务工作的发展。

总的来说，加强社区卫生工作，发展城市社区卫生服务，要求各级政府必须进一步解放思想、深化改革，一要坚持政府主导、社会参与，加快整合卫生资源，建立健全社区卫生服务网络；二要坚持预防为主、综合服务，完善社区卫生服务功能，拓展社区卫生服务领域；三要坚持人才为本、质量优先，加强社区卫生服务队伍建设，提高社区卫生服务水平；四要坚持分类指导、均衡发展，努力为居民提供低成本、广覆盖、高质量的社区卫生服务。城市社区医疗卫生机构的发展和医疗卫生体系的健全，最根本的还是政府必须转变观念，在思考这个问题时，同时考虑到整个城市社区的发展和建立公共卫生事件应急体系的要求，结合形成以公共管理社会化为取向的城市治理体系的社区建设总目标，不断从观念上、政策上和措施上进行创新，比如建立非营利医疗卫生机构，这样才能推动社区医疗卫生机构的发展，也才能最终促进整个社区医疗卫生体系的形成。

调研报告之八：准城市社区组织建设研究

——以新迎社区为个案

所谓准城市社区就是指在城市化进程中出现的由农村社区向城市社区转化的带有过渡性质的社区，即以农村城市化后的原村民居住区为主的农转居型社区。准城市社区在其形成上，在其社区特征和建设内容上都有自己的特点，不同于政府或房地产开发商开发的住宅型社区、居民区与商业区混合的混合型社区，也不同于各镇政府所在地的卫星城型社区等较为纯粹的城市社区。随着城市化进程的深入，准城市社区的数量将不断增加，因而准城市社区的建设与发展是城市社区建设的重要内容之一。

昆明市城市社区建设第一阶段的工作已于2004年上半年顺利完成。通过社区划分，截至2005年，全市共设有社区219个，其中就有为数不少的准城市社区，而且尤其以官渡区和西山区居多。目前，这些社区在上级政府的引导支持下成立了社区成员（代表）大会和社区委员会，构建社区组织体系的工作已基本完成。为了了解准城市社区建设的基本情况，从对准社区建设重要性的基本认识出发，我们重点对昆明市新迎社区的组织建设及其运行现状进行了调查。结果显示，新迎社区的组织体系建设正在从形式上完成了村民委员会向城市社区委员会的转型，但在运行中存在诸多问题，加强类似于新迎社区的组织建设应是城市社区建设第二阶段的一项重要工作，也是一项有难度的工作，为此，必须科学地发挥好社区建设中的政府职能，积极引导和推动社区建设的全面深入。

（一）新迎社区组织现状分析

准城市社区是城市化的产物，地理位置多处于城郊结合部，也有部分位于市中心，昆明市新迎社区就是一个典型的准城市社区。

新迎社区位于昆明东北郊金汁河畔，东起小龙潭山，南沿金汁河，西接联盟镇，北临云山社区，面积约22.8平方公里。区内东二环路、白龙路、白云路交叉而过，总长约4公里。新迎社区处于世博经济圈范围内，有着优越的区位优势。自20世纪80年代开始，新迎乡的土地逐渐被征用，建设了南、北新迎小区。新迎在城市化的进程中逐渐脱离了农村社区。新迎社区成立于2000年，区内5个自然村于2000年底经过改制转变为5个居民小组，总人口约2 300余人。新迎社区现有由50人组成的社区居民代表大会，负责选举居委会工作人员并监督其工作。新迎社区不再是农村社区，因为它已经失去了作为农村社区的特征。农村社区有几个显著特征：一是村民赖以生存的主要方式和主要职业是农业生产；二是人口密度低，人口聚居的规模小；三是家庭具有农业生产、抚养、赡养、消费等多种功能；四是社会结构比较简单，血缘关系比较浓厚。新迎社区在农村社区特征逐渐消失的同时逐步具有了城市社区的特点。城市社区与农村社区相比，在经济、人口、社会组织、生活方式上都有明显的特征。城市社区的居民以工商服务业为主要职业和谋生方式，人口密度高，人口聚居规模大，成员的异质性程度高，居民观念和生活方式多元化，区内有复杂的社会组织体系。

经过前一阶段的社区建设，新迎社区社区组织现状大致如下。

1. 社区组织体系尚未形成，组织功能和结构不平衡

目前，新迎社区主要的社区组织是社区居委会、社区居民代表大会、社区党组织三部分，而其他社区组织，如医疗卫生、法律咨询等中介组织发育还不充分，也没有较为固定的志愿者组织。居委会仍然在社区管理和服务中处于领导和主导地位。由于现有的社区地域划分将新迎社区划分得较为零乱，新迎南区和北区将新迎社区隔为数段，不利于社区单位联合组织的形成。社区规模过小也不利于社区各种社会资源的整合与力量发挥。新迎社区的社区组织还不具有网络化和生态化的现代社区组织特征。

2. 社区居委会承担着社会服务与经济管理双重职能

一般城市社区的居委会只承担对社区社会事务的管理和服务职能，不涉足经济领域。而新迎社区是一个农转居型社区，在农村城市化的进程中，虽然广大村民变成了居民，但其经济收入的主要来源之一仍是集体经济收入分配，因此居委会除了要承担城市管理和服务的功能外，还承担着抓经济发展的职能。中共金马镇委员会、金马镇人民政府在《关于金马镇城市化农村村级体制改革的实施意见》中明确指出：居民委员会要坚持两手抓，一手抓经济发展，一手抓城市管理和社区建设与服务。这是准城市社区居委会不同于一般城市社区居委会的重要特点。

3. 社区居民代表大会功能不完善，与区内单位缺乏必要联系

新迎社区居民代表大会的成员来自5个居民小组，由居民小组成员选举产生，而没有来自区内单位的代表。社区居委会下设社区企业办公室，这是居委会与社区内企事业单位唯一的交流平台。根据建设自治型社区的思路，社区内单位的代表也应该加入到社区的自我管理和服务中，由社区居民代表与单位代表共同组成社区成员代表大会更有利于社区的发展。由于观念和体制上的原因，社区居民代表大会虽然成立了，但它的功能还不完善，还没有真正成为社区的最高权力和决策组织，其对居委会的监督能力需进一步提高。

4. 社区居委会工作人员和居民代表大会成员文化素质、业务水平有待提高

在新迎社区，居委会工作人员和居民代表大会成员中没有一个人达到大专院校以上学历，大多为初高中文化。这些人员是社区居民依据政府制定的人员准入规定选举出来的，有着良好的群众基础、较强的责任心和丰富的社会工作经验，也有相当的工作能力，基本能与上级党委、政府配合搞好社区工作。但是，他们的文化素质、业务水平与现代社区建设对人力资源的要求还有一定距离。人是组织的内核与活力之源，如果人缺乏必要的素质，社区组织就会缺乏内在的动力。新迎社区居委会工作人员在实际工作中也感到由于自身文化素质和知识水平的制约，很多时候增加了工作的时间、人力和经济成本。

5. 社区组织缺乏建立现代电子社区的必要准备

新迎社区居委会迄今还没有实现办公自动化，各个办公室还没有配备电脑。新迎社区并不缺乏配置电脑设备的资金，但由于观念落后以及工作人员缺少必要的电脑使用知识，因此在这一方面已经远远落后于某些城市社区。昆明市计划建成统一的城市社区网络和网络化的社区服务体系。而新迎社区显然还没有做好这方面的准备。电子化是未来城市社区发展的一大方向，电子政务将切实走进社区，各社区之间也将建成社区网络体系，实现社区信息与资源的共享。对于新迎社区这样的准城市社区，电子社区建设对于居民思想观念和生活方式的改变、促进社区彻底的城市化可以发挥巨大的推动作用。

6. 社区内各种中介服务组织近年来成长较快，但仍发育不全，其行为也有待规范

新迎社区5个居民小组的居民几乎每家都有一栋房产。房屋铺面出租收入是居民重要经济收入来源。近年来，许多个人和商业组织在区内租用房屋铺面进行中介服务等活动。这些中介服务组织以区内居民为主要服务对象，服务内容几乎涵盖了生活的方方面面。其中，房屋中介、婚姻中介、医疗卫生等组织的行为有待规范，法律咨询这类居民现实需要的组织仍很缺乏。这表明中介组织在发展过程中出现了结构与功能的不平衡。

7. 有关准城市社区组织建设的法律规范和原则还很缺乏

在实践中，政府多根据具体情况采用行政手段推进准城市社区组织建设，居委会等社区组织也以政府的行政命令和决定作为工作的主要依据和准则。昆明的准城市社区组织建设还处于摸索的阶段。在新迎社区的体制改革和组织建设过程中，区人民政府、区民政局、区村改办都是通过行政手段进行引导和推动工作的，没有现成的关于准城市社区组织建设的法律规范和原则。而居委会在具体工作中主要遵循的也是上级政府的行政决定。我们要建设的自治型社区是合法存在、依法自治、依法监管的新型社区，因此在社区组织建设过程中法律法规的过于滞后不仅不利于社区组织的生存和发展，也不利于社区组织由行政型、合作型向自治型的转变。

8. 居委会有较强的凝聚力和影响力

一般城市社区中居委会的凝聚力和影响力较小，因为对居民而言它缺少经济利益上的聚合力，居民是“单位人”，对居委会缺少归属感，社区参与意识不强。而新迎社区居委会尽管在社区管理和服务方面与一般城市社区相同，但它还承担着经济管理的职能。因此它与居民的切身经济利益密切相关，居委会对居民有较强的凝聚力和号召力。这是准城市社区在社区建设中的一个有利因素。但从发展趋势上看，准城市社区居委会的经济管理职能在体制改革中会逐渐弱化、消失，如何继续保持和正确引导居民的参与热情对居委会而言也是一项重大的任务。

（二）完善准城市社区组织建设的对策与建议

我国的城市社区建设是一个政府主导，社区成员参与的共建过程。其间，社区组织功能的完善与政府职能配置是双向互动的。尽管社区建设的主体是多元的，但政府居于最主要的地位，政府如何进行职能配置直接决定着社区组织建设的进程和质量。在新迎社区改制、组织建设的过程中，区、镇二级政府是最主要、最直接的领导者和指挥者。新迎社区具有的过渡性质和社区组织现状决定了政府在推动其进行社区组织建设的过程中面临着一些与一般城市社区组织建设不同的情况，政府的职能配置也需因地、因时、因事制宜。具体说来，政府在准城市社区组织建设过程中在以下几个方面需要给予更多关注。

1. 继续深化准城市社区管理体制改革，坚持体制创新

2000 年开始昆明市为适应城市化发展的需要，尝试在具备条件的地方将城市化农村村级行政管理体制改为居民自治体制，将办事处改为居委会。这一体制创新进一步建立和完善了城市管理新体制以及政府行为与市场机制相结合的社区建设与服务体系，推进了农村城市化、城乡经济一体化和基层民主政治建设的进程。在这次体制改革中新迎社区在组织上建立了“镇政府—居民委员会—居民小组”的模式。在准城市社区组织建设中，体制上的改革与创新尤为重要。新迎社区在现有体制改革的基础上如何进一步与一般城市社区接轨，体制是关键。例如，现行分配体制明显有农村分配体制的色彩，与城市化的要求是相违背的，改变只是时间问题。但在什么时间内改，如何改，怎样在稳定的基础上保证居民利益，还是政府面临的一个具有挑战性的问题。这个问题的解决又直接影响着居委会职能的转变，以及社区其他组织的发展与功能完善。

2. 做好准城市社区的社区规划

社区规划是提高社区区划合理性的基础。社区规划的目的是维系社区赖以生存和发展的物质体系，维系社区赖以发展的精神文化体系和社区内外部各方面的相互联系。尽管昆明的准城市社区建设是一个摸索与创新的过程，但预见性的社区规划也是必不可少的。在准城市社区组织建设中，政府尤其应重视社区规划的以下几个方面：①制定文教卫等组织的发展目标、具体改革措施以及新增组织与群体的政策规划与管理。②对社区内各种经济实体、居民点、商业网点、娱乐文化场所、绿化点进行合理布局，对各种能源、生活服务基础设施的地理分布及社区交通路线、运输工具进行合理规划。③协调社区内各类组织与居民之间的关系以及本社区与其他社区的关系。政府在新迎社区的建设中其社区规划工作就存在一些不尽如人意之处：社区内 5 个居民小组绝大部分土地均为密集的居民住房所覆盖，房屋布局混乱，绿化程度低，居民对各种生活设施的需求得不到充分满足。在社区建设第二阶段能否较好解决这些问题是衡量政府社区规划工作成效的重要标准。

在第一阶段社区划分的基础上，根据准城市社区的实际，进一步完善其地域划分。社区是一种地域性社会生活的共同体，包含着人群、社会互动和共同约束、文化和社区意识等要素。合理科学的社区划分对于准城市社区各个方面的发展是很重要的。新迎社区在地域划分上存在一些不合理的地方，如布局过于零散，居民小组之间距离较远等。这很不利于社区的建设与发展。上级政府也正在考虑调整新迎社区的地域划分，适当扩大其规模，以便于社区内社会资源力量的发挥和居民社区意识的形成以及各类社区组织的成长。

3. 加强社区组织工作人员，主要是居委会工作人员的培训，为社区组织建设提供人才智力支持

自我管理、自我服务是准城市社区的未来走向，而实现社区自治的关键因素是人。社区组织，尤其是居委会（管委会）、社区居民（成员）代表大会人员素质的高低直接影响社区组织的发展和功能的发挥。在新迎社区这类准城市社区，居委会有着很大的影响力，而且在今后很长一段时间内居委会都会是社区组织中极其重要的一分子。但居委会工作人员的文化素质、业务能力却不能令人满意。对政府而言要提高居委会工作人员业务能力最现实可行、最简捷的方法就是对工作人员进行系统的培训。新迎社区居委会部分工作人员就参加过此类培训。经过培训，他们学习到了城市管理和社区建设服务的知识，在一定程度上提高了业务水平和工作能力。

4. 推动社区电子网络建设

抓住全国建设社区电子网络的契机，指导和促进准城市社区的网络化建设，培养居民的电子社区意识。面对昆明市的实现社区网络化的挑战，新迎这类准城市社区准备明显不足。但这也是一个机遇，上级政府可以利用这个机会积极促进和引导以居委会为主的社区组织备置电脑等基础设备，引导工作人员学习相关基础知识和使用技巧。同时加大对社区居民的宣传教育，使其对电子社区有一个初步的认识。以新迎社区为例，居民经济收入颇丰，他们缺少的不是购置电脑、浏览政府网站的资金，而是缺少意识和观念。观念的培养和形成是需要时间的，其间政府的政策宣传和政策动员必不可少。

5. 加强对准城市社区组织建设的行政指导

即政府在其职责、任务、所管辖事务范围内，为适应复杂多变的经济和社会生活的需要，基于国家法律和政策，在社区成员的协助下采取非强制的手段促进社区组织的建设和发展。与政府行政行为相比，行政指导是政府的一种社会管理行为。在昆明市城市社区建设第一阶段目标已经实现的条件下，政府如果仍只采取单一的法律手段和行政命令、决定来管理社区显然不利于社区组织自治功能的发展完善。而且现在有关社区组织的法律规范还没有完全建立起来，再完备的立法由于周期、费用、知识的局限也难以十分周全地为政府依法行政、社区依法自治设定面面俱到的法律依据和具体政策。因此政府根据准城市社区组织的实际情况和发展变化，及时、灵活地进行行政指导不仅有利于增强政府促进社区组织建设的有效性、培养社区组织的自治意识和自治功能，而且可以在增进基层政治民主的基础上相对降低政府行政成本。

第三部分　理论探索：当代中国城市社区建设的若干基本问题

什么是当代中国的城市社区建设？政府为什么需要介入城市社区建设？其基本性质和目标是什么？这一建设有什么特点和要求？政府在这一过程中承担什么样的职责以及以何种方式适时履行好自己的职责？这是我们开展云南省城市社区建设研究中不能回避的问题。因为，对这些问题的认识、回答与相关工作的展开，直接关系到整个城市社区建设的成败。

通过研究，我们认为，包括云南省在内的整个西部地区，其城市社区建设的基本性质和国内其他地区是一致的，即都是政府主导的社区形成过程，是一个后发型的现代化过程。而西部地区与国内其他地区尤其是发达地区的区别或特殊性在于，由于包括云南省在内的整个西部地区在社会经济发展程度上与国内发达地区相比较处于相对滞后的状态，因而在全国建立社会主义市场经济改革的大背景下，在统一的城市社区建设目标下，西部地区的整个城市社区建设是更为典型的后发型现代化过程，无疑，政府在城市社区建设中的地位也就较之发达地区显得更为突出，作用更为关键，任务更为艰巨。或者说，通过对云南省城市社区建设中政府职能配置与输出方式等相关问题的研究，更能从这一特定层面，显现当代中国城市社区建设中的若干基本问题，并给出一个有一定普适性的回答。

那么，如何认识这些基本问题呢？在对云南省城市社区建设较系统的调查的基础上，通过参考和借鉴国内其他省区社区建设的相关经验和研究所得，在较系统理论分析后，逐步有了对上述基本问题的一些理论思考。这些思考，成为我们进一步进行深入调查和分析的基本视角和依据，并具体支撑我们形成了研究的总报告和 8 个分报告。这里，为了较为完整而系统地汇报我们通过研究所得的对当代中国城市社区建设的理论探索，特围绕上述基本问题将我们的理论思考综述于下。

一、关于当代中国城市社区建设的基本性质和特点

当代中国为什么要进行城市社区建设？简言之，就是要通过建设，形成城市社区。在现实中，城市社区形成总体表现为由政府发起并推动，有意识、有目的地通过一定的方式或手段形成规定样式的城市社区。因此，目前比较一致的看法是，当代中国城市社区的形成主要是非原生型的外力推动，其特点是在党的领导下、在政府主导下的社区建设[①]。但是，当代中国城市社区形成为何具有这一方式和特点，人们却大都视为当然，极少作深究，从而也就对社区建设的基本内涵、建设目标等较少理性的全面的把握，进而影响了社区建设工作的针对性。

我们认为，当代中国城市社区形成的这一方式是经济社会改革的必然，反映着我国特定社会条件下城市社区形成的基本要求，具体体现在以下方面。

其一，现阶段新型城市社区的形成需要外力推动。

我国建立城市新型社区是一场深刻的社会改革，而这一改革的最初也是最基本的动力源自经济体制改革走向深入的要求，即随着以“政企分开”和“企社分开”为基本内容的经济体制改革的深入，传统的以单位为基本单元的城市社会结构开始发生变化。其结果是非固定单位的成员愈来愈多，而且“单位人”开始向“社区人”转变。为此，必须形成一种新的不依靠政府和企业的城市社会的基层组织形式，即城市基层公众的自治组织，以承接企事业单位等剥离出来的社会职能。同时，也正是随着经济改革的深入和社会主义市场经济体制的逐步确立，公众的自主意识、政治参与意识及能力也逐步提高，从而一方面对更多更好的公共产品提出了需求，一方面需要以一定的组织形式对自己正当利益予以维护。

但是，作为新型城市社区组织载体的城市群众的自治组织及其运行，在现阶段往往难以自发形成。其原因在于，虽然我国在1954年12月就颁布了《城市居民委员会组织条例》，规定了城市居民委员会属于城市居民自治组织，但在传统的计划经济体制下，城市居民是以单位为基本的社会组织，是以行政命令通过单位来组织社会生产和生活的，从而在国家或政府与社会的关系方面形成的是“强政府、弱社会”的基本格局。在这一格局下，单位占主导地位，

---

① 胡仙芝、曹沁颖：《加强城市社区建设 实现社会和谐发展——“城市社区建设”研讨会综述》，载于《中国行政管理》2002年第7期。

居民委员会只由少数缺乏就业能力而未能进入“单位”的人组成，不仅处于边缘地位，而且高度依附于政府。单位之外的带有自治性质的城市社区是不存在的。这样，当面临形成新型城市社区的需要时，城市的基层自身既没有自发进行社区建设所需要的历史文化等方面的积淀，也没有可以自为地运用于社区建设的人力、物力资源和组织资源，从而难以自发地形成作为社区组织载体的自治组织。不仅如此，更为深层的原因还在于，现阶段公众总体上缺乏自发地参与城市社区建设的动力——与自身利益息息相关的经济推动力。单位制本身的“解体”是城市社区建设的基本动因，但现阶段单位的“解体”远没有完成。且不说大多数人的基本收入与社区无关，就是一般需要的满足更多还是依靠单位而不是社会，相应的，也就使公众参与社区事务缺乏了基本的动力，表现出参与严重不足。

这就是说，现阶段我国的经济改革与社会改革表现出一种互为前提的互动关系，即经济体制改革的深入需要建立新的城市基层自治组织，以便在保证公众基本生活需求的同时，使企事业单位真正实现“企社分开”，推动经济体制改革走向深入。然而现实是，经济改革确立了社会改革的方向并启动了社会改革，但经济改革的已有成果又不足以推动社会自身自然地达到改革的预定目标。因此，从改革发展的大趋势看，需要通过一定的力量和方式来加速改革的历史进程，即一方面继续推动经济体制改革深入，以提供社会改革深入更为充分的条件（如加快社会职能从企事业单位中的剥离），一方面以一定的方式和手段推动城市社区居民对社区事务的关注和参与，即社区形成表现为一个有目的的过程，这是推动整个改革的必然选择。

其二，现阶段城市社区建设的主要推动者必然是政府。

社区建设的一个基本内容是形成城市基层群众自治组织并进行自我管理，这是一个打破传统城市社会管理方式的新事物，因而就传统的城市管理来说，其成长的基本前提条件，就是政府必须打破以往直接以行政命令管理基层社会的方式，调整和转变政府城市管理职能，把属于社会的权力逐渐还原于社会，给城市基层群众自治组织发育以必须的空间。就此而论，政府显然不能置身于社区建设之外。不仅如此，同样重要的是，从另一个角度看，实际上随着经济体制改革的深入，城市中非单位成员的增加及大量的农民工进入城市，也打破了计划经济体制下形成的城市管理体制。这就在城市开始了国家与社会的分离，从而不可避免地一定程度上出现了社会的无序和失范，使城市管理在公共秩序、公共卫生、公共治安等方面面临诸多新的公共问题。随着基层管理任务的大大增加，既有的城市基层管理无论是在体制上，还是在职能和管理人员素质等方面，都难以适应新的要求，政府城市管理改革势在必行。

管理公共事务，解决公共问题，这是政府最基本的职能之一，但无论是从当代中国正在进行的以机构改革为基本内容的政府改革，还是从当代世界范围内公共管理社会化的基本发展趋势来看，城市基层管理任务的加大显然不能依靠扩大政府机构、增加管理人员去解决，必须将应由社会自身解决的也是政府干不了的事，乃至属于政府应做但交由社会做可能成本更低、做得更好的事交由社会（即群众自治组织或中介组织）解决。因此，在城市形成新型社区的过程也就是政府城市管理改革的过程。然而如上所述，由于历史的原因，正在形成中的城市社区不可能在较短的时间内履行好这些职能，也难以马上适应政府以间接管理为主的管理改革，而社区建设的目标不能实现，政府在城市管理中的职能与方式的改革也只能是纸上谈兵。所以，在社区之外其他力量不足或不可能顾及（如企业）社区建设的情况下，掌握最充分资源的政府无论是从自身改革还是从整个经济和社会改革来看，都必须积极创造条件并直接参与、推动城市社区建设。

综上可见，当代中国形成新型城市社区建设的需要源自经济和政治体制改革的要求，而社会改革与经济体制和政治体制改革的互动关系，决定了社区的形成不可能是自发的。城市社区形成必然体现为在党的领导下，在政府的主导下，社区内外力量互动的有意识、有目标的建设过程。

二、关于城市社区建设的基本目标

当代中国城市社区建设的目标，是在社区建设中必须充分认识的第二个基本问题。对这一问题，目前社会上普遍的看法是“社区建设就是社区服务”。这一看法无疑是不准确的。对此，有论者提出“社区建设的目标不能仅限于单纯的社区服务，而应该既有社区服务的目标，同时兼有政治参与的目标”，认为“只有将两个目标都重视起来，才能保证社区建设顺利的发展”①。但我们以为，虽然后一种观点提出了社区建设要形成以基层民主为基础的群众自我服务、自我教育和自我管理，强调了社区建设的社会改革目标这一重要方面，但仍然不全面，其问题是在现实建设过程中难以充分发挥出目标的导向作用。

那么，当代中国城市社区建设的目标是什么？从以上对建设的基本规律及特点阐述中实际上已不难看出，这一建设所涉及和要解决的问题是多层次、多侧面的，其总体目标的内涵是十分丰富的，是一个在总体价值目标取向下由多

① 胡仙芝、曹沁颖：《加强城市社区建设 实现社会和谐发展——“城市社区建设”研讨会综述》，载于《中国行政管理》2002 第 7 期。

方面的目标所构成的有机联系的目标体系。

就总目标而言，随着经济体制改革深入和政治体制改革的展开，在“一个自由自主的城市社会得以产生，并开始促进国家与城市社会的分离”的背景下，必须通过一定方式促进城市基层群众自治组织发育，培育城市社会的自治“传统”，形成新型社区，解决城市社会转型和发展中公众所面临的基本生活保障和生活质量提高问题，解决政府所面临的有关城市社会的公共服务、公共秩序等一系列公共管理问题。由于城市社会基层的群众自治组织与农村的村民委员会不同，它不是生产性经济组织和管理组织，没有也不可能全面取代原有的城市组织，因而建设社区主要是为城市管理提供了一个新的平台，即新型的城市治理的制度平台。所谓治理，是指各种公共的或私人的机构和个人管理其共同事务的诸多方式的总和。它主要通过合作、协商和伙伴关系、确立认同共同目标等方式实施对公共事务管理，其实质是建立在市场原则、公共利益和认同基础之上的合作。参照有关论者关于城市社区建设实质的论述①，我们认为对城市社区建设的总目标可做如下的表述：社区建设是要在传统单位制解体过程中对社会进行整合，重新建构一个以“社区制”为形式、以公众积极参与为基础、以公众为主体、以公共管理社会化为目标的城市治理体系。

在最终形成城市治理体系这一总目标下，城市社区建设的目标体系包含着如下两个基本方面：

其一，不断加强城市基层民主政治建设，扩大群众的参与，形成城市社区自治或城市基层社会群众的自我管理模式。

从社会发展的角度看，在城市基层社会群众自我管理模式中最为重要和基本的就是社区参与。社区参与目标可进一步分为两个方面：一方面，是社区内自治服务的参与，即社区内的居民以民主选举、民主决策、民主管理、民主监督为基础所进行的自我服务、自我管理和自我教育；另一方面，又以社区内群众的自治组织作为基层政治与国家政治的联结点，以社区为基层民主政治的舞台，使居民能在此根据法律给予的权利对政府工作提出意见和建议，通过各种途径对政府关于公共事务管理的决策进行参与，对政府的公共管理过程进行必须的民主监督和制约。最终，构建城市基层社会居民自治的新模式，使社区变成以城市居民为主体，城市居民依法实行自我教育、自我服务、自我管理的具有自主性和能动性的新型社区。

其二，形成政府社会管理（政府在城市的行政管理）的新方式。

---

① 徐勇：《“绿色崛起”与“都市突破”：中国城市社区自治与农村村民自治比较》，载于《新华文摘》2002 年第 12 期。

城市基层无疑是一个产生公共问题，解决公共事务最基本的领域。在城市公共事务增加的情况下，根据当代公共管理的基本要求和我国现阶段城市基层社会的发育现状，政府需要以社区建设为基本平台，通过政府职能改革与社区自治发展的互动，促成政府新的城市社会管理模式的形成。因此，在城市形成新型社区之于政府城市管理而言，也就意味着政府城市管理的改革。如果从中国政府改革的进程看，社区建设实际上是政府推动建立市场经济体制、改革经济管理方式后，所进行的以推动社区建设为内容，以自身职能的重新定位和职能输出方式的改革为目标而进行的社会管理改革，是政府发动的以自己为改革对象，以形成新型社区为改革保障的改革。所以，自我管理、自我教育和自我服务的社区建设目标同时也是政府新型社会管理方式的表达。新型社区的形成，也就是政府对社会事务管理改革的成功。

必须指出，虽然总目标下的两个基本目标有各自的内容和侧重点，但在整个社区建设过程及社区形成后的社区管理中，却是相互联系的，甚至往往是同一职能涉及两个侧面。比如，现实中社区居民委员会通常要完成政府委托的任务，而这些工作虽然属于政府公共管理的范畴，但却是政府现有条件下干不了或干不好的，因而在特定的空间（公民社会领域内），必须交由公众以自治的方式解决。这在相当程度上也就将政府的公共事务管理转化为群众自己的自治管理，因而群众自治的形成需要政府职能的改革，而群众自治的最终形成也就意味着政府职能调整的完成。所以，社区建设是政府城市社会管理改革和社区自治建设的合一。认识到社区建设目标的这一丰富内涵，认识到政府在社区建设过程中所应做的事及其相互关系，将有助于正确界定政府职能，推动社区建设走向深入。

三、关于当代中国城市社区建设的阶段性与政府职能定位

实践与理论均表明，在当代中国城市社区建设中政府占有举足轻重的地位。因此，政府如何推动城市社区建设达到预定目标，实是当代中国城市社区建设中必须着力研究的基本问题。我们认为，在这一基本问题上，达成以下认识是十分重要的。

其一，必须充分理解当代中国城市社区建设的丰富内涵，准确而具体地把握社区建设中政府职能的基本内容。

当代中国城市社区形成的基本方式和特点，以及所具有的建设目标决定了社区建设具有十分丰富的内涵，即社区建设是政府和城市群众共同的目标，政府为主导、群众为主体的建设过程；是一个建设与管理互动，群众自治建设与

政府城市管理方式改革并行，群众自我管理与政府社会管理并举的过程。前者意指由于群众自治既是基层自我管理的依托，也是政府职能改革的保证。由于社区建设的最终目标是形成落实于城市基层的政府间接管理为辅，群众自治为主的新的城市治理体系，因而现阶段政府在启动社区建设，并在人力物力等方面全面投入，并不意味着政府要取代群众进行建设，而是要启动、引导、推动社区建设，因而在建设中必然是以政府为主导，以群众为主体；后者则指社区建设在于形成新的管理平台，而新的管理平台的形成必然促进社区建设的进一步发展。同时，由于管理公共事务是政府的基本职能，且由于客观上也存在“社会失灵”，如现代社会公民活动的空间是由法律确定并受法律保护的，社会自身对规模大的公共产品的提供无能为力、政府是维护公共安全最权威的最主要的主体等，因而无论是在社区管理平台的形成过程中还是在最终构成的社区管理体系中，政府都不能置身其外。

据此，社区建设中的政府职能是引导、推动、服务和保障，既针对社区建设，也涉及社区管理。具体体现为如下的事宜：一是充分发挥政治权威，利用体制内的资源，使用包括直接和间接在内的一切手段启动社区建设，以公共管理社会化为取向，以形成新的城市治理体系为目标，来规划或参与规划社区组织体系的建立。二是深化经济体制和政治体制改革，为群众逐步提高对社区建设的关注和参与打下必须的基础，并根据社区建设目标对政府与社区关系进行重新定位，调整政府职能，改革行政方式，简政放权，形成群众自治必须的空间并培育和管理好社会中介组织。三是通过形成一定的制度和机制，如法律制度、有组织的思想政治教育体系等，保证社区建设及所形成的管理具有正确的政治性，承担起把握社区建设和管理中政治尺度的责任。这里的政治性，指通过社区建设所形成的社区组织及其管理一方面能保证所提供的公共产品的公平，另一方面是社区管理体系能执行党的大政方针和国家的法律法规，与中国共产党在政治上保持一致性，同时，确保社区居民的各项政治权利得到落实，法律规定的各项义务得以体现。四是逐步建立和完善符合新型社区管理的法律保障体系。五是努力规范社区范围内的市场环境，加强市场管理。这里所说的市场，更主要的是指由社区物业管理、社区医疗服务、生活服务等这些本质上是准公共产品或政府管制下的特殊市场产品构成的社区市场。六是建立社区管理从业人员的准入机制。

其二，树立当代中国城市社区建设是一个阶段性发展过程的思想，努力确立以公共管理社会化为取向的政府推进社区建设的目标体系，形成必须进行政府职能阶段性配置的意识。

所谓当代中国城市社区建设是一个过程，是指社区建设是通过不同的发展阶段以最终形成新的城市治理体系，达成公共管理社会化目标的过程。由于客观的需要，政府在启动城市社区建设后，又从人力、物力和财力等方面全面投入来推动社区建设格局。但即便如此，社区建设的目标仍然不会一蹴而就，而必然是一个朝向预定目标步步发展的过程。因为，社区建设既要发展城市基层群众自治，也要进行政府社会管理方式的调整，而群众自治意识和能力的提高是一个随着经济体制和政治体制改革深入而逐步提高的过程，政府社会管理方式的改革既是政府根据公共事务管理社会化目标主动进行的改革行动，改革目标的达成又需要公民社会的逐步发育作为保证。因此，社区建设客观过程必然是：随着整个经济体制和政治体制改革的深入，随着社区建设的展开，群众自治的意识和能力会步步提高，社区组织建设和基础设施建设会步步完善。相应的，政府职能及输出方式改革也会随着社区建设的深入而逐步到位，而这一步步深入的建设表现为一个个发展阶段。正是在这一阶段性的连续的发展中，社区自治逐步加强，新型社区逐步形成并最终达到社区建设的总体目标。

社区建设阶段性的客观存在，表明了社区建设过程是政府社会管理职能通过不同的发展阶段逐步变革的过程，是政府通过推进社区建设以最终实现公共事务管理社会化的阶段性目标逐步实现的过程，说明了要充分发挥政府在社区建设中的作用，仅仅依靠一个总目标进行导向是远远不够的。因此，政府必须针对社区建设的阶段性，以公共管理社会化为取向，制订出一个以形成新的城市治理体系为总目标的由若干分阶段的前后相续的目标组成的目标体系。

城市社区建设阶段性的存在，决定了在社区建设发展的不同阶段，不仅政府所要干的事不会完全相同，就是干同一件事的方式也可能会因客观条件的变化而有所不同，即在整个城市社区建设中政府的职能及输出方式并不会始终如一。因此，针对社区建设的不同发展阶段正确界定并能动态地处理政府与社区建设的关系，以公共事务管理社会化为目的，正确而适时地进行阶段性的职能配置，确定相应的职能的输出方式、强度等，对城市社区建设和管理的成败起着至关重要的作用。这同时也表明，把握社区建设的阶段性及政府职能阶段性配置的价值，在于要认识到社区建设是一场长期的改革，不可能通过一次社会动员或一场轰轰烈烈的群众运动一劳永逸，因而必须在实践中以公共管理社会化为取向，针对具体的情况扎扎实实地进行长期的科学的社区建设工作。

四、关于政府在城市社区建设中职能的阶段性配置

城市社区建设是我国城市社会管理体制的重要变革，是国家与社会关系的重新构建，同时也是政府职能的重大调整。在城市社区建设过程中，政府是否

应该发挥作用，发挥多大作用？围绕这一问题，许多学者提出不同观点和模式，从行政导向和自治导向①或者二者结合型②，到政府导向型、市场导向型和社会导向型③，不一而足。实际上，不论哪一种模式都无法回避政府的作用，因为现实中，政府已广泛而深入地介入城市社区建设的各环节之中。

我们认为，动态地看，在城市社区建设的不同阶段，政府应配置不同的职能和发挥不同的作用。在社区建设初期，政府的主导和发动将有助于迅速积聚资源，短时间内推动社区建设的全面展开。伴随社区建设的深入，特别是社区自我治理水平的提高，政府应放权让利，确保社区自治权利的行使和社区财政自足能力的提升。同时发挥社会中介组织和社区服务机构的作用，推动公共服务的社会化。但是，由于政府有责任向社区提供必要的公共服务和公共物品，因此在城市社区建设的始终，政府都须承担必要的职能。政府完全退出社区建设过程只充当“守夜人”的情况并不存在。

（一）社区建设初期：必要的政府推动

与农村自发性的改革实践相比，我国的城市社区建设更强调其“非原生性”，政府主导和规划色彩突出。这一主导作用在社区建设初期表现尤为明显，不论是最初社区建设的提出，还是社区组织的运行，以及各项建设活动的开展，无处不打上政府的印迹。

其一，社区建设的提出：源于政府为摆脱社会管理职能超载，减轻管理重负。

随着城市社会的发展和现代化进程的加速，城市改造与扩建、居民动迁与安置、市场管理、园林绿化、综合治安、道路畅通等工作，都摆在了城市政府面前。再加上城市政府原来承担的优抚救济、民政福利、计划生育、人口登记与管理、精神文明建设、发展城市经济等项任务。城市政府承担着沉重的社会管理负担。而在市场经济尚未健全，中介组织尚不发达，无力很好地履行社会职能的情况下，城市政府只好“把所有的问题都自己扛”，形成职能超载现象。④ 因此，20 世纪 80 年代，作为社区建设前奏的社区服务的提出，一个重

---

① 徐勇：《论城市社区建设中的社区居民自治》，载于《华中师范大学学报》2001 年第 3 期。

② 张立荣、李莉：《当代中国城市社区组织管理体制：模式分析与改革探索》，载于《华中师范大学学报》2001 年第 5 期；魏娜：《我国城市社区治理模式与体制创新》，载于《中国人民大学学报》2003 年第 1 期。

③ 奚建武：《社区管理呼唤新理念》，载于《中国社会报》（社区建设周刊）2003 年 1 月 8 日。

④ 张定安：《转型期的中国城市社区行政：问题与改革》，载于《中国行政管理》2001 年第 4 期。

要动因即是城市政府为了摆脱政府包办社会福利的困境，实现社会福利社会办，让社会力量来分担政府在这方面的负担。90 年代中期开始的社区建设，不过是社区服务的拓展，内容上扩展至社会治安、社区环境、社区医疗、社区卫生、社区文化教育等方面。显然这些内容与政府所承担的社会管理职能和公共服务职能多有重合。城市社区建设，某种意义上说，就是城市政府希望社会（社区组织和社会中介组织）和居民承担其社会管理与公共服务职能提出和推动的。

其二，社区建设的启动与展开：在政府强烈的动员下进行。

西方国家社区发展具有自发性，这一点可从托克维尔关于殖民时期美国新英格兰自治乡镇的描述中得知。① 我国的城市社区建设则是在政府积极主动地推动下展开的，这一点明显区别于西方国家社区发展进程。在我国的城市社区建设的启动阶段，各级政府的民政部门发挥了主导作用。首先，民政部于 20 世纪 80 年代中期以总结各地城市社区服务的经验，开展社区服务的试点为开端，开始城市社区建设的前奏；到 90 年代初，又召开多次社区建设理论研讨会，确立社区建设的试点城市和实验区，推动城市社区建设的试点和推广。这一阶段民政部门在社区建设中的作用可概括为政策推动与试点推行。而民政部门主导社区建设主要源于民政部门主管城市基层政权街道和居委会工作，而街道和居委会改革正是社区建设的核心和焦点。到了 90 年代中期，各大中城市如上海、北京、沈阳、南京相继开展了社区建设的实践，城市政府成了社区建设的有力推动者，它们通过政策条例及地方性法规，推动社区建设。随着 2000 年 12 月“两办”23 号文件（中共中央办公厅、国务院办公厅联合转发的《民政部关于在全国推进城市社区建设的意见》）之后，全国各地的城市社区建设普遍展开，并主要在各级政府的领导下开展。从宣传动员、实施方案的制订与落实，再到社区划分、社区组织的建立，工作人员的选聘、硬件设施的配备，各级城区政府包括省、市、区和街道办事处都广泛介入其中。

其三，社区组织的运行和各项活动的开展：离不开政府扶助和指导。

社区工作机构的建立和工作人员的配备，以及社区建设的各项活动开展，标志着社区进入平稳运行阶段。然而，这一时期也同样离不开政府的指导和协助。如社区居委会工作任务的确立，工作计划的制定，离不开街道办事处的指导；社区工作人员的工资及日常办公费用，大多由区街两级财政负担。同样，社区开展的各项活动也离不开政府的扶助。如社区服务的开展，政府在财政税

---

① Peter J. Steinberger. Ideology and the Urban Crisis , State University of New York Press. 1985. P. 167 ~ 168.

收上给予优惠政策，工商部门在办理营业执照和征收费用时也给予特殊考虑；社区文化教育活动，政府及民政部门通常提供一定的活动经费。

社区建设的初始阶段，政府在其中发挥主导和推动作用有一定的合理性：一方面，由于长期单位体制的运行和高度集权的行政管理体制的影响，城市居民社区意识薄弱，社区组织发育不全，工作能力低下，并常常以政府的“腿”和“脚”的面目出现，行政色彩突出而自治能力薄弱。因此，很难期望城市社区自发的发展而只能通过政府的主动培育。另一方面，政府主导社区建设，可以发挥政府在行政权威、财政实力、政策制定和政治动员上的强大优势，在短时间内动员社区居民参与社区建设，完成社区组织的建立、设施的添置与更新，社区建设各项活动的全面展开等等。

然而，政府在城市社区建设初期发挥重要作用，并不意味着政府可以永久地主导城市社区的发展进程。因为城市社区建设与发展的最终目的是城市社区自治，实现社区居民自我管理、自我教育、自我服务与自我监督。持续的政府包办或干涉社区发展势必会阻碍社区自治局面的形成。同时，城市社区建设的出发点之一是政府为了摆脱自身社会管理的重负，逐步退出社会领域，实现公共服务的社会化。尽管在社区建设初期，政府主导有其积极意义，但伴随社会自治能力和自我管理水平的不断提高，政府应逐步社区事务，否则仍无法摆脱社会管理的重负。

（二）社区建设的深入：政府淡出过程与社区自治能力培育过程的结合

随着社区建设的深入，社区组织运转的平稳与有序、社区活动开展的丰富与多样、社区民主的健全与进步，政府应渐次减少对社区事务的干预，逐步退出社区领域。同时，政府还应调整街居权限，提高社区居民民主素质和社区自治能力；培育社会中介组织和社区服务机构，实现公共服务的社会化；扶持社区经济，推动社区服务的产业化，提升社区经济自给能力。

首先，培育居民民主素质，健全社区自治组织，提高社区民主水平。

社区民主的提高，有赖于社区成员民主意识的觉醒和社区自治组织的建设。政府在这些方面可以有所作为。通过政府的广泛宣传和强烈动员，可以有效提升居民参加社区居民代表大会的比率；通过支持居民对社区居民委员会和社区议事委员会的选举、工作评议及监督，可以在民主的实践中锻炼提高居民的民主素质和民主的操作技能；政府还可以通过创办社区学院的形式加强对社区工作者的培训，提高他们的政治素质和专业化水平；通过相关的政策法规，明确社区居委会向议事会负责的制度以及居委会和议事会向社区居民代表大会负责的制度，确保社区居民能够开展对社区居委会的经常性监督，提高社区居民民主自治水平。

其次，扶植社区经济，提高社区财务自给能力。

在社区工作者的工资、日常开支和活动经费完全依赖于政府财政拨款的情况下，社区便很难不受政府的控制和影响，实现完全意义上的自治。发展社区经济，提高社区财政自足能力，一方面有助于减轻政府的财政负担，同时又可以推动社区居民的就业，方便社区居民的日常生活及驻社区单位的工作和生产；另一方面也有助于提高社区自治能力。为此，发挥政府在社区经济中的规划、引导、协调及整合职能，[①] 从税收、物价、工商、贷款融资信息提供等方面给予社区办经济以优惠政策，同时大力推进社区服务的产业化进程，多渠道充实社区经济。

第三，明确街居权限，确保社区自治权。

伴随社区建设的深入，特别是社区直接选举居委会的普及，社区居委会作为居民自治组织的地位进一步明确。然而，受传统观念和权力惯性的影响，政府尤其是与社区发生直接联系的行政部门——街道难免有随意干涉社区事务的冲动，或者仍然将社区看做自己的“腿”（下属机构），不愿承认社区内部的自治权。因此，必须通过相关的法律法规明确界定街居权限及社区自治权的范围。一些地方的社区建设实践，在这方面做了有益的探索，如武汉市的江汉区明确社区居委会在辖区内享有如下自治权：财产自治权、内部公共事务决策权、社区工作者的选聘权、社区日常事务管理权和对政府部门及其派出机构和社区内各经营单位的监督权。江汉区还规定社区有权拒绝政府尤其是街道下达的各种任务和摊派，严禁侵占挪用居委会的经费与财务，严禁干预社区居委会开展的各项自治活动。[②] 实践中，自治权的落实取得较好的效果，一定程度上限制了政府对社区事务的涉入。

最后，发展社会中介组织和社区服务机构，推进公共服务社会化。

社会中介组织是处于政府和社会成员之间的中间组织，又被认为是在政府和市场之外的第三部门，包括基金会、慈善团体、老年协会、爱卫会、志愿者协会、市民学校等组织。它联系各自的成员以及广大的社区居民，在社区建设中发挥着多方面的积极作用。[③] 社区服务机构是伴随社区服务而出现的服务于

---

① 杨长江：《城市政府在社区经济中的职能》，载于《湖南社会科学》1999 年第 5 期。

② 陈伟东：《论城市社区民主的制度结构》，载于《社会主义研究》2001 年第 3 期。

③ 赵安云、戴雅玲：《试论非政府组织在社区建设中的作用》，载于《人文杂志》2002 年第 5 期。

社区居民、民政对象和驻区单位的组织，包括社区老人公寓、社区医疗站、社区家政服务部、社区搬家公司、社区法律救助中心等等。通过发展社区中介组织和社区服务机构，发挥它们在分担政府社会管理和公共服务方面的积极作用，既可以提高政府治理的有效性，减少政府对社会领域的过度干预，同时也有助于培育市民社会力量，提高社会的活力和社区自我治理的水平。

（三）城市社区建设的始终：政府都须提供必要的公共服务与公共产品

尽管城市社区建设的深入要求更多地发挥社区和社会的力量，让政府淡出社区，但不能因此狭隘地理解为政府与社区的完全分离，而是指政府不要过多干涉社区内部能够自治的事务。对于社区无法处理或者不能单独处理的事务即需要政府协助处理的事务（也可以称作“社区失灵”的状况），政府仍应当承担起来。这些事务大致包括：社区治安的整治、社区基础设施的兴建、社区环境的治理、园林绿化的保养、社区内弱势人群的救助以及社区人口与计划生育工作等。[①] 同时，这基本上在政府必须承担的公共产品和公共服务的提供的职责范围之列。政府提供这些公共物品与公共服务源自于公共产品的特点和政府的社会职能。由于公共产品具有无偿性和不可分割性，因而很难避免“搭便车”的现象出现，只有政府才愿意提供如道路整修，环境治理等之类的物品。同时，政府作为“收税人”，也有义务向作为“纳税人”的城市居民提供必要的公共服务，如良好的治安状况，优美的居住环境，健全的社会保障体制。因此，即便是政府在这些事务上需要社区的协助，政府仍应根据“费随事转、权随责走”的精神，给予必要的权力与财政支持。

五、关于城市社区民主的形式与内容

城市社区建设基本目标要实现的社区自治，就是建立和完善城市的基层民主，城市社区建设过程就是要孕育社区群众必须的民主意识，培育社区民主的组织载体，形成城市基层民主的基本实现方式。这无疑是政府在推进城市社区建设中的基本工作，是确定政府职能的基本点。那么，这一民主意识的具体内涵是什么？城市社区中的群众自治组织的目标和活动方式是什么？换言之，当前进行的城市社区建设中的居民自治与广大农村的村民自治是否一致？应该说，这实际上是当前城市社区建设中的关键问题。

---

① 薛冰：《社区建设中的政府职能转变》，载于《西北大学学报》2002年第1期。

值得注意的是，当前无论是理论上还是在实践中，人们都将城市社区民主与农村社区民主的具体内容和实现方式视为同一的，并以之与对城市社区的民主建设加以推动。然而，通过对实际的调查和上述相关的理论分析，我们认为城市基层民主和农村基层民主在基本目标一致的前提下，其具体内涵和实现方式应该是有一定差异的。

在农村，由于村庄公共事务和公益事业直接关系到村民的切身利益，且其中包括能获取何种基本生产条件和获得多少经济收入等问题，如承包经营权的获取，村集体经济效益的分配等，这就使得村庄公共事务和公益事业既受到村民的高度关注，同是也必须依靠村民的广泛参与来保证公平与公正，从而使村民处于主权者的地位。相应的，为保障这一主权者地位，在农村基层民主中形成了以一户一人、一人一票式为基本形式的村民委员会选举方式，以及以村民大会或村民代表会为基本形式的民主决策、民主管理、民主监督的运行机制。

在城市，由于社区自治组织所涉及的社区公共事务目前基本上不涉及居民的经济收入，且由于现有的经济体制改革程度，直接关系居民切身利益的公共事务还处于发展中，因而居民对社区事务的关注远远低于村民对村务的关注。这样，现阶段比较普遍的是，社区委员会的选举基本上都是实行社区成员代表大会间接选举，社区干部实行招聘、考试与选举相结合的方式且正在成为一种专门的职业（社区工作），社区事务决策通常不经成员代表大会而主要由社区居民委员会作出，没有召开过社区成员大会。这就是说，城市社区民主总体上表现出比较明显的精英化政治色彩和代议制的特点。我们认为，虽然随着经济体制改革和政治体制改革的深入，以及城市居民民主意识的提高，城市居民对社区事务的关注程度会较之现在有很大提高，但正因为城市社区组织之于社区居民的特定关系，因而代议制将是城市社区民主长期存在的一个基本形式和特点。

可见，由于农村群众和城市群众对自己生活范围内的公共事务和自治组织有不同的关注程度，因而群众自治组织在城市和农村的基层生活中具有不同的地位和不同的具体的组织目标，以及由此所产生的不同民主的表现和运行方式。显然，如果只是将城市社区建设中的居民参与同农村自治中的村民参与相类比，其结果将不可避免地陷入在发现城市居民参与不足，但又找不到达成与农村群众同样参与水平的困境，而要发挥出民主参与目标对城市社区建设的目标导向作用，也就必须对城市社区建设中的民主表现形式问题予以足够的关注和深入的探索。但目前，正因为整个环境中对此关注和研究不够，因而实际上使政府参与社区建设过程中如何发挥好职能，真正推进城市社区建设，发展城市基层民主没有了现实的基础。因此，进一步研究当代中国城市基层民主中社区民主的基本形式和内容，是当前推动社区建设和政治体制改革的一项重要内容。

附录

思考中国城市社区建设的心路历程

20 世纪 90 年代中期，基于对中国变革现实的观察，基于对建立社会主义市场经济体制对社会管理和建设变革要求的内在逻辑的体认，我们开始关注这一十分重要的涉及城市每一个人的城市社区建设，并在调查研究和思考的基础上，或者是自己思考所得，或者是应他人之邀的命题作文，陆续有一些文字见诸报纸杂志，持续时间近 10 年。

由于种种原因，这些或长或短，或专业或不太专业的文章，难免前瞻与后顾并存、深刻与肤浅共融，但其真切地记录下了近 10 年来我们对当代中国城市社区建设的认识与思考，因而大致按时间顺序排列于后，以显现我们思考中国城市社区建设的心路历程。

当代中国的城市社区建设及其意义

崔运武

新世纪伊始，一场必将涉及每一个城镇居民的具有重大意义的改革已然在中国的广大城市基层全面展开，这就是城市社区建设。

社区，指聚居在一定地域范围内的人们所组成的社会生活共同体。目前在中国，城市社区的范围，一般是指经过作了规模调整的居民委员会辖区。社区的基本构成要素，是基于一定社会关系的共同生活的人群，一定的地域，一定的生产、生活设施，一定的管理机构，一定的以社区意识为核心的特色的文化。社区建设，就是指在党和政府的领导下，依靠社区的力量，利用社区资源，强化社区功能，解决社会问题，促进社区政治、经济、文化、环境协调和健康发展，不断提高社区成员生活水平和生活质量的过程。社区建设的最终目标，就是要使社区变成城市居民依法实行自我教育、自我服务、自我管理的具有自主性和能动性的新型社区。

进行城市社区建设，是我国政治、经济和社会体制改革走向深入的迫切要求。概而言之，这种迫切的要求主要来自两个方面：一是经济的发展和经济体制改革所导致的社会结构的变化，对城市基层的既有社会管理形成了巨大的压力。这主要表现在大量农村劳动力进入城市后，因身份限制无法融入现有城市社区生活所产生的无序；城镇基层管理对由于“政社分开”和“企社分开”改革的实施剥离出来的社会职能的承接，以及面临在这一过程中一些人员被迫或主动地告别“单位”进入社区生活给既有的服务与管理带来的冲击。二是随着建立社会主义市场经济体制改革的深入，城镇广大居民在生活条件、文化层次逐步提高的基础上，自主意识、利益保护意识、政治参与意识及能力都在不断增强，对通过一定方式表达自己的愿望，维护自己的利益，以及自己管理自己的要求要求日益强烈，尤其是对计划经济体制下所形成的以分房制度、医疗制度和保险制度等为基本内容的传统福利制度的改革的展开，居有住所的城市居民开始关心社区的环境卫生、治安、绿化以及社区的医疗服务等。但是，既有的城市基层管理无论是在体制上，还是在职能和管理人员素质等方面，都难以适应新的要求，改革势在必行。

城市基层管理任务的加大不能依靠政府不断地扩大政府机构去解决，必须将社会管理的职能交由社会完成，于是，一个有别于传统的以街道办事处和居委会为主的行政性管理社区建设，开始在中国展开。1986 年民政部首次把“社区”概念引入城市管理，提出要在城市中开展社区服务工作。1989 年颁布的《中华人民共和国城市居民委员会组织法》明确规定：“居民委员会应当开展便民利民的社区服务活动。”社区服务的概念进入了法律条文。这样，社区的概念逐步为全社会接受，社区服务活动一步步在全国开展起来，一些城市开始以建设新的社区为核心对城市基层管理进行了改革探索，取得了积极的成效。在这一基础上，1999 年，民政部在全国 737 个市辖区中确定了北京市西城区、天津市河西区、上海市卢湾区等 26 个社区为社区建设试验区，进行更加全面而深入的改革试验。通过对 26 个试验区工作的总结，2000 年 11 月，中共中央办公厅和国务院办公厅转发了《民政部关于在全国推进城市社区建设的意见》，在全国范围内开始了全面的城市社区建设。

可见，城市社区建设是当代中国政治体制、经济体制改革走向深入的必然。这一改革的全面展开，经过了较为充分的理论与实践的准备，是我国城市现代化建设的重要途径。从当前城市改革的功能角度看，城市社区建设关系到我国行政体制改革和经济体制改革目标的实现，关系到社会的稳定和城市基层政权的加强，关系到城市广大群众生活水平和生活质量的提高，关系到社会主义民主政治建设。不仅如此，从社会结构的角度看，新中国建立至改革开放以前，我国城市以“单位制”为基础和核心，实行的是以纵向行政权力控制为主的社会管理方式，而改革开放以来，随着单位的非行政化趋向的明显、专业功能的逐步加强和社会职能的逐步剥离，社会阶层分化和社会结构的重组正在展开，因此，城市社区建设，实际上正在一个新的层次上进行着社会的重新整合，构建着崭新的社会管理方式，促进着中国社会向现代的转型。

因此，在当今中国，必须对这一场意义重大的城市社区建设予以高度的重视和关注，尤其是每一个城市生活者，更应该在充分认识的基础上积极参与，共同推进城市社区建设。

论城镇基层民主政治建设及居委会的改革*

崔运武 彭 艳

居委会与现阶段城镇基层的民主政治建设

我国建立社会主义市场经济体制改革的深入对城镇基层社会的一个基本需求，就是建设和扩大由基层政权民主行政和基层群众自治构成的基层民主。在这一过程中，居委会由于自身法定的城镇基层群众自治组织的性质及其历史和已有条件，占有着十分重要的地位。

构成建设和扩大城镇基层民主需求的推动力主要来自两个方面：一是从城镇基层社会管理来看，当前正在进行的政府机构和政府职能改革和国有企业的改革等，实质就是对国家与社会的关系进行重构，将社会性管理权力还给社会和将管理的内容和重心移向基层社会。所谓社会，就是公民的自治组织系统，而公民间的自治组织是具备一定的政治参与意识及能力的公民为了维护自身利益而形成的团体，在现代社会，这种自治组织的常见方式就是公民自治等。因而在此意义上，将社会性管理权力交还社会，就是交还以一定方式组织起来的公民。因此，上述改革的内在要求，是新的城镇基层管理的主体不应只有基层政权组织，而且更要有基层的公民自治组织；管理的方式不仅是基层政权组织要民主行政，而且要使居民形成自治组织，自我教育、自我管理和自我服务。这就是实施城镇基层民主，其基本内容包括基层政权的民主行政和基层群众的自治两个相辅相成的方面。

二是从城镇居民自身的角度看，随着社会主义市场经济建设的深入，我国

---

* 本文发表于《思想战线》1999年第5期。

城镇广大居民在生活条件、文化层次等逐步提高的基础上，其自主意识、利益保护意识、政治参与意识及能力都在不断增强，对通过一定方式表达自己的愿望，维护自己的利益，以及自己管理自己生活的要求日益强烈。尊重人民群众当家做主的权利，支持和保证人民群众对自己正当权益的维护，这是社会主义民主的基本要求。这就是说，在建立社会主义市场经济改革走向深入的，健全城镇基层民主，建立以维护和表达自身利益为基本内容的基层群众的自发型的政治参与，并且将这种政治参与以一定的组织方式吸纳在现行的政治体制的运行之中，已成为当前城镇改革的急需。

可见，现阶段加强城镇基层社会的民主建设是一项迫切而重要的任务。而且，由于城镇基层社会管理任务的加大显然不能靠增加基层政权机构去完成，这就决定了在加强城镇基层民主的建设中，基层政权民主行政的目的不是取代群众自治，而是要发展社会力量，完善群众自治的组织，使之真正成为居民行使自己民主权利，依法管理自己事情的一个基本舞台，因而群众自治组织的有无和其状况的如何事关重大。必须指出，由于目前城镇基层少有群众的自治组织，使得已获得一定发展的社会力量，相当程度上还处于一种自在状态，游离于体制之外，这样，当前我国城镇基层的民主建设中形成一定的居民的自治组织尤显重要，它不但影响城镇基层民主建设，而且也影响建立社会主义市场经济改革的继续深入。

笔者认为，当前首先要建立和健全的城镇基层的群众自治组织，无疑应是居委会。其原因在于：第一，根据1989年颁布的《居民委员会组织法》，城镇居委会作为城镇居民的自治组织具有法律的依据；第二，根据规定，居委会作为群众自治组织的自治，就是把一定范围内的全体居民组织起来，实行自我管理、自我教育、自我服务，以大家的事大家办为原则兴办居民的公益事业和公共事业，为全体居民服务，即所规定的居委会的职能与当前对城镇基层群众自治组织的改革要求是吻合的；第三，城镇居委会自1954年在全国普遍建立以来，已成为城镇基层管理的一个基本组织，有了相对健全的机构和一大批干部，这是当前城镇基层民主建设的宝贵的组织资源；第四，尽管现行的居委会与法定的群众自治组织的要求有距离，但却是现有的唯一法定的城镇基层群众自治组织，在当前政府已开始全方位改革行政模式的情况下，它是现有的极其重要的联系政府与居民的中介性组织，借助它能有助于许多问题的解决；第五，作为城镇群众自治组织的居委会不可能解决当前城镇改革中出现的所有问题，但协助政府进行城镇基层社会的管理一直是它的一项职能和长期从事的工作，因此，健全居委会发挥其作用，一方面能对政府的有关工作进行协助，另一方面也能带动基层其他社会中介组织的发展，从而扩大城镇基层民主，使城镇基层社会稳定和发展。

城镇居委会存在的主要问题及主要原因

我国城镇现有的居委会是从计划经济时代延续而来的，因而其机构和职能与当前建立社会主义市场经济的要求，与城镇发展的需求有着诸多的不合拍之处。应该引起足够注意的是，目前在大多数地区，作为城镇居民自治组织的居委会的改革尚未展开。比较明显的是，在已有的为数不多的对城镇基层组织进行的改革中，居委会基本上是被作为街道办事处的下属或附属机构予以考虑的（当然，居委会的改革必须放到由街道办事处和居委会组成的“街居体系”中进行，但必须有自己的作为群众自治组织的主体地位），在更多的地区，居委会改革基本没有涉及，从而使得居委会工作离城镇社会发展的新需求有相当大的距离，在现实的运行中产生了诸多的问题。经调查，目前居委会的运行中主要存在下述问题。

1. 承担的职能与本身的地位不相符。首先是职能错位，工作重心偏移。按照1989年颁布的《居民委员会组织法》的规定，城镇居委会的主要工作是通过对所属区域所有居民进行组织，让居民自我教育、自我管理和自我服务，从而对居民的具体生活进行管理。但目前大多数居委会把主要的精力和人力放在搞“三产”上，如有的居委会干部说：“我们整天忙的就是两件事：一是搞创收，二是忙扫地。”有的地方还不同程度地侵害了居民的利益。其次是承担的职能过多。目前居委会的工作从就业、教育、环保到计划生育、治安等等无不涉及，所谓“上管天文地理，下管鸡毛蒜皮”。据统计，现在居委会承担的任务已达十几类一百多项。如果说街道工作在完成政府各部门的任务时是“上面千条线，下面一根针”的话，那么这“一根针”的针头在相当程度上就是居委会。再次是职能的单向性。在完成上级任务的过程中，居委会实际上成了政府的一个纯粹的办事机构，只是将上级部门的行政意图直接“复印”到了社会，完全没有主动性，没有体现群众自治，没有成为群众合理表达自身利益的舞台，没有去发挥城镇基层政治中群众的主体参与作用。

2. 工作条件及待遇差，干部队伍素质较低。调查中发现，目前不少地区的居委会不同程度地受到“三无”状态的困扰，“三无”即无固定的办公用房、无必需的办公设备、无必需的活动经费；而且居委会干部的补贴标准低，且长期不动，劳保问题也没有从根本上解决，这些情况在欠发达地区表现得更为突出。同时，总体上居委会干部素质离现阶段城镇社区工作的要求有相当大的距离。这主要表现在文化程度较低，如国家民政部近年对全国119个城市的居委会进行调查，结果显示居委会干部中，初中文化程度以下的占66%，中专以上的仅占8%，而在一些欠发达地区则更低，年龄偏大，大多数是50岁以上的，有的年近70岁还坚守岗位；没有受过有关社区工作的训练，思想观念跟不上形势发展，只能凭老经验办事，等等。在相当多的地区，居委会工作仍然被认为是退休或有闲的老头老太们的事。

3. 缺乏权威性，与居民生活隔膜。目前，虽然居委会实际上承担了不少政府行政事务，但由于上述的干部素质较低，职能的单向性及只将居民作为完成任务时简单的工作对象和所办经济的消费对象，加之居委会的产生客观上大多缺乏民主性，从而使得居委会在居民中形象不佳，缺乏必要的权威性，并与居民生活隔膜，使居委会难以与居民生活形成一体，使法律上所规定的城镇居民自治落空，居委会的工作得不到居民相应的配合，反过来又影响了居委会工作的效率。

此外还值得注意的是，目前在一些中小城镇尤其是欠发达地区的城镇，由于经济的发展和城市化速度的加快，使得城市的规模不断扩大，街道的行政区划进行了较大的调整，而这些城镇原有的街居体系的基础又相对较弱，因此，一方面是原有老城区居委会的消失，另一方面是在一些新的居民小区出现了居委会组织上的空白。

现阶段城镇居委会存在的上述问题，我们认为主要是由下列原因促成的。

第一，思想认识跟不上城镇改革的发展。这主要是对上述必须建设和扩大城镇基层民主的意义认识不足，因而对作为城镇的居民自治组织的居委会在当前改革中的地位估计不足，结果对当前居委会应如何面对改革需求缺乏必要的研究，难以在实际中进行必须的改革与建设，从而只能凭以往工作的经验来应付越来越多的工作，与现实需求拉开了距离。

第二，受计划经济体制下居委会工作“传统”的影响。我国1954年正式通过《城市居民委员会组织条例》，在规定居委会作为城镇居民的自治组织的同时，也要求居委会协助政府或它的派出机构做好与居民利益有关的优抚救济、公共卫生和青少年教育等工作，政府派出机构的街道办事处指导居委会工作。但在实际工作中，由于未能处理好城镇群众自治的特殊性（下面述及）及当时群众政治文化素质等的制约，居委会对街道办事处由协助变成执行，逐步成了政府或其派出机构的附属机构。继之在1958年后，随着国家对社会强烈的渗入，市、区将部分职能下放街道，已成为街道附属的居委会也随之扩大了管事的职责，如教育、社会动员、生产、保障等都涉及，加之居委会干部都具有一定的国家干部的身份，居委会逐步成了一个准行政组织，只是从事一些烦琐的由政府行政指令所摊派的任务。90年代以来，虽然1989年的《居民委员会组织法》重申了居委会作为城镇居民自治组织的性质，但实际上居委会的状况没有大的改观。如此，在城镇改革深入而又没有认识到居委会改革必要性的情况下，当越来越多的工作转移到基层社会后，由于居民自治组织的缺失，居委会便与街道办事处一起承担了越来越多的职能；当经费不足而上级又“给政策”，居委会展开了经济创收，等等。同时，以往所具有职能的单向性等一如既往，并随着居民对自身利益维护的意识、政治参与意识等的增强而加大了与居民的隔膜。

第三，城镇居民自治组织的形成具有特殊性，而如何建成法定的作为居民自治组织的居委会，现阶段对此没有相应的认识与措施，从而影响了对居委会的改革与建设。这里所说的特殊性是指与农村的村民自治组织——村委会的形成不同而言的，而这一不同主要在于城镇居民与居委会的关系，同村民在经济上和政治上基本与村委会完全相连有明显的差别。现阶段城镇社区的成年居民从与居委会的关系来看，可分为两大类，即在“街居体系”以外的“单位”工作者、在“街居体系”所组织的单位工作者（两者中均包括无固定职业者）。就经济来源来说，两类人与居委会没有必然的联系（严格说，居委会不是街道企业的所有者），政治上也不完全从属于居委会，只是在国家与社会关系的调整中，在“单位人”向“社区人”的转变中，以日常生活的利益等与居委会相连。这样，一方面是居民对居委会的关心程度远不如村民之于村委会，另一方面是不可能由居民从经济上和人事上对居委会予以支撑。为此，长期以来采取的方法是由政府向所认定的居委会干部提供工资或补贴，并给予一定的经费，而近来为了改变居委会干部的年龄和知识结构，一些进行改革的地区则采取了干部下派居委会的方法。由国家对居委会干部选派及负责其经费这种办法在一定程度上解决了居委会的干部和经费问题，但也成为居委会难以避免出现附属性、行政性等，从而使居委会法律地位落空的一个重要原因。这是当前居委会改革与建设中必须加强研究的关键问题。

城镇居委会改革的基本对策

笔者认为现阶段城镇居委会的改革首先应该注意以下几个基本问题。

第一，改革的最终目标，是将居委会建成法定的城镇基层的群众自治组织，并相应形成以这一居委会作为区域内居民进行政治参与的主要舞台，作为居民自己的核心组织和代表的，具有自我组织性、能动性的城镇社区。这是居委会改革与建设工作的出发点和归宿。

第二，居委会自身的改革和新的城镇社区的形成应是一个过程的两个方面。即一方面应在明确改革基本目标的基础上，居委会以建成真正基层群众自治组织，扩大基层民主为核心，进行自己的组织建设，主要内容是逐步调整结构，理顺与街道办事处的关系，明确和规范自己的职能；逐步完善居委会的体制，通过居民会议制订出相应的规章制度，完善城镇基层群众实现自我管理与民主管理的体制；同时还应根据改革发展的需要开发新的职能。另一方面居委会应就现有的组织资源积极开展社区工作，在工作过程中根据有关法律的规定和现实的需要来调整自己的职能，同时通过这种社区工作来提高居民的参与意识，建立新型的居民关系，形成相关的规章制度，促进新型社区的形成。

第三，居委会的改革必须放到"街居体系"中，在明确自己是居民自治组织的基础上，作为整个"街居体系"改革的一部分来进行。进行这种"整体"改革的原因，一是长期以来"街居体系"共同承担着城镇基层的管理工作，形成了一些行之有效的方法，而现阶段基层工作大大增加，街道如何指导居委会，居委会如何协助街道，必须有一个整体的考虑，同时，从现阶段居委会的干部来源和经费等来看，居委会的组织建设必须与街道的改革同步进行；二是只有街道与居委会的改革同时展开并作为一个总体，才能根据各自的性质理清关系，明确职能并形成相应的规章制度，不再产生关系的混乱和职能上的重叠或空白；三是只有进行整体改革，才能一方面使街道改革在职能等方面不再替代，不再以居委会为附属机构，而是将工作重心下移，以扩大基层民主，形成新的社区，促进居委会建设和指导居委会工作，为设计自己工作和职能的基本准则，另一方面使居委会在自身的改革与建设中，在注重区域内居民的自我管理与自我服务的同时，也从职能的设置和制度的建设上，注意对街道工作进行应有的监督，并代表居民进行必须的参与。

必须树立居委会改革是一个过程的思想。由于上述的城镇居民自治的特点，加上居民素质的提高也是一个逐步的过程，因此现阶段不可能从以往的政府附属机构或行政组织的居委会，一步达到建成法定的城镇居民自治组织的居委会的改革最终目标，而应该是在实践中不断探索，不断地向最终目标接近直至达到最终目标。在这一过程中，一个关键的问题是居委会干部的专业化。目前一些地方实行的干部下派，对提高居委会干部的素质，推动居委会的改革和新型社区的形成是必须的，但应逐步增加社区工作专业人才的培养，提高下派干部的专业化水平，同时，逐步使下派的干部经居民大会的认可并接受居民的监督。最终，随着自我组织的、能动的新型社区的形成，使居委会领导者成为非国家干部的一种职业。

欠发达地区城镇街居体系改革探析*

崔运武

所谓街居体系，即我国城镇现行的由街道办事处和居民委员会共同组成的基层社会管理组织体系，其中，街道办事处作为一级政府的派出机构，是城镇的基层政权组织，而居委会作为法定的城镇基层群众的自治组织，则是城镇基层社会的自治组织。当前，随着我国社会主义市场经济体系的建立和改革的深入，欠发达地区的现代化进程明显加快，其中一个主要的标志就是城市化的加速。在这些地区，随着城镇经济体制改革的深入和城镇规模的扩大，其城镇基层社会管理与发达地区一样，面临诸多的新情况，街居体系传统的行政管理模式已难维系。但值得注意的是，迄今为止这些地区城镇街居体系改革和建设的急迫性还没有引起应有的重视，街居体系的组织结构和管理方法明显滞后，使这些地区城镇基层的社会问题变得十分突出。

一、欠发达地区城镇现行街居体系改革的急迫性

第一，与发达地区一样，欠发达地区城镇街居体系的改革，是建立社会主义市场经济体系及改革和发展的需要。

当前，我国包括欠发达地区在内的城镇正在展开的政府职能等改革，实质就是要把社会性管理的权力还给社会，对国家与社会的关系进行重构。所谓社会，就是公民的自治组织。因此这一改革的必然结果，就是社会管理任务加大，管理的内容与重点越来越倾向于基层社会，且这一管理必须是民主管理，其基本内容包括基层政权组织的民主行政和群众通过自己的组织对自己实行自我教育、自我服务与自我管理。

* 本文发表于《云南社会科学》1999 年第 3 期。

由于城镇基层管理任务的加大不能靠扩大政府机构去解决，同时，也由于街居体系是现有的城镇基层管理的组织资源，因此，街居体系理应是现阶段城镇基层管理的主体。但是，现有的街居体系的组织与管理模式与这一要求有相当的距离。因为落后地区与发达地区一样，自1954年正式建立了承担城镇基层管理的街居体系后，由于种种因素的影响，不仅街道办事处的管理离民主行政有明显的距离，更主要的是作为法定的群众自治组织的居委会实际上成了街道办事处这一政府派出机构的附属，使得法定的城镇基层群众自治落空，城镇基层社会的管理完全变成了由国家承担，实施的是行政性的管理。

目前，全国除个别发达的省区外，其余地区基本上还没有适时地展开系统的街居体系的改革，因此，当城镇基层社会管理中面对诸多的新情况时，如计划经济下的“单位人”向市场经济下的“社区人”的过渡、人口的老龄化、不断增加的流动人口、大量的下岗人员及群众不断增长的对生活环境和生活服务的需求等等，现行的街居体系便无不感到压力巨大，难以胜任，存在着整个街居体系职能过多且街道与居委会职能不清、干部素质差、缺乏权威性且与群众隔膜等种种不足，使上述社会转型期所出现的诸多问题不能得到应有的解决，从而严重影响了城镇改革的进一步深入。

第二，改革和建设城镇街居体系，是解决欠发达地区城市化的发展与原有的城镇基层社会管理体系相对薄弱这一矛盾的急切需要。

近年来，欠发达地区的城市化进程明显加快，这主要表现在原有城市规模的扩大和大批中小城镇的建立。这一发展对城镇管理的一个直接影响是行政区划的调整或增加。由于欠发达地区原来城市的发育程度相对较低，街居体系的基础较为薄弱，加之对街居体系在当前改革中的作用认识不足，从而使得这些地区在城镇行政区划调整或增加的过程中，不仅街道办事处的管理方式没有作出适时的改革，而且作为街居体系重要一环的居委会或形同虚设，或设置出现空白，尤其是在一些新建的居民小区，往往是以企业性的物业管理机构代替群众自治性的居委会，街居体系组织不全，使群众难以通过正确的渠道表达自己的愿望和维护自己的利益，从而加剧了矛盾，严重影响了基层社会的稳定。

所以，为了搞好当前城镇基层社会的管理，使整个改革能顺利地进行并走向深入，欠发达地区与发达地区一样，必须对街居体系进行改革，而且，从欠发达地区原有的基础来说，这一改革较之发达地区更为急切。

二、欠发达地区城镇街居体系改革的基本原则

我们认为，当前欠发达地区街居体系改革应该坚持如下基本原则。

其一，当前欠发达地区街居体系改革必须以构建城镇基层民主为核心。

当前欠发达地区与发达地区一样，其城镇改革中的将社会性管理权力还给社会和管理的内容和重心移向基层社会，决定了新的城镇基层管理的主体不应只有基层政权组织，而且更要有基层的公民自治组织；管理的方式不仅是基层政权组织要民主行政，而且不是要靠行政命令直达基层，而是要使群众形成自治组织，并且自我教育、自我管理和自我服务。无疑，这种新的管理就是实施城镇基层民主，它包括基层政权的民主行政和基层群众的自治两个相辅相成的方面，且民主行政的目的不是要取代群众自治，而是要发展社会力量，完善群众自治的组织和方式，使群众自治组织（即居委会）真正成为居民行使自己民主权利，依法管理自己事情的一个基本舞台，成为居民的代表，使居委会的管辖区域成为具有自主性和能动性的新型社区，即社区是以真正作为群众自治组织的居委会为其“头”的实行自我管理、自我服务的社区。所以，构建城镇基层民主是街居体系改革的核心。

其二，当前欠发达地区街居体系的改革必须确实将街道办事处和居民委员会作为一个整体来进行。

应该说，街道办事处和居委会是基本性质不同的两个基层组织，有着各自不同的改革所要达到的目标，但是，对它们的改革和建设必须将其作为一个整体的“街居体系”来进行，在整体改革中达到各自建设的目标。原因如下：

一是长期以来“街居体系”共同承担着城镇基层的管理工作，形成了一些行之有效的方法，而现阶段基层工作大大增加，街道如何指导居委会，居委会如何协助街道，必须有一个整体的考虑。同时，由于现阶段居委会干部不少是由上级政府机关派出的，且居委会干部的工资或补贴均是由国家承担，因此，居委会的组织建设必须与街道的改革同步进行。

二是只有街道与居委会的改革同时展开并作为一个总体，才能根据各自的性质理清关系，明确职能并形成相应的规章制度，不再产生关系的混乱和职能上的重叠或空白。

三是只有进行整体改革，才能一方面使街道改革在职能等方面不再替代居委会，不再以居委会为附属机构，而是将工作重心下移，以扩大基层民主，形成新的社区，促进居委会建设和指导居委会工作为设计自己工作和职能的基本准则，另一方面使居委会在自身的改革与建设中，在注重区域内居民的自我管理与自我服务等的同时，也从职能的设置和制度的建设上，注意对街道办事处的工作进行应有的监督，并代表居民进行必要的参与。

其三，欠发达地区街居体系的改革必须根据本地区社会经济发展的特点和需求来展开。

当前欠发达地区与发达地区一样，其街居体系改革根本上是由城镇经济和社会改革的发展促成的，但应该明确的是，欠发达地区城镇经济和社会的发展在与发达地区总体趋势相一致的前提下，还有自己的发展水平和特点，加之欠发达地区原有的街居体系无论是从组织建设还是从干部的素质来说，都与发达地区有一定的差距。

同时，更为重要的是，街居体系改革的核心是构建城镇基层民主，而这一基层民主建设的需求，实际上是在随着社会主义市场经济建设的深入，城镇广大居民生活条件、文化层次等逐步提高的基础上，其自主意识、利益保护意识、政治参与意识及能力的不断增强而出现的，因此，现阶段街居体系应有的以实施基层民主为核心的组织体系和管理模式，必须与一个地区或城镇群众的民主素质相适应，并能促进群众的民主素质进一步提高。毋庸讳言，现阶段欠发达地区与发达地区由于经济和社会发展水平不同，群众的文化素质和民主意识等是有差别的，而且，由于不少欠发达地区也同时是少数民族地区，因而这些地区群众表达自己的愿望、维护自己的利益以及自己管理自己生活的方式与发达地区群众也不会完全相同。

因此，欠发达地区不可完全照搬现有的发达地区街居体系改革的模式，而应该是在学习借鉴发达地区改革的经验的基础上，结合自己地区社会经济发展水平和实际需求对本地区城镇的街居体系进行改革。

三、欠发达地区城镇街居体系改革的目标和基本内容

我们认为，欠发达地区城镇街居体系改革的基本目标，应该是在充分认识和把握当前欠发达地区城镇经济、社会改革的基本趋势和特点、基层社会力量的现状及表现形式，以及当前欠发达地区城镇街居体系的现状及其原因分析的基础上，通过认真细致地探索和工作，最终形成适应欠发达地区城镇基层社会管理需要，以实施和扩大城镇基层民主为核心的街居体系的组织方式和管理模式，并促进这些地区城镇的以群众自治为基本内容的新型社区的形成。

这一新的以实施和扩大城镇基层民主为核心的街居体系的形成，主要由对街道办事处的改革和对居民委员会的建设来完成。这是街居体系改革的两个基本内容。

街道办事处的改革属于政府机构和职能改革的范畴，是当前正在展开的城镇政府机构改革的深入。在相当程度上，街道办事处改革的成功与否，关系到整个城镇政企分开、政社分开、单位职能专业化的改革，以及城镇与这些改革相适应的必须的社会管理重心下移、以往高度集中的城市管理体制横向的向社

会分权和纵向的向下层基层放权转变能否完成。街道办事处改革的目标和原则是做到民主行政，并促成和保证群众自治组织的建立和运作，即在组织机构和管理模式的改革中要保证健全民主选举制度，实行政务和财务公开，让群众以应有的方式参与讨论和决定基层公共事务和公益事业，干部接受民主监督。就欠发达地区城镇的街道办事处而论，要完成这一改革，必须理清本地区城镇管理体制改革中街道办事处与上级政府、与其他政府机构的派出机关及基层社会的基本关系，正确确定本地区城镇基层社会管理的主要任务，明确自己的职能并与居委会的职能进行划分与协调，确立本地区城镇街居体系改革中自身民主行政的基本要求，最终建立自身民主行政的组织模式与管理模式。

对现行的居民委员会的改革属于城镇基层群众自治组织建设的范畴。从现阶段我国城镇社会经济改革的实质和整个街居体系改革的要求来看，能否建成真正的作为法定的群众自治组织的居委会，是整个街居体系改革能否达到预定目标的关键所在。因为真正的作为群众自治组织的居委会，是城镇基层社会管理的一个主要载体，是实施城镇基层民主的重要保证，即它是城镇居民行使自己民主权利、依法管理自己事情的一个基本舞台，让广大群众通过自我教育、自我管理和自我服务，创造自己的幸福生活，同时也是群众反映自己愿望与意见的基本渠道，并代表群众对城镇基层民主行政进行监督。可以说，城镇新型的社区就是在街道民主管理下，以这种居委会为核心的。

但应该充分认识到，建设法定的真正的作为城镇基层群众自治组织的居委会，由于其具有特殊性，因而也是整个街居体系改革中的一个难点。这里所说的特殊性是指与农村的村民自治组织村委会的形成不同而言的，而这一不同主要在于城镇居民与居委会的关系，同村民在经济上和政治上基本与村委会完全相连有明显的差别。从现阶段城镇社区的成年居民与居委会的关系来看，可分为两大类，即在“街居体系”以外的“单位”工作者和在“街居体系”所组织的单位工作者（两者中均包括无固定职业者）。就经济来源来说，两类人与居委会没有必然的联系（严格说，居委会不是街道企业的所有者），政治上也不完全从属于居委会，只是以日常生活的利益等与居委会相连。这样，一方面是居民对居委会的关心程度远不如村民之于村委会，另一方面是不可能由居民从经济上和人事上对居委会予以支撑。目前解决这一问题的方法基本上还是由政府派干部或向所认定的居委会干部发工资或补贴，并给予一定的活动经费。这虽在一定程度上解决了居委会的干部和经费问题，但也成为居委会难以避免出现附属性、行政性等，从而也是使居委会法律地位落空的一个重要原因。

因此，在现阶段欠发达地区对居委会的改革中，必须树立居委会改革是一个过程的思想。即要认识到现阶段城镇居委会的特殊性，以及欠发达地区居民文化和民主素质的提高是一个过程，因而现阶段居委会不可能从以往的政府附属机构或行政组织的居委会，一步达到建成法定的城镇居民自治组织的居委会这样一个改革的最终目标，而应该是在实践中不断探索欠发达地区城镇作为法定群众自治组织的居委会建设与居民自治的阶段性的目标与实施的步骤与方法。在这一过程中，一个关键的问题是，居委会干部的专业化。我们认为目前一些地方实行的干部下派，对提高居委会干部的素质、推动居委会的改革和新型社区的形成是必须的，但应逐步增加社区工作专业人才的培养，提高下派干部的专业化水平，同时，逐步使下派的干部经居民大会的认可并接受居民的监督。最终，随着自我组织的、能动的新型社区的形成，使居委会领导者成为非国家干部的一种职业，形成真正的城镇群众自治组织的居委会。

组织建设是城市社区建设的关键*

崔运武

城市社区建设的基本内容，从已进行的试点经验来看，主要有六项，即社区组织建设、社区服务、社区卫生、社区文化、社区环境和社区治安。其中，社区组织建设是整个社区建设的关键。

一般来说，社区中的组织，应包括群众性的自治组织、社区志愿者组织、社会中介组织和市场经济组织等。从已有的试验区的建设来看，进行社区组织体系的建设，必须紧紧围绕将社区建设成群众依法自我管理、自我教育和自我服务这一社区建设的最终目标，从积极保证和体现社区群众的民主自治性和广泛参与性出发，着重抓好下述工作。

第一，理清街道办事处与社区组织的关系，对社区组织的责权予以准确定位。

社区组织责权的准确定位，即社区组织应该干什么和可以干什么，这是社区民主自治性质的要求和体现。长期以来，居民委员会作为城市基层的最主要的群众自治组织，实际上成了政府的一个纯粹的行政办事机构，而没有体现出其应有的责权。因此，在当前的社区组织建设中，首先必须将社区组织建设与街道办事处的改革作为一个整体来考虑，明确街道办事处与社区群众组织之间是指导与被指导，而不是直属的行政领导关系。

从已进行的一些试验区的情况看，比较有启发和可行的是将这一社区组织的职权明确为三权，即社区自治权（包括民主选举权、社务决策权、日常管理权、财务自主权、内部监督权等）、社区协管权（即必须由社区协助政府管理并由公共财政保证的责权）、社区监督权（主要是对政府有关部门、街道办事处及工作人员，对公用部门和物业公司，以及对社区内党员干部的监督和评

---

* 本文发表于《云南日报》2001年4月19日。

议权）。

第二，抓好社区党的组织建设，充分体现党的领导，发挥党在社区建设中的主导作用和促进作用。

体现和发挥党在社区建设中的作用，必须以抓好社区党的组织建设为保证。为此，一方面必须突破原有的党和基层组织依托单位和地区两个系统的格局，逐步建立统一于社区党委或工委下的社区空间中的基层党组织，并构建社区内各类基层党组织的横向联系网络，培养高素质的党的社区工作者队伍。另一方面，必须始终坚持好党的领导和促进作用的实现方式和原则，即党的领导、主导和促进作用，是对社区建设的方向进行政治上的引导和组织的保证，是动员广大群众参与社区建设，是对社区能否实行群众自治进行监督。

第三，必须加强居委会建设，尽快落实居委会作为群众自治组织的法律地位。

社区组织体系建设的核心无疑是属于管理层面的群众自治组织的建设。由于居委会作为群众自治组织有法律依据，法律所规定的居委会的性质、职能与当前社区建设对群众自治组织的要求是吻合的，而且，由于城市居委会自20世纪50年代成立以来，已成为城市基层管理的一个基本组织，有了相对健全的机构和一大批干部，是当前进行社区建设的宝贵的组织资源。因此，必须加强居委会建设，落实其作为群众自治组织的法律地位，使之成为社区中新型的群众自治组织。

论当代中国城市社区建设与管理的若干问题（代序言）*

崔运武

一

新世纪伊始，一场必将涉及每一个城镇居民的具有重大意义的改革已然在中国的广大城市基层全面展开，这就是城市社区建设。

社区，指聚居在一定地域范围内的人们所组成的社会生活共同体。目前在中国，城市社区的范围，一般是指经过作了规模调整的居民委员会辖区。社区的基本构成要素，是基于一定社会关系的共同生活的人群，一定的地域，一定的生产、生活设施，一定的管理机构，一定的以社区意识为核心的特色的文化。社区建设，就是指在党和政府的领导下，依靠社区的力量，利用社区资源，强化社区功能，解决社会问题，促进社区政治、经济、文化、环境协调和健康发展，不断提高社区成员生活水平和生活质量的过程。社区建设的最终目标，就是要使社区变成城市居民依法实行自我教育、自我服务、自我管理的具有自主性和能动性的新型社区。

进行城市社区建设，是我国政治、经济和社会体制改革走向深入的迫切要求。概而言之，这种迫切的要求主要来自两个方面：一是经济的发展和经济体制改革所导致的社会结构的变化，对城市基层的既有社会管理形成了巨大的压力。这主要表现在大量农村劳动力进入城市后，因身份限制无法融入现有城市社区生活所产生的无序；城镇基层管理对由于“政社分开”和“企社分开”改革的实施剥离出来的社会职能的承接，以及面临在这一过程中一些人员被迫或主动地告别“单位”进入社区生活给既有的服务与管理带来的冲击。二是

* 该文为崔运武等主编《中国社区建设》（云南大学出版社2003年版）一书的序言。

随着建立社会主义市场经济体制改革的深入，城镇广大居民在生活条件、文化层次逐步提高的基础上，自主意识、利益保护意识、政治参与意识及能力都在不断增强，对通过一定方式表达自己的愿望，维护自己的利益，以及自己管理自己的要求日益强烈，尤其是对计划经济体制下所形成的以分房制度、医疗制度和保险制度等为基本内容的传统福利制度的改革的展开，居有住所的城市居民开始关心社区的环境卫生、治安、绿化，以及社区的医疗服务等。但是，既有的城市基层管理无论是在体制上，还是在职能和管理人员素质等方面，都难以适应新的要求，改革势在必行。

城市基层管理任务的加大不能依靠政府不断地扩大政府机构去解决，必须将社会管理的职能交由社会完成，于是，一个有别于传统的以街道办事处和居委会的行政性管理的社区建设，开始在中国展开。1986 年民政部首次把“社区”概念引入城市管理，提出要在城市中开展社区服务工作。1989 年颁布的《中华人民共和国城市居民委员会组织法》明确规定：“居民委员会应当开展便民利民的社区服务活动。”社区服务的概念进入了法律条文。这样，社区的概念逐步为全社会接受，社区服务活动一步步在全国开展起来，一些城市开始以建设新的社区为核心对城市基层管理进行了改革探索，取得了积极的成效。在这一基础上，1999 年，民政部在全国 737 个市辖区中确定了北京市西城区、天津市河西区、上海市卢湾区等 26 个社区为社区建设试验区，进行了更加全面而深入的改革试验。通过对 26 个试验区工作的总结，2000 年 11 月，中共中央办公厅和国务院办公厅转发了《民政部关于在全国推进城市社区建设的意见》，在全国范围内开始了全面的城市社区建设。

可见，城市社区建设是当代中国政治体制、经济体制改革走向深入的必然。这一改革的全面展开，经过了较为充分的理论与实践的准备，是我国城市现代化建设的重要途径。从当前城市改革的功能角度看，城市社区建设关系到我国行政体制改革和经济体制改革目标的实现，关系到社会的稳定和城市基层政权的加强，关系到城市广大群众生活水平和生活质量的提高，关系到社会主义民主政治建设。不仅如此，从社会结构的角度看，新中国建立至改革开放以前，我国在城市以“单位制”为基础和核心，实行的是以纵向行政权力控制为主的社会管理方式，而改革开放以来，随着单位的非行政化趋向的明显、专业功能的逐步加强和社会职能的逐步剥离，社会阶层分化和社会结构的重组正在展开，因此，城市社区建设，实际上正在一个新的层次上进行着社会的重新整合，构建着崭新的社会管理方式，促进着中国社会向现代的转型。

因此，在当今中国，必须对这一场意义重大的城市社区建设予以高度的重视。相关的理论工作者应该关注和研究这一改革进程，而每一个城市生活者，更应该在充分认识的基础上积极参与，共同推进城市社区建设。

二

我国当前正在进行的城市社区建设改革，有自己特定的性质和目标。

其一，社区建设的特点及社区形成的性质。

如上所述，当前在我国城市形成新型的城市社区，是建立社会主义市场经济体制改革深入发展的需要，但从绝大多数城市的实践看，这一城市社区的形成尽管有急切的现实需要，但从发生学的角度看，却不是自发形成的，而是在党的领导下，在政府的主导下，在以政府力量为主的非社区原生力量推动下逐渐形成的，首先表现为社区之外的外来力量推动的有意识、有目标的“建设”过程，所形成的城市社区本质上是一种非原生型的城市社区。之所以如此，主要原因在于：

第一，我国在传统的计划经济体制下，是以单位为基本的社会单位，以行政命令通过单位组织社会生产和生活，从而国家或政府与社会的关系方面形成的是“强政府、弱社会”的基本格局。在这一格局下，单位占主导地位，单位之外的城市社区是不存在的。因此，当面临形成城市社区的需要时，城市的基层自身既没有进行社区建设所需要的历史文化和制度的积淀，也没有现实中可以直接应用的人力和物力资源。因此，相对于城市社区的形成、发展和相应的管理模式的构建，在西方主要国家是一个历史悠久的自然的发展过程而言，在我国，从已经展开的城市社区建设来看，虽然城市社区建设的最终目标是形成群众自我管理的新型社区，社区建设主体是群众，但社区建设基本上都由政府发动，政府在建设中从人员、经费等全方位支持，政府对整个建设全面负责。这样，已开展的城镇社区建设基本上都是政府主导型，所形成的也就是非原生型的城市社区。

第二，当前我国正在开展的城市社区建设，是我国政治、经济和社会体制改革走向深入的迫切要求，在更深的层次上，是建构国家与社会良性互动的新型关系，因而对我国计划经济体制下所形成的国家与社会的关系而言，也就包含着打破以往政府直接以行政命令的方式管理基层社会，调整和转变政府城市管理职能，把属于社会的权力逐渐还原于社会的基本内容。然而如上所述，由于历史的原因，不存在的或正在形成中的城市社区不可能在较短的时间内接纳和履行好这些职能。因此，从政府职能改革的角度看，政府必须积极创造条件，并在相当程度上直接参与，推动城市社区建设，通过这一社区建设以形成新型社区，最终形成城市基层群众自我教育、自我服务和自我管理的基本格局。显然，这一特定条件和需求的存在，决定了我国的城市社区是在外来力量启动并推动下逐步形成的，是一种非原生型的城市社区。

所以，现阶段我国的城市社区建设，相当程度上是非群众自发性的建设，而是政府主导下的建设，是政府主导下的社区形成，通过这一过程而形成的城市社区，是非原生型的城市社区。

其二，城市社区建设的目标。

当前我国广大城市正在开展的社区建设的基本目标，就是最终形成城市基层社会管理的新模式。由于这一城市社区建设特定的动因和性质，决定了这一新的管理模式包含着两个基本的内容。

一是形成城市社区自治或城市基层社会群众的自我管理模式。

即社区建设，就是要在党和政府的领导下，依靠社区广大群众的积极参与，利用社区资源，强化社区功能，解决社会问题，促进社区政治、经济、文化、环境协调和健康发展，不断提高社区成员生活水平和生活质量，最终，构建城市基层社会居民自治的新模式，使社区变成城市居民依法实行自我教育、自我服务、自我管理的具有自主性和能动性的新型社区。

二是形成政府社会管理（政府在城市的行政管理）的新方式。

众所周知，我国在传统的计划经济体制下，政府在城市的行政管理，是由政府全面负责并以行政命令手段，通过单位进行直接管理的，而随着社会经济的发展和变化，这种管理体制和方式无论是从管理资金和人员的投入，还是从管理的灵活性来看，都难以应对城市基层社会的变化和满足公众日益增长的多样的公共需求。

当今世界范围内政府管理改革的一个基本趋势，是政府十分注意职能输出方式即行政方式的改革，其基本特点是政府在明确自己管理的职能后，主要将精力集中于相关公共政策的制定和监督，而将可操作性的尤其是直接面对公众的公共事务，通过一定的方式交由非政府组织或准政府组织承担，也就是将可以由社会自行解决的事务交由社会自行解决，这就是当代公共管理的社会化。显然，从中国政府改革的进程看，社区建设实际上是政府推动建立市场经济，改革经济管理方式后，所进行的以推动社区建设为内容，调整政府社会管理方式的又一次政府管理改革。因而从政府管理改革的角度看，自我管理、自我教育和自我服务的社区建设目标同时也是政府新型社会管理方式的表达，因而新型社区的形成，也就是政府对社会事务管理改革的成功。社区建设，是政府城市管理改革中公共事务管理社会化的要求和表现。

可见，社区建设的目标从社区自身和政府改革的不同角度看有各自特定的内容或方面，而这两方面的内容是同一个事务发展过程即社区建设过程的同一结果，是一个事物的相互联系的两个侧面，是政府城市社会管理改革和社区自治建设的合一。认识到社区建设目标的这一丰富内涵，将有助于社区建设的开展。

三

正因为我国当前城市社区建设的特定的动因、建设的特点和社区的形成方式，以及社区建设目标的丰富内涵，因而正确认识和处理好政府与社区建设的关系，是推进社区建设并达到最终目标的至关重要的问题。从政府参与社区建设的角度看，政府必须注意以下问题。

其一，充分认识政府在城市社区建设中的地位与作用。

从当前我国城市社区建设的实践看，建设主体是广大社区群众，目标是形成基层群众的自我管理，并通过这一群众自我管理的形成保证政府公共事务管理的社会化，但必须充分注意的是，在这一社区自治管理形成过程中，社区建设基本上都是由政府发动的，社区建设的基本规范是政府确定的，并且，政府在建设中从人员、经费等各方面对社区建设进行全方位的支持，政府对整个建设全面负责，如在社区建设时使居委会真正成为社区群众的自治组织需要一个过程，完结这一过程需要政府，培育社区中介组织需要政府，提高群众的素质的过程也不能离开政府，等等。这种情况，在多民族的、经济相对落后、群众整体素质相对较低的西部地区表现得尤为突出。当代中国非原生型的城市新型社区的形成过程中，政府具有举足轻重的关键地位，即政府是社区建设的启动者，政府是社区组织建设的协助者，政府是社区公共财政形成的主要支持者，等等。可以说，社区建设如果没有政府的主导和推动，其建设就难以展开和进行；如果没有政府的参与，其建设就难以完成最终目标。

无疑，当前中国正在进行的城市社区建设，是一场政府主导型的社区自治建设，政府对这一建设的推动、介入直至在最终管理模式形成中特定的作用和地位是不可缺少的。因此，政府尤其是地方基层政府必须积极主动地参与到社区建设过程中。实际上，面向基层，管理好社会公共事务就是地方政府最为基本的社会管理职能，而积极推动和参与城市社区建设，促进城市基层群众的自我管理，实现政府公共事务管理的社会化，正是政府社会管理职能在当代中国城市社会管理中的具体体现。一句话，推动和积极参与城市社区建设，是当代中国地方政府的一项基本而重要的任务。

其二，必须树立起城市社区建设是一个过程的思想，以最终形成新的政府城市社会管理模式为目标，建立以公共管理社会化为取向的目标体系，参与和推动城市社区建设。

虽然在当前的城市社区建设中，政府必须参与其间，从人力、物力和财力等方面全面投入，但是，这并不意味着政府要取代群众进行建设。因为，城市社区建设，是“在党和政府的主导下，依靠社区力量，利用社区资源，强化社区功能，解决社区问题，提高社区成员的生活质量，促进社区经济、政治、文化、环境的协调健康发展的过程”，建设的主体是基层群众，政府的责任在于启动、引导、推动。而从政府的角度看，城市社区建设过程实际上是政府社会管理职能及方式的改革过程，相对于传统的社会管理模式而言，这是一场政府以公共管理社会化为目标而发动的以自己为对象的改革，是政府通过职能的重新定位和管理方式的改革，从积极倡行、介入、推动社区建设，到积极退出社区某些具体管理环节的改革过程。若非此，必然会从引导和推动并最终形成城市基层社会群众自治的目标设计，走向一种行政导向的建设，而这种不自觉地向行政导向的发展，仅从政府的角度看，也使政府管理的成本不降反升，与政府社会管理方式改革的初衷和社区建设的最终目标明显相违。

因此，面对各有要求、各具特色的城镇社区建设，政府必须从公共管理社会化出发，树立起改革是一个过程的思想，对任何一个具体的社区建设，都必须以公共管理社会化为取向，建立起由若干分阶段的建设目标组成的改革目标体系，如此，方能使城市社区建设最终达到预期的目标。

城市社区建设的阶段和阶段性目标，可以大致作如下划分：

第一个阶段，政府利用自己的经济和社会管理职能，解决转型社会带来的各种负面问题，初步建构起适应社会主义市场经济需要的政府主导或领导下的社区管理体制和运行机制，相应地政府的目标定向主要在于启动社区建设和发动社区建设。

第二个阶段，是在政府和社区关系得以逐步理顺的情况下，政府的职能和社区的功能得以发挥的基础上，政府参与是为了推动社区建设的发展和向社区提供强而有力的资源和政策支持，政府的目标定向主要在于引导，政府参与社区建设要在有关法规和规定的范围内活动，社区建设也是在政府的引导下进行的。

第三个阶段，是在政府和社区关系得以确立的前提下，社会转型基本实现，已不再是社区建设的主要制约因素，政府对社区建设的参与侧重于法规上的参与，是为了社区的自治、实现社区建设的各项目标而参与社区建设的，因而其目标定向在于维持并保障社区自治，政府的功能也主要是向社区提供服务，政府不再干预社区的具体事务，政府和社区之间的平等关系得以确定，这样也就标志着具有中国特色的社区运行体制已经形成。

其三，针对城市社区建设是一个动态的发展的过程的基本思想，确立政府职能的阶段性配置和输出的思想，逐步确立起政府社会管理的新方式。

所谓政府职能，就是政府依法对社会生活诸领域进行管理的职责和功能，通俗地说，也就是政府“干什么”；而政府职能的输出方式，即政府的行政方式，通俗地说也就是政府如何完成自己的职责，“如何干”。显然，由于城市社区建设是一个动态发展的过程，政府参与和推动城市社区建设是一个以最终实现公共事务社会化管理的分阶段的目标体现的过程，因而政府社会管理职能及职能输出方式的改革也就是一个逐步的变革过程。因此，针对不同社区及社区建设的不同阶段正确界定和并能动态地处理政府与社区建设的关系，以公共事务管理社会化为终点，正确而适时地进行阶段性的职能配置，确定相应的职能的输出方式、强度等，对城市社区建设和管理的成败起着至关重要的作用。

与上述当前中国城市社区建设大致分为三个阶段及阶段性目标相适应，我们认为这一政府职能的阶段性配置及相应的职能输出方式，基本内容可作如下的分析：

启动阶段。政府在这个阶段，要大力地支持社区建设，要发动各个方面的力量参与社区建设，要让社会各界知道社区建设的必要性和重要性。为此，就必须加大政府的推动力度，参与方式较为直接，管理比较具体，如宣传、发动，乃至直接参与社区的组织建设和公共财政体制的建设等都是行之有效的方法。

发展阶段。在这个阶段，社区建设的各项工作已经展开，社会得到一定的发展，街居基层组织与社区成员在服务和管理层面的合作关系已初步形成，社区中的社会因素明显增长，相应的，政府在这个阶段的推动主要是制定政策，并转变社区管理方式，变直接为间接，微观为宏观，为此政府就要合理分权和放权，即上级政府向下级政府分权，各职能部门向社会放权。这样政府的推动主要在于规范性政策的提供，以及相应的资源支持，社会管理方式较为间接和宏观。通过这一阶段，社区和政府的关系可以基本确立，社区建设有了很大的进展，居民的社区意识得到加强，政府的社区管理体制和运行机制已基本形成。

成熟阶段。在这个阶段，社区和政府的新型关系已经确立，形成了较强的社区组织体系，街道办事处和居委会相对分离。政府对社区建设的推动主要是依照法律对社区进行服务和管理，以保障社区的自治，这样也就标志着政府自身改革和社区自治目标的实现，政府对社区建设的推动主要是依法推动，其推动方式已不再是行政的直接管理方式，而是以法律和经济为主的间接的宏观的社会管理方式，政府已从具体的社区管理中脱身，社区的自我管理、自我服务、自我教育和自我约束已实现。

总之，政府参与社区建设的过程是一个动态的发展的过程，政府在社区建设的不同阶段具有不同的推动建设的具体目标。在这一过程中，政府和社区相互促进，相互推动，共同发展，从而建立起中国城市基层新型的管理体制和运行机制，政府和社区的关系也随着目标体系中各个目标的逐一实现而逐步规范。所以，城市社区建设过程是政府与社区新型关系确立的动态过程，是新型社区的运行机制逐步形成的过程，而从政府社会管理方式的改革看，这也就是政府新型城市管理方式的形成过程。

四

从群众参与城市社区建设，作为城市社区建设主体的角度看，当前城市社区建设的基本内容主要有六项，即社区组织建设、社区服务、社区卫生、社区文化、社区环境和社区治安。其中，社区组织建设是整个社区建设的关键。

一般来说，社区中的组织，应包括群众性的自治组织、社区志愿者组织、社会中介组织和市场经济组织等。功能是组织的表现，组织是功能的依托。要完成好社区服务等五项工作，必须有相应的组织，因而社区组织建设必须对这些类型的组织进行建设。不过，从最终必须建成群众依法进行自我管理、自我教育和自我服务的社区建设的目标，从社区建设首先必须将群众组织起来，让群众积极参与建设来看，在这些组织中，最为重要的是群众自治组织的建设。实际上，我们所说的社区组织建设是整个社区建设的关键，其含义更主要的是指通过建设群众自治组织等，为社区建设提供组织保证，推进社区的建设。相当程度上，社区组织建设就是组织体系的建设，是创建新的社区管理体制。

进行社区组织建设，其基本内容是相应的组织职能定位和机构的设置，以及工作机制的安排、队伍的建设等。从社区的角度看，这一建设中包含并需要处理好社区与政府、社区与社区成员、社区与社会服务机构之间的关系。在国内已进行的社区建设试验中，沈阳、上海等地在这方面进行了积极的探索。如沈阳的具体做法，是在科学地对社区进行定位和划分的基础上，以“社区自治、议行分离”为原则，进行社区组织体系的建设。这一组织体系，包括决策层、执行层、议事层和领导层。决策层为社区成员代表大会，由社区居民和社区单位代表组成，定期讨论决定社区重大事项；执行层为社区管理委员会，它与规模调整后的居委会实行一套班子、两块牌子，由招选人员、户籍民警、物业管理公司负责人组成，对社区成员代表大会负责并报告工作，职能是教育、服务、管理和监督；议事层为社区协商议事委员会，由社区内人大代表、政协委员、知名人士、居民代表、单位代表等组成，在社区代表大会闭会期间行使社区事务的协商、议事职能，有权对社区管理委员会进行监督。领导层为社区党组织，即根据党章规定，设立社区党委、总支和支部。这些改革，无疑还有需要完善之处，甚至一些具体做法人们也有不同的意见，但其改革的大方向是正确的，许多具体的做法为社区体制的建设提供了借鉴和参考。

从已有的试验区的建设来看，进行社区组织体系的建设，必须紧紧围绕将社区建设成群众依法自我管理、自我教育和自我服务这一社区建设的最终目标，从积极保证和体现社区群众的民主自治性和广泛参与性出发，着重抓好下述工作。

第一，理清街道办事处与社区组织的关系，对社区组织的责权予以准确定位。

社区组织责权的准确定位，即社区组织应该干什么和可以干什么，这是社区民主自治性质的要求和体现。长期以来，居民委员会作为城市基层的最主要的群众自治组织，实际上成了政府的一个纯粹的行政办事机构，而没有体现出其应有的责权。因此，在当前的社区组织建设中，首先必须将社区组织建设与街道办事处的改革作为一个整体来考虑，明确街道办事处与社区群众组织之间是指导与被指导，而不是直属的行政领导关系。

理清街道办事处与社区组织的关系，使社区组织责权的科学定位，以及具体的组织机构的科学设置成为可能。从已进行的一些试验区的情况看，比较有启发和可行的是将这一社区组织的职权明确为三权，即社区自治权（包括民主选举权、社务决策权、日常管理权、财务自主权、内部监督权等）、社区协管权（即必须由社区协助政府管理并由公共财政保证的责权）、社区监督权（主要是对政府有关部门、街道办事处及工作人员，对公用部门和物业公司，以及对社区内党员干部的监督和评议权）。

第二，抓好社区党的组织建设，充分体现党的领导，发挥党在社区建设中的主导作用和促进作用。

当代中国的城市社区建设，相当程度上是在改革开放后经济发展与社会转型全面推进的背景下，由政府提出并予以推动的。因此，对处于执政党地位的中国共产党而言，如何充分体现党对社区建设的领导，发挥党的主导作用和促进作用，是一项富有时代特征的政治任务，是落实“三个代表”的必然要求。而党之所以能成为社区建设的领导核心，在社区建设中具有主导作用和促进作用，根本上是由党的基本性质，党的群众工作优势与社区建设方向的一致性，以及执政党的政治权威所决定的。

体现和发挥党在社区建设中的作用，必须以抓好社区党的组织建设为保证。为此，一方面必须突破原有的党的基层组织依托单位和地区两个系统的格局，逐步建立统一于社区党委或工委下的社区空间中的基层党组织，并构建社区内各类基层党组织的横向联系网络，培养高素质的党的社区工作者队伍。另一方面，必须始终坚持好党的领导和促进作用的实现方式和原则，即党的领导、主导和促进作用，是对社区建设的方向进行政治上的引导和组织的保证，是动员广大群众参与社区建设，是对社区能否实行群众自治进行监督。

第三，必须加强居委会建设，尽快落实居委会作为群众自治组织的法律地位。

社区组织体系建设的核心无疑是属于管理层面的群众自治组织的建设。虽然目前对社区建设中的新型群众自治组织是否应是居委会有不同意见，但我们认为，由于居委会作为群众自治组织有法律依据，法律所规定的居委会的性质、职能，与当前社区建设对群众自治组织的要求是吻合的，而且，由于城市居委会自20世纪50年代成立以来，已成为城市基层管理的一个基本组织，有了相对健全的机构和一大批干部，是当前进行社区建设的宝贵的组织资源。因此，必须加强居委会建设，落实其作为群众自治组织的法律地位，使之成为社区中新型的群众自治组织。

现阶段绝大多数城市在加强居委会的建设中，多采用下派干部、提高居委会干部的待遇、加强对居委会的经费投入等方式，这在目前条件下是有积极意义的。但从社区建设的最终目标看，更为基本的，还必须根据居委会组织法的有关法律规定，从居委会的选举程序、成员资格、权责利，以及从完善公共财政体制等方面入手加强建设工作。同时，作为真正群众自治组织的居委会建设的目标的实现，相当程度上还与社区成员对社区事务的参与密切相关。社区成员的参与是目前社区建设中一个极为薄弱的环节，而参与程度的提高既需要进行更深入的动员，更需要经济改革的深入。因此，总体上看，建成真正的作为群众自治组织的居委会将伴随一个长期而艰苦的改革过程，对此必须要有充分的思想和工作安排上的准备。

街道办事处：历史变迁与改革趋向*

陈家喜 刘 军

街道办事处是市辖区人民政府的派出机关。作为城市的基层政权组织，它是政府与社会及人民群众相互联系的桥梁和纽带。通过对街道办事处的历史变迁和改革趋向的考察，有助于稳定基层政权、推动城市社区建设和各项事业的发展。

一、历史变迁

1949年，新中国成立，人民政府废除了保甲制，继以街道为基层单位，以加强城市政权和城市管理工作。但因为当时没有统一的法律根据和组织形式，各地街道组织的名称、地位有很大差异。当时全国各城市的街道组织大致有三种类型：一种是设街政府，为城市基层政权，如武汉市、大连市、郑州市、太原市等；一种是设街公所或街道办事处，为市或市辖区的派出机构，如上海市、天津市以及江西、湖南、广东、山西等省的一些城市；一种是“警政合一”，在公安派出所内设行政干事或民政工作组，承担救济、调解、教育工作，如北京市、重庆市、成都市[1]。可见，当时街道办事处的工作主要是民政与户籍管理。

1954年12月，第一届全国人大常委会第四次会议正式通过了《城市街道办事处组织条例》（下文简称《条例》），以法律形式统一并确定了城市街道办事处的性质、任务、作用。《条例》规定：街道办事处是市辖区或不设区的市的人民委员会的派出机关。街道办事处的任务是：办理市、市辖区人民委员会有关居民工作的交办事项，指导居民委员会的工作，反映居民的意见要求。街

---

* 本文发表于《城市问题》2002年第6期。

道办事处设专职干部3~7人，其中包括妇女干部1人。

《条例》颁布之后，1955年全国各城市都普遍建立健全了街道办事处组织。但随着1958年开始的“大跃进”和人民公社化运动，城市开始建立人民公社。天津市鸿顺里街道率先成立了全国第一个城市人民公社，紧接着天津市把103个街道办事处合并成57个城市人民公社。自1958年6月至1960年3月底，全国25个省、市、自治区共建立598个城市人民公社。大多数城市人民公社建在街道层面，少数建在区一级。街道管辖范围扩大，并且实行由公社党委领导下的“党政一家”、“政社一家”的管理体制，成为市、区以下的一级政权组织，实际上取代了街道办事处。当时的城市人民公社的首要任务是在辖区内组织生产大协作，其次是发展社办企业和集体生活福利事业。然而，由于辖区内一些国营企业行政级别高于街道，街道无法对其领导，因而这一任务实际上无从执行[2]。直至1962年后，各地才恢复“街道办事处作为国家政权机关的重要组成部分”的地位，城市人民公社才又恢复为街道办事处。

1966年5月，“文化大革命”开始。1967年1月后，各地街道办事处相继被造反派夺权。1968年，街道办事处被改名为“街道革命委员会”，并建立街道党委，实行党的一元化领导。当时，街道革命委员会下设政治组、居民组、企事业组、文教卫生组、人防办公室、查抄办公室等，统管党、政、财、文大权，权力范围空前扩大。街道革委会的任务主要是“以阶级斗争为纲”，对资产阶级进行全面专政。其他任务还包括：①动员居民到农村安家落户和知识青年上山下乡；②民兵训练和征兵；③处理查抄物资；④组织、管理生产和服务工作。当时辖区的医院、商店、中心学校也归街道革委会管理。可见，当时街道革命委员会成为“阶级斗争”和“群众专政”的工具，主要的工作便是搞外调、抓清队、查户口[3]。

“文革”结束后，1978年，全国人大五届二次会议通过的新宪法，撤销“街道革命委员会”，恢复了街道办事处。1979年的《地方各级人民代表大会和地方各级人民政府组织法》，重新确立了街道办事处的性质。1980年全国人大常委会重新公布了1954年的《街道办事处组织条例》，再次明确街道办事处是市或区政府的派出机构，并将街道党委、街道办事处、街道生产服务联社分开，宣布街道办事处的工作由民政部管理（“文革”前归内务部管理）。区政府各职能部门在街道的派出机构有：工商所、粮管所、房管所、派出所、环卫所、菜场和卫生院。20个世纪80年代中期前，这些部门与街道办事处基本上是各自为政，即“条块分割”。区政府的政策实施主要通过各职能部门，然后由各局传达到街道各所。街道办事处只是做一些辅助工作，比如宣传和动员，以及随税务人员和工商人员进行检查等[4]。

二、现状分析

20世纪后期改革开放的20多年来，街道办事处虽然在性质上没有大的变化，但其人员构成、机构设置和职能权限却发生了巨大的变化。

首先，人员构成上。1954年《条例》规定，街道办事处工作人员一般在3~7人。80年代初一般为40人左右，而现在则远远超过这一规定。据统计，工作人员在50~180人的街道办事处最多，特别是在大城市，街道办事处的人员基本上不低于100人。

其次，机构设置上。1954年《条例》只是规定每个街道设主任1人，干事若干人，必要时可设副主任1人，街道一般不另下设机构。“文革”期间，作为一级政权的街道办事处，曾下设若干机构，服务于“阶级斗争”和“群众专政”。现在，街道办事处一般设立如下机构：一是街道党委（或工委），由书记、副书记组成，下设组织科、宣传科（精神文明办公室）、纪律检查委员会、党委办公室、团委、妇联、工会、武装部和老干部办公室等部门。二是街道办事处，由主任、副主任组成，下设行政办公室、民政科、居民科、城建科、司法科、综合治理办公室、社区服务办公室、文教科、计划生育科、劳动科（劳动力管理统计科）、财政科等，有的地方还设市场中心（原市场科）和城管大队（原市容所）。三是集体经济组织，如街道联社、劳动服务公司、街道福利生产企业等。

再次，工作范围上。1954年《条例》规定街道办事处有三项任务：办理市、市辖区人民委员会有关居民工作的交办事项，指导居民委员会的工作，反映居民的意见要求。但是，目前街道的工作任务远远不止这些。据统计，80年代中期以来，杭州市和西安市的街道办事处任务已拓展到了70~80项，天津市各街道办事处的工作任务多达30多个方面100余项，北京市部分街道办事处的工作任务有120~140项。这些任务大致分为以下几方面：①发展、管理街道经济；②管理城市工作；③民政工作；④社区服务工作；⑤人口管理；⑥社会治安综合治理；⑦社会主义精神文明建设；⑧行政管理的责任及办理区政府交办的有关事项；⑨指导居民委员会的工作，反映居民的意见和要求。

然而，目前街道办事处在组织规模和职责发生重大变化的同时，权力却没有相应地增加，导致街道办事处普遍存在“责大权小”的问题。以下因素影响了街道行政权力的有效行使。

第一，“单位体制”运行和“单位意识”的存在大大影响了街道办事处的权威性。1949年以来，国家成功地对整个城市社会单位化，使得单位成为国家控制社会的基本单元。一方面，单位向其成员提供工作、医疗、福利、养老、教育等，使得单位成员对单位产生了强烈的依附感。他们只承认是本单位成员，只接受本单位管理，而没有意识到自己还是所属街道居委会的管辖对象。另一方面，相当一部分单位领导仅仅从行政级别的角度看待本单位与街道办事处的关系，只要自己单位的行政级别不低于街道办事处，就不愿意承担街道办事处布置的工作，不愿服从街道办事处的协调、监督。

第二，“条条”管理体制大大限制了街道办事处的权力。与“单位体制”相一致，许多城市政府一直沿用“条条”（部门）管理为主，“块块”（街道）管理为辅的社会管理方式。由于主要资源和主要权力都由“条条”拢着，区一级公安、房管、工商、税务部门等等都在街道一级设有直属机构。这些机构从各自部门的角度出发，接受、完成所属部门领导下达的任务，街道办事处往往没有足够权力协调与它们的关系。

第三，街道立法严重滞后，大大影响了街道办事处充分发挥其正常的职能。就全国而言，目前为止，关于街道的基本法规仍是1954年颁布的《城市街道办事处组织条例》。按照《条例》规定，街道办事处对辖区内单位和部门没有协调权，当然更谈不上管理权[5]。

因此，街道职责和其享有的权利很不相称，街道办事处的改革势在必行。

三、改革趋向——“第三级管理”

在我国，大中城市（即除去县级市以外的城市）的城区权力体制是两级制即市政府和区政府，街道办事处是区政府的派出机构。

在街道体制的改革过程中，有学者主张：一是把街道变成一级政府，实行“两级政府（市、区），三级管理（市、区、街）”的城市管理体制；二是在继续维持街道办事处的派出机关性质的前提下，扩大其职能，使其行使一级政府的职能；三是取消街道办事处，地市辖区划小，由区政府直接指导居民委员会，彻底实行“两级政府（市、区）两级管理”的体制。

可以说，这三种主张都有不足之处。首先，将街道办事处变成一级政府，势必会增加行政管理层次、人员编制和财政开支。其次，扩大街道办事处权限，虽然有必要，但要让其发挥一级政府的权限却无法律依据。因为在我国，各级政府的行政权是由同级国家权力机关即各级人大及其常委会授权，并接受其监督。让街道发挥一级政府的权限，而其权力却源自上级政府（区政府），与我国现行的政治体制相违背。第三，撤销街道办事处，更不可行。现在的城市政府，特别是在一些大城市，面临的管理事务和管理对象特别繁杂，单靠区政府远远无法应付。

实践中，上海市自1994年开始，积极探索“两级政府（市、区）、三级管理（市、区、街）”的街道体制改革的新思路。1997年1月15日，上海市第十届人大常委会正式通过了《上海市街道办事处条例》，以立法的形式确认了第三级管理即街道管理的体制。

“两级政府，三级管理”中的两级政府指的是市、区两级政府，三级管理分别是市、区和街道三级行政管理。“两级政府，三级管理”体制的重点是政府在街道所进行的第三级管理。其核心是推动市、区两级政府及有关职能部门的权力下放和分权，以街道办事处为主体，强化政府在街道层面即第三级的行政权力和行政职能。基本内容如下：

第一，按照“条块结合、以块为主”的方针，加强街道办事处的综合管理和协调管理的权力与职能。如部分城区规划参与权；属地管理权，对环境卫生、社会救济、计划生育等事务的直接管理权；综合协调权，协调辖区内的治安、工商、税务、房管、环卫、医院等机构；并可召集辖区内有关单位参加的社区联席会议，商讨协调社区建设事项。

第二，在将综合管理的事权下放给街道办事处的同时，把专业管理的权力下放给职能部门的派出机构，并建立街道层面的专业机构的对应机构。如公安派出所、工商所、环卫所、房管办、税务所等，以加强政府职能部门在街道的专业管理。而街道办事处和区政府职能部门对专业派出机构实行双重领导制。如对公安、工商等专业派出机构负责人的任免会签制，街道办事处享有“一票否决权”，由此强化街道办事处的行政权威。

第三，按政企、政事、政社分开原则，将区政府和街道办事处原来承担的一些社会服务性、经营性的事项，分别划归各专业服务机构和资产经营机构来管理，由此强化政府在街道层面的行政管理职能以提高行政效率。

第四，组建了由居民代表和单位代表组成的街道居民代表会议，对社区性的重要事项进行沟通和协商，听取意见和建议，接受监督。

第五，增加了街道财力。管理街道办事处联社、街道所属的工业、商业、服务业、建筑业等企业，管理在辖区内的各类市场，发展一些高科技项目[6]。

继上海市的“两级政府，三级管理”体制改革之后，1998年北京市也开始实行“两级政府，三级管理”的街道体制改革。改革的要点是：一是“一个确立”，即确立街道办事处对辖区管理负总责的地位，实质就是“以块为主，融条于块”的制度变革。二是“两个赋予”，即赋予街道办事处对职能部门派出机构的领导权或统筹协调权，对辖区内管理机构工作的监督权。原来实行双重领导的市容、房管等部门改由街道直接管理，而实行垂直领导的公安、工商、税务等部门，其工作要接受街道统一部署协商，人员任免须征求街道意见。赋予综合执法权，街道辖区内的环境卫生、园林绿化、违章建筑、无照经营、乱搭乱建等现象和执法由街道负责，对辖区内的施工扰民，污染源处理，街道有监督检查权。三是“三分开”，即实行政企分开，政事分开，政社分开。首先进行政企分开的工作，街道与街办经济实体脱钩，街道干部工资和经费开支统一由财政支付[7]。

街道建立了新的组织——“城区管理委员会”。委员会由街道办事处、政府各职能部门、辖区内各单位、居委会代表和居民代表组成，主任是街道党委书记或街道办事处主任。主要职能有：根据区政府的要求，研究制定辖区管理工作的目标、任务和发展规划，协调解决管理中的问题，对管理的重大事项提出建议和意见；管理委员会议定的事项，由街道办事处组织有关单位落实。

此后，重庆、杭州、石家庄、西安和成都等城市，也在逐步推进街道体制改革。而且，伴随着城市社区建设的开展和逐步深入，以“两级政府，三级管理”为基本内容的街道体制改革正在全国蓬勃开展。

以“第三级管理”为目标的街道体制改革与旧的街道办事处相比，至少具有以下优势：其一，加强了街道办事处的管理权限，初步理顺了政府在城市基层社会管理上的条块关系，有利于调动和发挥第三级管理——街道办事处的积极性和创造性，也有利于发挥政府职能部门在第三级管理上的专业行政效能。其二，有利于街道办事处整合和调动社区内各种资源，实现了政府、居民和社区内单位共建社区、发展社区的新格局。其三，有利于加强政府在社区管理第一线的人力、物力和财力投入，提高了政府的行政权威和行政效能。

四、结论

1. 关于街道办事处的变迁

新中国成立后至20个世纪80年代前，街道办事处的变迁很大程度上受到历次政治运动的左右，包括民主建政运动，“大跃进”与人民公社化以及“文化大革命”运动。更由于街道办事处处于最基层的地位，与其他行政组织如省政府、市政府和区政府相比，受到的影响和冲击也最大。

2. 关于街道办事处的改革

街道办事处改革动因的关键在于职权不相称。由于单位体制条块分割和街道立法上的滞后性，街道权限狭小。同时，伴随着城市发展和现代化程度的提高，企业改制，外来人口增加，以及区政府向街道转移了各项任务，从而使街道必须承担民政、司法、卫生、环保、人防、绿化、市容、交通、防汛、社区教育、计划生育、就业安置、人口登记、居委会建设和指导，各种达标竞赛和普查统计工作等繁杂的管理任务。为了消除街道办事处所面临的责大权小的这种尴尬局面，许多大城市开始了“两级政府，三级管理”的街道体制改革。

“两级政府，三级管理”的体制尽管在理论上和实践上具有重要意义，但是在法律上却名不正言不顺。因为，我国实行的人民代表大会这一根本政治制度，在立法和行政的关系上实行“议行合一”的原则，即行政权从属于立法权，各级行政机关的组成人员由同级权力机关选举产生。前者向后者负责，受后者监督。“两级政府，三级管理”的街道体制的改革之路在于一方面扩大了街道的行政管理权限，赋予其实际上的一级政府的权力，而同时又避免增加行政层级及相应的人员编制和经费开支。因此，街道办事处组成人员一般由区政府任命，而未由同级人大（并无此级人大存在）或“相当于”同级人大的机关产生，更谈不上从同级人大或“相当于”同级人大处获得权力委托，同样也谈不上执行同级人大或“相当于”同级人大的决议，对它负责，受它监督。这就不符合我国的根本政治制度。实践中，也易于产生权力失监、失控之虞[8]。在实际运行中，街道办事处这一级管理便缺乏相应的法律依据。

参考文献

［1］［2］华伟．单位制向社区制的回归——中国城市管理体制50年变迁．战略与管理，2000（1）：86－87.

［3］［7］夏建中．城市社区基层社会管理组织的变革及其主要原因——建造新的城市社会管理和控制的模式．江苏社会科学，2002（2）：167.

［4］朱健刚．城市街区的权力变迁：强国家与强社会模式——对一个街区权力结构的分析．战略与管理，1997（4）：46.

［5］唐忠新．中国城市社区建设概论．天津：天津人民出版社，2000：197.

［6］徐永祥．两级政府，三级管理：上海的经验与启示．社区发展论．上海：华东理工大学出版社，2000：162－164.

［8］浦兴祖．特大城市城区管理体制的改革走向——兼谈两级政府，三级管理之提法．转引自政治学文集网．

论城市社区建设中政府职能界定和实施的三个基本问题*

崔运武

当代中国的城市社区形成是一个有意识有目标的建设过程——城市社区建设，而在实践中基本表现为政府主导，即无论是在发达地区还是在欠发达地区，社区建设一般都是由政府发起、政府规划或参与规划，并由政府直接推动的[1]。因此，如何界定和行使政府职能，是社区建设中极为关键的问题。但是，随着城市社区建设展开，恰恰是在政府职能界定及实施这一关键问题上，诸多地区的社区建设实践不尽如人意，使得政府支持不力或包办过多（即一般所说的社区建设行政化），已成为城市社区建设中的较普遍现象，相当程度上影响了社区建设的深入。因此，必须正视这一现象，加强对社区建设中政府职能的研究，科学地界定政府职能，积极发挥政府在社区建设中的作用，推进社区建设走向深入。

一

全面把握当代中国城市社区建设的基本目标，是科学界定和实施社区建设中政府职能首先必须解决的基本问题。

当代中国城市社区建设的基本目标何在？目前，比较普遍的是从社区本身进行说明，认为社区建设的最终目标是要构建城市基层社会居民自治的新模式，使社区变成城市居民依法实行自我教育、自我服务、自我管理的具有自主

* 本文为作者所主持的2002年度国家社科基金规划项目："西部地区城市社区建设管理中的政府职能阶段性配置及输出方式研究"（批准号：02BZZ029）的阶段性研究成果。发表于《中国行政管理》2003年第8期。

性和能动性的新型社区。这种从社区本身着眼的观点强调了社区建设的社会改革目标，是十分重要的，但从社区建设本身所具有的丰富的内涵，尤其是从政府推动社区建设的角度看，却难说是全面的，特别是从发挥目标导向作用、引导正确界定并发挥政府职能、积极而科学地推动社区建设的角度来看，则更是不足的。

城市社区建设所涉及和要解决的问题是多层次多角度的：一是要解决随着经济体制改革的深入而产生的“单位人”开始向“社区人”转变所出现的相关问题；二是要满足公众自主意识、政治参与意识及能力逐步提高所产生的对更多更好的公共产品的需求和维护自身权益的需求；三是要解决在公共问题增加的背景下的城市管理问题。因此，社区建设的总目标的内涵是十分丰富的，并表现为由多方面的目标所构成的有机联系的目标体系。

其一，社区建设的总目标及基本取向。随着经济体制改革的深入和政治体制改革的展开，在国家与城市社会的逐步分离的背景下，当代中国改革的一个重要任务，就是必须在党的领导下，以政府为主导推动城市社区建设，从而发育起城市基层群众自治组织，培育出城市社会的自治“传统”，形成新型社区，解决城市社会转型和发展中公众所面临的基本生活保障和质量提高问题，亦是解决政府所面临的有关城市社会的公共服务、公共秩序等一系列公共管理问题。由于城市社会基层的群众自治组织与农村的村民委员会不同，它不是生产性经济组织和管理组织，没有也不可能全面取代原有的城市组织，因而建设社区主要是为城市管理提供一个新的平台，确切地说，提供一个新型的城市治理的制度平台，以便使各种公共的或私人的机构和个人在此通过逐步建立起来的合作、协商和伙伴关系，实施对公共事务管理。因此，参照有关论者关于城市社区建设实质的论述[2]，笔者认为对城市社区建设的总目标可做如下的表述：社区建设，就是要在传统单位制解体过程中对社会进行整合，重新建构一个以“社区制”为形式、以公众积极参与为基础、以公众为主体、以公共管理社会化为目标的城市治理体系。

其二，社区建设的目标体系构成。正因为当代中国城市社区建设的总目标是要最终形成城市治理体系，形成城市基层社会管理的新模式，因而这一总体目标必然包含着两个紧密联系的基本方面：

一是逐步形成城市社区自治或城市基层社会群众的自我管理。这一群众自我管理最基本的内容就是群众对社会公共事务的参与，因而其参与分为两个方面：一方面，是社区内自治服务的参与，即社区内的居民以民主选举、民主决策、民主管理、民主监督为基础所进行的自我服务、自我管理和自我教育；另一方面，又以社区内群众的自治组织作为基层政治与国家政治的联结点，以社区为基层民主政治的舞台，使居民能在此根据法律给予的权利对政府工作提出意见和建议，通过各种途径对政府关于公共事务管理的决策进行参与，对政府的公共管理过程进行必须的民主监督和制约。最终，构建城市基层社会居民自治的新模式，使社区变成以城市居民为主体，城市居民依法实行自我教育、自我服务、自我管理的具有自主性和能动性的新型社区。

二是通过社区建设形成政府社会管理（政府在城市的行政管理）的新方式。管理公共事务、解决公共问题，这是政府最基本的职能之一，而城市基层无疑是一个产生公共问题、解决公共事务最基本的领域。在城市公共事务增加的情况下，无论是从当代中国正在进行的以机构改革为基本内容的政府改革，还是从当代世界范围内公共管理社会化的基本发展趋势来看，城市基层管理任务的加大显然不能依靠不断地扩大政府机构去解决。因此，在城市形成新型社区之于政府城市管理而言，也就意味着政府城市管理改革。城市社区建设，就是政府通过推动城市社区建设，以形成新型社区为依托而进行政府城市基层社会管理方式改革，实现公共管理社会化的过程。这样，如果从中国政府改革的进程看，社区建设实际上是政府推动建立市场经济，改革经济管理方式后，进行以推动社区建设为内容，以自身职能的重新定位和职能输出方式的改革为目标而进行的社会管理改革，是政府发动的以自己为改革对象、以形成新型社区为改革保障的改革。所以，自我管理、自我教育和自我服务的社区建设目标同时也是政府新型社会管理方式的表达，新型社区的形成，也就是政府对社会事务管理改革的成功。

可见，社区建设的总目标及目标体系，决定了政府在社区建设中的角色定位和基本任务。这就是：政府在社区建设过程中所应做的，是以最终形成公共事务管理社会化为导向。可分为两个方面，即一方面，由于我国城市缺乏群众自治的传统，同时，也由于虽然经济改革深入确立了社会改革的方向并启动了社会改革，但现有改革成果又不足以推动社会自身自然地达到改革的预定目标，因而政府必然要作为社区建设的发动者、规划者和推动者，在深化经济体制的改革和政治体制的改革、以营造社区建设走向深入必须的基本条件的同时，又必须直接介入社区建设，积极推动和加强城市基层民主政治建设，扩大群众的参与，促进社区参与目标的实现；另一方面，政府又必须在社区建设中以最终形成城市治理体系为目标逐步调整自己的职能和行政方式，去除自己管不好也管不了的事，明确和加强自己在社区管理中应负的责任，最终与逐步形成的群众自治一起构成新的城市治理模式。

二

充分理解当代中国城市社区建设丰富内涵，准确而具体地把握社区建设中政府职能的基本内容，是科学界定和实施社区建设中政府职能必须解决的第二个基本问题。

所谓当代中国城市社区建设的丰富内涵，首先表现为社区建设是一个政府和城市群众为着共同的目标，政府为主导、群众为主体的城市治理体制的形成过程。由于社区建设的基本目标是形成新的城市管理平台，是落实于城市基层的群众自治为主，政府间接管理为辅的城市治理体系，这样，社区建设必然表现为群众自治的逐步发展并最终形成群众的自我管理，以及政府从积极倡行、介入、推动社区建设，到积极退出社区某些具体管理环节的过程，确立了群众自治的形成和发展在整个建设过程中居于核心的地位。因此，虽然现阶段政府在启动社区建设，并在人力物力等方面全面投入，但这并不意味着政府要取代群众进行建设。从基层群众自治发展来说，政府的责任在于启动、引导、推动。在社区建设中，政府是主导，群众是主体，城市社区建设，是“在党和政府的主导下，依靠社区力量，利用社区资源，强化社区功能，解决社区问题，提高社区成员的生活质量，促进社区经济、政治、文化、环境的协调健康发展的过程”。若非此，必然会失却社区建设目标的一个基本方面，并使政府管理成本不降反升，与政府社会管理方式改革的初衷和社区建设的最终目标相违。

其次，社区建设还表现为一个建设与管理互动，群众自治建设与政府城市管理方式改革并行，群众自我管理与政府社会管理有机结合的过程。作为一个有意识的城市新型社区的形成过程，进行有目的的建设就是要逐步形成城市基层管理体系。因此，建设的每一个步骤或行动，就是要提高群众自治意识和能力，形成相应的社区组织管理体系，构建新的管理平台并实施管理。而新的管理平台的形成，必然会进一步创造出达到社区建设最终目标必须的新的条件，进而推动新的建设的展开。社区建设，是一个通过建设形成新的管理，在新的管理基础上进行进一步的建设，建设与管理的互动过程。不仅如此，由于社区建设包含群众自治形成和政府新的城市社会管理方式形成两个基本内容，且两个方面紧密联系相互促进，因而有意识的城市社区形成，也就体现为一个群众自治建设和政府社会管理方式改革并行的过程。而且，由于现实中既存在市场失灵、政府失灵，也存在着社会失灵（如现代社会公民活动的空间是由法律确定并受法律保护的，社会自身对规模大的公共产品的提供无能为力等），因而社区建设就是一个协调政府管理与社区自治管理，构建一个两种管理有机结合的治理体系的过程。就此而论，无论是在建设过程中还是在最终管理体系中，任何要将政府管理排除于社区之外的社区建设都是错误的，而当前所谓的“政府导向型管理模式”、“市场导向型管理模式”和“社会导向型模式”的孰优孰劣的论争也显然是各执一端，失之偏颇的。

这样，当代中国城市社区建设的丰富内涵，决定了社区建设中的政府职能是引导、推动、服务和保障，既针对社区建设，也涉及社区管理，具体体现为如下的事宜。

第一，启动社区建设，规划或参与规划社区组织体系的建立。前者主要是指政府充分发挥政治权威，利用体制内的资源，使用包括直接和间接在内的一切手段，如运用媒体进行宣传，以及充分利用既有的街居体系乃至行政体制，发动、组织相关力量，使社会各界知道社区建设的必要性和重要性，让各个方面的力量参与社区建设。后者主要是指政府以公共管理社会化为取向，以形成新的城市治理体系为目标，来规划或与社区力量一起规划和建立至关重要的社区组织体系，同时，根据需要并依据一定的原则（如费随事转的原则），参与社区公共财务体制的建设等。

第二，深化经济体制和政治体制改革，理顺关系。即充分发挥政府在改革中的主导作用，深化改革，一方面加快“单位人”向“社会人”的转化，为群众逐步提高对社区建设的关注和参与打下必须的基础，另一方面适时打破政府及其派出机构——街道办事处与基层群众自治组织之间原来客观存在的行政隶属关系，根据社区建设目标对政府与社区关系进行重新定位，同时，调整政府职能，改革行政方式，简政放权，形成群众自治必须的空间并培育和管理好社会中介组织。

第三，通过建立一定的机制，把握好社区建设和管理的政治尺度责任。即在社区建设过程中，通过形成一定的制度和机制，如法律制度、有组织的思想政治教育体系等，保证社区建设及所形成的管理正确的政治性。这里的政治性，指通过社区建设所形成的社区组织及其管理一方面能保证所提供的公共产品的公平，另一方面是社区管理体系能执行党的基本方针、大政方针和国家的法律法规，与中国共产党在政治上保持一致性，同时，确保社区居民的各项政治权利得到落实，法律规定的各项义务得以体现。

第四，逐步建立和完善符合新型社区管理的法律保障体系。社区建设所要形成的新型城市社区是一个全新的事物，在这一以社区为标志的新的城市管理体系中，政府组织、非政府组织及企业性组织各自的地位、职责等法律法规都十分缺乏，尤其是关于这些组织运行的可操作性规定如政治性责任、社区经费来源及额度、社区基础设施建设等几乎更是空白。因此，随着社区建设的展开和深入，必须逐步形成和完善符合新型社区管理运行的法律法规体系。这其中，值得提出的是通过法律法规的制定倡导和体现社区管理的有偿服务理念。这一有偿服务分为两个方面，一方面是政府直接提供的社区大型基础设施，作为一种现代公共产品，不营利不等于不收费，需要进行成本补偿时可以是有偿的，特别是社会中介组织提供的服务，作为一种准公共产品在政府规定的价格空间内是可以收费的，这也是社会中介组织存在的必须；另一方面，社区自治组织等承担政府委托的任务时，除了政治上的必须和技术上可行外，还必须看经济成本，即法律应允许社区组织可以对不合理的任务提出相应的意见和要求。

第五，努力规范社区范围内的市场环境，加强市场管理。这里所说的市场，更主要的是指由社区物业管理、社区医疗服务、生活服务等构成的社区市场。必须引起高度注意的是，一方面，由于这些管理和服务所提供的是关系社区公众基本生活所需的产品，因而基本上属于公共产品范畴里的可以收费的准公共产品，从现代公共产品管理的基本要求出发，这些产品提供方式必然是政府管制下的产品提供，另一方面从治理的基本要求看，这些提供准公共产品的企业或非政府组织（社区中介组织等），也构成了治理体系的一个必要部分。因此，加强这一特殊市场的管理是政府的基本职责。

这一职责可分为两个方面：一是确立起这一特定市场管理的法律法规，规范市场秩序，这也是建立社区管理法律保障体系的一个基本而重要的内容。其中，特别要提出的是，长期以来，由于街道办事处和居委会与居民的关系是一种行政隶属关系，居民与管理组织之间处于领导与被领导的不对等关系，因而随着社区建设的开展，物业管理公司逐步成为这一准公共产品的提供者后，就需要政府通过制定相当的法律法规明确各方的责任和义务并倡导诚信精神和契约精神，同时进行必要的有力的行政干预，从而在市场经济的平等和诚信的基础上重新界定这一管理当事人之间的关系。二是作为这一特定市场的管理者，凭借权力，依据法律对市场运行进行直接的管理。

第六，建立社区管理从业人员的准入机制。社区管理从业人员是影响社区建设和管理效果的极为重要的因素，因而必须通过一定的机制和制度进行必要的选拔，以保证社区管理。现阶段，社区管理尚未成为一项专门的职业，社区管理从业人员通常是政府进行干部下派，或依靠自身的威信和能力进行公共选拔认定后，交由居民大会选举确定，即所谓“街聘民选”。应该说，这是社区建设中政府的一项基本职责。随着社区建设的深入，当社区管理逐步成为专门的职业后，相应的必须建立资质认证制度，而这一制度的公正与权威决定了必须是政府直接运作或政府宏观管理下的专业机构认定。

三

树立当代中国城市社区建设是一个阶段性发展过程的思想，努力确立以公共管理社会化为取向的政府推进社区建设的目标体系，形成必须进行政府职能阶段性配置的意识，是科学界定和实施社区建设中政府职能必须解决的第三个基本问题。

所谓当代中国城市社区建设阶段性发展的过程，是指社区建设是一个通过不同的发展阶段以最终形成新的城市治理体系，达成公共管理社会化目标的过程。形成新的城市社区是当前我国经济体制和政治体制改革走向深入的要求，但由于城市基层缺乏自治的传统及资源，以及经济体制改革现状下公众总体上缺乏自发地参与城市社区建设的动力——与自身利益息息相关的经济推动力，因此，这一社区难以自发形成，不能不构成由政府启动社区建设，政府从人力、物力和财力等方面全面投入来推动社区建设构局[3]。但即便如此，社区建设的目标仍然不会一蹴而就，而必然是一个朝向预定目标步步发展的过程。因为，社区建设既要发展城市基层群众自治，也要进行政府社会管理方式的调整，而群众自治意识和能力的提高是一个随着经济体制和政治体制改革深入而逐步提高的过程，政府社会管理方式的改革既是政府根据公共事务管理社会化目标主动进行的改革行动，改革目标的达成又需要公民社会的逐步发育作为保证。因此，社区建设客观过程必然是：随着整个经济体制和政治体制改革的深入，随着社区建设的展开，群众自治的意识和能力会一步步提高，社区组织建设和基础设施建设会一步步完善，相应的，政府职能及输出方式改革也会随着社区建设的深入而逐步到位，而这一步步深入的建设表现为一个个发展阶段。正是在这一阶段性的连续的发展中，社区自治逐步加强，新型社区逐步形成即达到社区建设的最终目标。

社区建设阶段性的客观存在，表明了社区建设过程是政府社会管理职能通过不同的发展阶段逐步变革的过程，是政府通过推进社区建设以最终实现公共事务管理社会化的阶段性目标逐步实现的过程，说明了要充分发挥政府在社区建设中的作用，仅仅依靠一个总目标进行导向是远远不够的。因此，政府必须针对社区建设的阶段性，以公共管理社会化为取向，制订出一个以形成新的城市治理体系为总目标的由若干分阶段的前后相续的目标组成不同的目标体系。

城市社区建设阶段性的存在，决定了在社区建设发展的不同阶段，不仅政府所要干的事不会完全相同，就是干同一件事的方式也不可能会因客观条件的变化而有所不同，即在整个城市社区建设中政府的职能及输出方式并不会始终如一。因此，针对社区建设的不同发展阶段正确界定并能动态地处理政府与社区建设的关系，以公共事务管理社会化为目的，正确而适时地进行阶段性的职能配置，确定相应的职能的输出方式、强度等，对城市社区建设和管理的成败起着至关重要的作用。

据此，政府推进城市社区建设的阶段性目标、职能及输出方式的一般情况如下。

第一个阶段：这是社区建设的启动阶段。政府利用自己的经济和社会管理职能，解决转型社会带来的各种负面问题，初步建构起适应社会主义市场经济需要的政府主导或领导下的社区管理体制和运行机制。相应地，这一阶段政府的目标主要在于启动社区建设和发动社区建设，所要干的事是发动各个方面的力量参与社区建设，要让社会各界知道社区建设的必要性和重要性，为此，政府职能输出力度很大，参与方式较为直接，管理比较具体，如宣传、发动，乃至直接参与社区的组织建设和公共财政体制的建设等都是行之有效的方法。目前，这一阶段已基本完成。

第二个阶段：这是社区建设的成长阶段。这一阶段，社区中的社会因素明显增长，相应地，新型社区组织体系基本形成，政府和社区关系逐步理顺。此阶段社区建设继续在政府的引导下进行，而政府推动社区建设的目标定位于引导，政府参与是为了推动社区建设的发展和向社区提供强而有力的资源和政策支持。政府在这个阶段所承担的责任和工作主要是制定政策和法律，并转变社区管理方式，通过合理分权和放权，即上级政府向下级政府分权，各职能部门向社会放权，从而逐步将基本管理方式从直接变为间接，从微观转向宏观。

第三个阶段：这是社区建设的成熟阶段。随着符合公共管理社会化取向的政府和社区关系的确立，新的城市治理体系基本形成。这时，政府参与社区事务的目标定位是最终实现社区建设目标，政府不再干预社区的具体事务，而要做的也逐步集中到对社区自治体系的运行进行保障和引导，并承担必须承担的某些直接的管理责任。

无疑，由于不同的社区建设原有的发展程度不同，因而需求有别、特色各异，相应的，社区建设的阶段性不可能完全相同，职能及输出方式也不可能处处一致。因此，把握社区建设阶段性及政府职能阶段性配置与输出的关键和价值，在于要真正明确社区建设是一场长期的改革，不可能通过一次社会动员或一场轰轰烈烈的群众运动一劳永逸，从而在实践中以公共管理社会化为取向，针对具体的情况扎扎实实地进行长期的科学的工作。

参考文献

［1］当前中国城市新型社区形成主要由政府发起和推动，社区建设是政府主导型的社区建设，这是目前基本的共识。参阅胡仙芝，曹沁颖．加强城市社区建设 实现社会和谐发展——“城市社区建设”研讨会综述［J］．中国行政管理，2002（7）．

［2］徐勇．“绿色崛起”与“都市突破”：中国城市社区自治与农村村民自治比较［Z］．新华文摘，2002（12）．

［3］崔运武．论当代中国城市社区建设的若干基本问题［J］．思想战线，2003（4）．

论当代中国城市社区建设的若干基本问题*

崔运武

城市社区建设，是当前我国正在进行的意义重大的改革。目前，这场改革已取得了令人瞩目的成绩，但随着改革的展开，也出现了一些亟待解决的问题，如政府对社区建设支持不够或是社区建设因政府包办过多而表现出行政化倾向，社区居民参与不足甚至不参与等等。在现实中，这些问题已成为影响和制约社区建设达到预定目标的症结所在。改革中出现的问题只有通过进行更深入的改革来解决。深化改革是一个系统工程，其中，一个基本的工作就是要结合正在进行的城市社区建设的实践，重新审视或充分认识当代中国城市社区建设的一些基本问题，从而使整个建设工作能以符合改革的特点和要求的方式展开，使改革走向深入。

一、当代中国城市社区建设的基本特点

当代中国城市社区形成的基本方式和特点，是社区建设中首先必须全面理解的基本问题。在现实中，城市社区形成总体表现为由政府发起并推动，有意识、有目的地通过一定的方式或手段形成规定样式的城市社区。因此，目前比较一致的看法是，当代中国城市社区的形成主要是非原生型的外力推动，其特点是在党的领导下、在政府主导下的社区建设[1]。但是，当代中国城市社区形成为何具有这一方式和特点，人们却大都视为当然，极少作深究，从而也就对社区建设的基本内涵、建设目标等较少理性的全面的把握，进而影响了社区建设工作的针对性。

* 本文发表于《思想战线》2003 年第 5 期。

笔者认为，当代中国城市社区形成的这一方式是经济社会改革的必然，反映着我国特定社会条件下城市社区形成的基本要求，具体体现在以下方面。

第一，现阶段新型城市社区的形成需要外力推动。

我国建立城市新型社区是一场深刻的社会改革，而这一改革的最初也是最基本的动力源自经济体制改革走向深入的要求，即随着以“政企分开”和“企社分开”为基本内容的经济体制改革的深入，传统的以单位为基本单元的城市社会结构开始发生变化。其结果一是非固定单位的成员愈来愈多；二是“单位人”开始向“社区人”转变，为此，必须形成一种新的不依靠政府和企业的城市社会的基层组织形式，即城市基层公众的自治组织，以承接企事业单位等剥离出来的社会职能。同时，也正是随着经济改革的深入和社会主义市场经济体制的逐步确立，公众的自主意识、政治参与意识及能力也逐步提高，从而一方面对更多更好的公共产品提出了需求，一方面需要以一定的组织形式对自己的正当利益予以维护。

但是，作为新型城市社区组织载体的城市群众的自治组织及其运行，在现阶段往往难以自发形成。其原因在于，虽然我国在1954年12月就颁布了《城市居民委员会组织条例》，规定了城市居民委员会属于城市居民自治组织，但在传统的计划经济体制下，城市居民是以单位为基本的社会组织，是以行政命令通过单位来组织社会生产和生活的，从而在国家或政府与社会的关系方面形成的是“强政府、弱社会”的基本格局。在这一格局下，单位占主导地位，居民委员会只由少数缺乏就业能力而未能进入“单位”的人组成，不仅处于边缘地位，而且高度依附于政府。单位之外的带有自治性质的城市社区是不存在的。这样，当面临形成新型城市社区的需要时，城市的基层自身既没有自发进行社区建设所需要的历史文化等方面的积淀，也没有可以自为地运用于社区建设的人力、物力资源和组织资源，从而难以自发地形成作为社区组织载体的自治组织。不仅如此，更为深层的原因还在于，现阶段公众总体上缺乏自发地参与城市社区建设的动力——与自身利益息息相关的经济推动力。单位制本身的“解体”是城市社区建设的基本动因，但现阶段单位的“解体”远没有完成。且不说大多数人的基本收入与社区无关，就是一般需要的满足更多还是依靠单位而不是社区，相应的，也就使公众参与社区事务缺乏了基本的动力，表现出参与严重不足。

这就是说，现阶段我国的经济改革与社会改革表现出一种互为前提的互动关系，即经济体制改革的深入需要建立新的城市基层自治组织，以便在保证公众基本生活需求的同时，使企事业单位真正实现“企社分开”，推动经济体制改革走向深入。然而现实是，经济改革确立了社会改革的方向并启动了社会改革，但经济改革的已有成果又不足以推动社会自身自然地达到改革的预定目标。因此，从改革发展的大趋势看，需要通过一定的力量和方式来加速改革的历史进程，即一方面继续推动经济体制改革深入，以提供社会改革更为充分的条件（如加快社会职能从企事业单位中的剥离），一方面以一定的方式和手段推动城市社区居民对社区事务的关注和参与，即社区形成表现为一个有目的的过程，这是推动整个改革的必然选择。

第二，现阶段城市社区建设的主要推动者必然是政府。

社区建设的一个基本内容是形成城市基层群众自治组织并进行自我管理，这是一个打破传统城市社会管理方式的新事物，因而就传统的城市管理来说，其成长的基本前提条件，就是政府必须打破以往直接以行政命令管理基层社会的方式，调整和转变政府城市管理职能，把属于社会的权力逐渐还原于社会，给城市基层群众自治组织发育以必须的空间。就此而论，政府显然不能置身于社区建设之外。不仅如此，同样重要的是，从另一个角度看，实际上随着经济体制改革的深入，城市中非单位成员的增加及大量的农民工进入城市，也打破了计划经济体制下形成的城市管理体制。这就在城市开始了国家与社会的分离，从而不可避免地一定程度上出现了社会的无序和失范，使城市管理在公共秩序、公共卫生、公共治安等方方面面临诸多新的公共问题。随着基层管理任务的大大增加，既有的城市基层管理无论是在体制上，还是在职能和管理人员素质等方面，都难以适应新的要求，政府城市管理改革势在必行。

管理公共事务，解决公共问题，这是政府最基本的职能之一，但无论是从当代中国正在进行的以机构改革为基本内容的政府改革，还是从当代世界范围内公共管理社会化的基本发展趋势来看，城市基层管理任务的加大显然不能依靠扩大政府机构、增加管理人员去解决，必须将应由社会自身解决的也是政府干不了的事，乃至属于政府应做但交由社会做可能成本更低、做得更好的事交由社会（即群众自治组织或中介组织）解决。因此，在城市形成新型社区的过程也就是政府城市管理改革的过程。然而如上所述，由于历史的原因，正在形成中的城市社区不可能在较短的时间内履行好这些职能，也难以马上适应政府以间接管理为主的管理改革，而社区建设的目标不能实现，政府在城市管理中的职能与方式的改革也只能是纸上谈兵。所以，在社区之外其他力量不足或不可能顾及（如企业）社区建设的情况下，掌握最充分资源的政府无论是从自身改革还是从整个经济和社会改革来看，都必须积极创造条件并直接参与、推动城市社区建设。

综上可见，当代中国形成新型城市社区建设的需要源自经济和政治体制改革的要求，而社会改革与经济体制和政治体制改革的互动关系，决定了社区的形成不可能是自发的。城市社区形成必然体现为在党的领导下，在政府的主导下，社区内外力量互动的有意识有目标的建设过程。

二、当代中国城市社区建设的基本目标

当代中国城市社区建设的目标，是在社区建设中必须充分认识的第二个基本问题。对这一问题，目前社会上普遍的看法是“社区建设就是社区服务”。这一看法无疑是不准确的。对此，有论者提出“社区建设的目标不能仅限于单纯的社区服务，而应该既有社区服务的目标，同时兼有政治参与的目标”，认为“只有将两个目标都重视起来，才能保证社区建设顺利的发展”。[2]但笔者以为，虽然后一种观点提出了社区建设要形成以基层民主为基础的群众自我服务、自我教育和自我管理，强调了社区建设的社会改革目标这一重要方面，但仍然不全面，其问题是在现实建设过程中难以充分发挥出目标的导向作用。

那么，当代中国城市社区建设的目标是什么？从以上对建设的基本规律及特点阐述中实际上已不难看出，这一建设所涉及和要解决的问题是多层次、多侧面的，其总体目标的内涵是十分丰富的，是一个在总体价值目标取向下由多方面的目标所构成的有机联系的目标体系。

就总目标而言，随着经济体制改革深入和政治体制改革的展开，在“一个自由自主的城市社会得以产生，并开始促进国家与城市社会的分离”的背景下，必须通过一定方式促进城市基层群众自治组织发育，培育出城市社会的自治“传统”，形成新型社区，解决城市社会转型和发展中公众所面临的基本生活保障和生活质量提高问题，解决政府所面临的有关城市社会的公共服务、公共秩序等一系列公共管理问题。由于城市社会基层的群众自治组织与农村的村民委员会不同，它不是生产性经济组织和管理组织，没有也不可能全面取代原有的城市组织，因而建设社区主要是为城市管理提供了一个新的平台，即新型的城市治理的制度平台。所谓治理，是指各种公共的或私人的机构和个人管理其共同事务的诸多方式的总和。它主要通过合作、协商和伙伴关系、确立认同共同目标等方式实施对公共事务管理，其实质是建立在市场原则、公共利益和认同基础之上的合作。参照有关论者关于城市社区建设实质的论述，[3]笔者认为对城市社区建设的总目标可做如下的表述：社区建设是在传统单位制解体过程中对社会进行整合，重新建构一个以“社区制”为形式、以公众积极参与为基础、以公众为主体、以公共管理社会化为目标的城市治理体系。

在最终形成城市治理体系这一总目标下，城市社区建设的目标体系包含着如下两个基本方面：

其一，不断加强城市基层民主政治建设，扩大群众的参与，形成城市社区自治或城市基层社会群众的自我管理模式。从社会发展的角度看，在城市基层社会群众自我管理模式中最为重要和基本的就是社区参与。社区参与目标可进一步分为两个方面：一方面，是社区内自治服务的参与，即社区内的居民以民主选举、民主决策、民主管理、民主监督为基础所进行的自我服务、自我管理和自我教育；另一方面，又以社区内群众的自治组织作为基层政治与国家政治的联结点，以社区为基层民主政治的舞台，使居民能在此根据法律给予的权利对政府工作提出意见和建议，通过各种途径对政府关于公共事务管理的决策进行参与，对政府的公共管理过程进行必须的民主监督和制约。最终，构建城市基层社会居民自治的新模式，使社区变成以城市居民为主体，城市居民依法实行自我教育、自我服务、自我管理的具有自主性和能动性的新型社区。

这里需要指出的是，要发挥出民主参与目标对城市社区建设的目标导向作用，必须对城市社区建设中的民主表现形式问题予以足够的关注。其原因在于，在当前的实践中，人们往往将城市社区建设中的居民参与同农村自治中的村民参与相对比，其结果不可避免地陷入在发现城市居民参与不足，但又找不到达成与农村群众同样参与水平的困境。这种不深入把握城市社区建设中居民参与特点而只是与农村进行简单类比的做法是不恰当的。因为，在当代中国，虽然城市社区建设与农村自治都要形成基层群众对自己事务的管理，并以自治组织为依托实现对公共管理过程的参与，两者民主建设的本质是一致的，但是，由于这两类自治组织在城市和农村的基层生活中具有不同的地位和不同的具体的组织目标，以及由此所产生的公众对自治组织及对基层公共事务不同的关注程度，从而使得农村和城市的基层民主有不同的表现形式：

——在农村，由于村庄公共事务和公益事业直接关系到村民的切身利益，且其中包括能获取何种基本生产条件和获得多少经济收入等问题，如承包经营权的获取，村集体经济效益的分配等，这就使得村庄公共事务和公益事业既受到村民的高度关注，同时也必须依靠村民的广泛参与来保证公平与公正，从而使村民处于主权者的地位。相应的，为保障这一主权者地位，在农村基层民主中形成了以一户一人、一人一票式为基本形式的村民委员会选举方式，以及以村民大会或村民代表会为基本形式的民主决策、民主管理、民主监督的运行机制。

——在城市，由于社区自治组织所涉及的社区公共事务目前基本上不涉及居民的经济收入，且由于现有的经济体制改革程度，直接关系居民切身利益的公共事务还处于发展中，因而居民对社区事务的关注远远低于村民对村务的关注。这样，现阶段比较普遍的是，社区委员会的选举基本上都是实行社区成员代表大会间接选举，社区干部实行招聘、考试与选举相结合且正在成为一种专门的职业（社区工作），社区事务决策通常不经成员代表大会而主要由社区居民委员会作出，没有召开过社区成员大会。这就是说，城市社区民主总体上表现出比较明显的精英化政治色彩和代议制的特点。笔者认为，虽然随着经济体制改革和政治体制改革的深入，以及城市居民民主意识的提高，城市居民对社区事务的关注程度会较之现在有很大提高，但正因为城市社区组织之于社区居民的特定关系，因而代议制将是城市社区民主长期存在的一个基本形式和特点。

其二，形成政府社会管理（政府在城市的行政管理）的新方式。城市基层无疑是一个产生公共问题，解决公共事务最基本的领域。在城市公共事务增加的情况下，根据当代公共管理的基本要求和我国现阶段城市基层社会的发育现状，政府需要以社区建设为基本平台，通过政府职能改革与社区自治发展的互动，促成政府新的城市社会管理模式的形成。因此，在城市形成新型社区之于政府城市管理而言，也就意味着政府城市管理的改革。如果从中国政府改革的进程看，社区建设实际上是政府推动建立市场经济体制，改革经济管理方式后，所进行的以推动社区建设为内容，以自身职能的重新定位和职能输出方式的改革为目标而进行的社会管理改革，是政府发动的以自己为改革对象，以形成新型社区为改革保障的改革。所以，自我管理、自我教育和自我服务的社区建设目标同时也是政府新型社会管理方式的表达。新型社区的形成，也就是政府对社会事务管理改革的成功。

必须指出，虽然总目标下的两个基本目标有各自的内容和侧重点，但在整个社区建设过程及社区形成后的社区管理中，却是相互联系的，甚至往往是同一职能涉及两个侧面。比如，现实中社区居民委员会通常要完成政府委托的任务，而这些工作虽然属于政府公共管理的范畴，但却是政府现有条件下干不了或干不好的，因而在特定的空间（公民社会领域内），必须交由公众以自治的方式解决。这在相当程度上也就将政府的公共事务管理转化为群众自己的自治管理，因而群众自治的形成需要政府职能的改革，而群众自治的最终形成也就意味着政府职能调整的完成。所以，社区建设是政府城市社会管理改革和社区自治建设的合一。认识到社区建设目标的这一丰富内涵，认识到政府在社区建设过程中所应做的事及其相互关系，将有助于正确界定政府职能，推动社区建设的走向深入。

三、政府应如何推动城市社区建设

实践与理论均表明，在当代中国城市社区建设中政府占有举足轻重的地位。因此，政府如何推动城市社区建设达到预定目标，实是当代中国城市社区建设中的必须着力研究的第三个基本问题。笔者认为，在这一基本问题上，达成以下认识是十分重要的。

第一，必须充分理解当代中国城市社区建设的丰富内涵，准确而具体地把握社区建设中政府职能的基本内容。

当代中国城市社区形成的基本方式和特点，以及所具有的建设目标决定了社区建设具有十分丰富的内涵，即社区建设是一个政府和城市群众为着共同的目标，政府为主导、群众为主体的建设过程；是一个建设与管理互动，群众自治建设与政府城市管理方式改革并行，群众自我管理与政府社会管理并举的过程。前者意指由于群众自治既是基层自我管理的依托，也是政府职能改革的保证。由于社区建设的最终目标是形成落实于城市基层的政府间接管理为辅，群众自治为主的新的城市治理体系，因而现阶段政府在启动社区建设，并在人力物力等方面全面投入，并不意味着政府要取代群众进行建设，而是要启动、引导、推动社区建设，因而在建设中必然是以政府为主导，以群众为主体；后者则指社区建设在于形成新的管理平台，而新的管理平台的形成必然促进社区建设的进一步发展。同时，由于管理公共事务是政府的基本职能，且由于客观上也存在“社会失灵”（如现代社会公民活动的空间是由法律确定并受法律保护的，社会自身对规模大的公共产品的提供无能为力、政府是维护公共安全最权威的最主要的主体等），因而无论是在社区管理平台的形成过程中还是在最终构成的社区管理体系中，政府都不能置身其外。

据此，社区建设中的政府职能是引导、推动、服务和保障，既针对社区建设，也涉及社区管理。具体体现为如下的事宜：一是充分发挥政治权威，利用体制内的资源，使用包括直接和间接在内的一切手段启动社区建设，以公共管理社会化为取向，以形成新的城市治理体系为目标，来规划或参与规划社区组织体系的建立。二是深化经济体制和政治体制改革，为群众逐步提高对社区建设的关注和参与打下必须的基础，并根据社区建设目标对政府与社区关系进行重新定位，调整政府职能，改革行政方式，简政放权，形成群众自治必须的空间并培育和管理好社会中介组织。三是通过形成一定的制度和机制，如法律制度、有组织的思想政治教育体系等，保证社区建设及所形成的管理具有正确的政治性，承担起把握社区建设和管理中政治尺度的责任。这里的政治性，指通过社区建设所形成的社区组织及其管理一方面能保证所提供的公共产品的公平，另一方面是社区管理体系能执行党的大政方针和国家的法律法规，与中国共产党在政治上保持一致性，同时，确保社区居民的各项政治权利得到落实，法律规定的各项义务得以体现。四是逐步建立和完善符合新型社区管理的法律保障体系。五是努力规范社区范围内的市场环境，加强市场管理。这里所说的市场，更主要的是指由社区物业管理、社区医疗服务、生活服务等这些本质上是准公共产品或政府管制下的特殊市场产品构成的社区市场。六是建立社区管理从业人员的准入机制。

第二，树立当代中国城市社区建设是一个阶段性发展过程的思想，努力确立以公共管理社会化为取向的政府推进社区建设的目标体系，形成必须进行政府职能阶段性配置的意识。

所谓当代中国城市社区建设是一个过程，是指社区建设是通过不同的发展阶段以最终形成新的城市治理体系，达成公共管理社会化目标的过程。由于客观的需要，政府在启动城市社区建设后，又从人力、物力和财力等方面全面投入来推动社区建设格局。但即便如此，社区建设的目标仍然不会一蹴而就，而必然是一个朝向预定目标步步发展的过程。因为，社区建设既要发展城市基层群众自治，也要进行政府社会管理方式的调整，而群众自治意识和能力的提高是一个随着经济体制和政治体制改革深入而逐步提高的过程，政府社会管理方式的改革既是政府根据公共事务管理社会化目标主动进行的改革行动，改革目标的达成又需要公民社会的逐步发育作为保证。因此，社区建设客观过程必然是：随着整个经济体制和政治体制改革的深入，随着社区建设的展开，群众自治的意识和能力会一步步提高，社区组织建设和基础设施建设会一步步完善。相应的，政府职能及输出方式改革也会随着社区建设的深入而逐步到位，而这一步步深入的建设表现为一个个发展阶段。正是在这一阶段性的连续的发展中，社区自治逐步加强，新型社区逐步形成并最终达到社区建设的总体目标。

社区建设阶段性的客观存在，表明了社区建设过程是政府社会管理职能通过不同的发展阶段逐步变革的过程，是政府通过推进社区建设以最终实现公共事务管理社会化的阶段性目标逐步实现的过程，说明了要充分发挥政府在社区建设中的作用，仅仅依靠一个总目标进行导向是远远不够的。因此，政府必须针对社区建设的阶段性，以公共管理社会化为取向，制订出一个以形成新的城市治理体系为总目标的由若干分阶段的前后相续的目标组成的目标体系。

城市社区建设阶段性的存在，决定了在社区建设发展的不同阶段，不仅政府所要干的事不会完全相同，就是干同一件事的方式也可能会因客观条件的变化而有所不同，即在整个城市社区建设中政府的职能及输出方式并不会始终如一。因此，针对社区建设的不同发展阶段正确界定并能动态地处理政府与社区建设的关系，以公共事务管理社会化为目的，正确而适时地进行阶段性的职能配置，确定相应的职能的输出方式、强度等，对城市社区建设和管理的成败起着至关重要的作用。这同时也表明，把握社区建设的阶段性及政府职能阶段性配置的价值，在于要认识到社区建设是一场长期的改革，不可能通过一次社会动员或一场轰轰烈烈的群众运动一劳永逸，因而必须在实践中以公共管理社会化为取向，针对具体的情况扎扎实实地进行长期的科学的社区建设工作。

参考文献

［1］［2］胡仙芝，曹沁颖．加强城市社区建设 实现社会和谐发展——“城市社区建设”研讨会综述［J］．中国行政管理，2002（7）．

［3］徐勇．“绿色崛起”与“都市突破”：中国城市社区自治与农村村民自治比较［J］．学习与探索，2002（4）．

论当代中国城市社区建设中政府的地位及其目标*

崔运武

我国新型的城市社区正处于形成中，而这种形成无论是在发达地区还是在欠发达地区，基本上都表现为政府发起、政府规划和政府推动的过程，即通常所说的政府主导的城市社区建设。正因为政府与社区建设这一密不可分的关系，如何科学地处理好政府与社区建设的关系，就成为影响社区建设成效的至关重要的问题。但从实践看，目前随着城市社区建设展开，政府支持不力或包办过多（行政化倾向），是城市社区建设中的普遍的现象，而这一问题的存在，相当程度上已影响了社区建设走向深入。造成这一现象的原因是多方面的，但不认真而系统地分析政府为何要介入社区建设，将政府的介入视为当然，对政府推进社区建设的目标缺乏全面的认识，进而缺乏有意识有目的的主导行为，实是其中的基本原因。因此，必须结合社区建设的实践，深入地研究当代中国城市社区建设中的这些基本问题，从而科学而充分地发挥社区建设中的政府职能，促进社区建设。

一

当代中国城市为什么要形成社区？目前，比较一致的看法是：随着经济体制改革的深入，一方面，由于“政企分开”和“企社分开”改革的实施，传统的以单位为基本单元的城市社会结构开始发生变化，“单位人”开始向“社区人”转变，同时，公众的自主意识、政治参与意识及能力也逐步提高，产生了对更多更好的公共产品的需要和维护自身权益的需求；另一方面是在公共

---

* 本文发表《学术探索》2003 年第 6 期。

问题增加的背景下改革城市管理的需要。这样，必须形成新型社区，以城市基层群众的自治组织，通过自我服务和管理等接纳政府及单位分离出来的社会职能。这种看法是正确的。

但当代中国如何来形成城市新型社区，人们目前却很少系统地从理论上进行阐述，但恰恰是进行这一思考对正确认识社区建设的丰富内容，认识政府与社区形成的基本关系，并由此有意识地科学地承担政府责任以推进社区建设是十分重要的。笔者认为，从发生学的角度看，如果以一个社区的最终形成为目标，其形成过程大致可分为：主要以内力推动为主的内源式发展和主要以外力推动的外源式发展两种路径，而当代中国城市社区形成所走的无疑是一种外力（主要表现为政府）推动为主的路径。之所以如此，其原因如下。

其一，目前作为新型城市社区组织承体的城市群众的自治组织及其运行机制难以自发形成，需要外力推动。

虽然我国在1954年12月就颁布了《城市居民委员会组织条例》，规定了城市居民委员会属于城市居民自治组织，但在传统的计划经济体制下，在城市社会是以单位为基本的社会单位，以行政命令通过单位组织社会生产和生活的，从而在国家或政府与社会的关系方面形成的是“强政府、弱社会”的基本格局。在这一格局下，单位占主导地位，居民委员会只由少数缺乏就业能力而未能进入“单位”的人组成，不仅处于边缘地位，而且高度依附于政府，单位之外的带有自治性质的城市社区是不存在的。当面临形成新型城市社区的需要时，城市的基层自身既没有自发进行社区建设所需要的历史文化等方面的积淀，也没有可以自为地运用于社区建设的人力、物力资源和组织资源，从而难以自发地形成作为社区组织承载体的自治组织。不仅如此，更为根本的原因还在于，现阶段公众总体上缺乏自发地参与城市社区建设的动力——与自身利益息息相关的经济推动力。单位制本身的“解体”是城市社区建设的基本动因，但现阶段单位的“解体”远没有完成，至为明显的是，且不说大多数人的基本收入与社区无关，就是一般需要的满足更多还是依靠单位而不是社会，相应的，也就使公众参与社区事务缺乏基本的动力，表现出参与严重不足。

这就是说，现阶段我国的经济改革与社会改革表现出一种互为前提的互动关系，即经济体制改革的深入需要建立新的城市基层自治组织，以便在保证公众基本生活需求的同时，使企事业单位真正实现“企社分开”，推动经济体制改革走向深入。然而现实是，经济改革确立了社会改革的方向并启动了社会改革，但经济改革的已有结果又不足以推动社会自身自然地达到改革的预定目标。因此，从经济改革所展示的改革方向出发，通过一定的力量和方式来加速改革的历史进程，即一方面继续推动经济体制改革深入，以提供社会改革深入更为充分的条件（如加快社会职能从企事业单位中的剥离），一方面以一定的方式和手段推动城市社区居民对社区事务的关注和参与，这是推动整个改革的必然选择。

其二，现阶段城市社区建设的主要推动者必然是政府。

实际上，形成社区需求的丰富内涵，还决定了现阶段城市社区建设的主要推动者必然是政府。因为，随着经济体制改革的深入，城市中非单位成员的增加及大量的农民工进入城市，也打破了计划经济体制下形成的城市管理体制，在城市开始了国家与社会的分离，从而不可避免地在一定程度上出现了社会的无序和失范，使城市管理在公共秩序、公共卫生、公共治安等方方面面临诸多新的问题，基层管理任务大大增加，而既有的城市基层管理无论是在体制上，还是在职能和管理人员素质等方面，都难以适应新的要求，政府城市管理改革势在必行。

管理公共事务，解决公共问题，这是政府最基本的职能之一，但无论是从当代中国正在进行的以机构改革为基本内容的政府改革，还是从当代世界范围内公共管理社会化的基本发展趋势来看，城市基层管理任务的加大显然不能依靠不断地扩大政府机构去解决。因此，在城市形成新型社区之于政府城市管理而言，也就意味着政府城市管理改革。这一改革的基本内容是，一方面要把属于社会的权力逐渐还原于社会，调整和转变政府城市管理职能；一方面要打破以往政府直接以行政命令管理基层社会的方式，以形成国家与社会良性互动为目标，形成政府城市管理的新模式。然而如上所述，由于历史的原因，正在形成中的城市社区不可能在较短的时间内接纳和履行好这些职能，也难以适应政府以间接管理为主的管理改革，而社区建设的目标不能实现，政府在城市管理中的职能与方式改革也只能是纸上谈兵。所以，在社区之外其他力量不足或难以顾及（如企业）社区建设的情况下，掌握最充分资源的政府无论是从自身改革还是从整个经济和社会改革来看，都必须积极创造条件并直接参与，推动城市社区建设。

综上可见，当代中国改革的需求及特定的改革条件，决定了城市社区形成不是原生型，而是政府主导型，这不仅在发达地区基本上如此，尤其是在多民族的、经济相对落后、群众整体素质相对较低的西部地区表现得更为突出。政府的作用如何发挥，是影响社区建设至关重要的因素。因此，必须在把握当代中国城市社区形成的这一特点的基础上，充分认识政府在社区建设中的关键地位，形成充分反映客观需求并符合政府性质的推动社区建设的基本目标，从而有意识有目的地推进社区建设。

二

对于政府介入城市社区形成过程，推进城市社区建设的目标，目前人们较少从政府的角度进行分析，比较普遍的看法是从社区本身来说明，即：社区建设，就是要在党的领导下和政府的推动下，依靠社区广大群众的积极参与，利用社区资源，强化社区功能，解决社会问题，促进社区政治、经济、文化、环境协调和健康发展，不断提高社区成员生活水平和生活质量，最终构建城市基层社会居民自治的新模式，使社区变成城市居民依法实行自我教育、自我服务、自我管理的具有自主性和能动性的新型社区。这种从社区本身着眼的观点强调了社区建设的社会改革目标，是十分重要的，但从政府与社区建设的基本关系来看，尤其是从政府推动社区建设的角度看，却难说是全面的，特别是从发挥目标导向作用引导政府积极而科学地推动社区建设的角度来看，则更是不足的。

从社区建设形成的需求可以看出，城市社区建设所涉及和要解决的问题是多层次多侧面的，因而其总体目标的内涵必然是十分丰富的。就总体目标而言，随着经济体制改革深入和政治体制改革的展开，在“一个自由自主的城市社会得以产生，并开始促进国家与城市社会的分离”的背景下，必须通过在党的领导下，以政府为主导推动城市社区建设，从而发育起城市基层群众自治组织，培育出城市社会的自治“传统”，形成新型社区，从而解决城市社会转型和发展中公众所面临的基本生活保障和质量提高问题，亦是解决政府所面临的有关城市社会的公共服务、公共秩序等一系列公共管理问题。由于城市社会基层的群众自治组织与农村的村民委员会不同，既不是生产性经济组织和管理组织，没有也不可能全面取代原有的城市组织，因而建设社区主要是为城市管理提供了一个新的平台，即新型的城市治理的制度平台。所谓治理，是指各种公共的或私人的机构和个人管理其共同事务的诸多方式的总和，它主要通过合作、协商、伙伴关系、确立认同和共同目标等方式实施对公共事务管理，其实质是建立在市场原则、公共利益和认同基础之上的合作。参照有关论者关于城市社区建设实质的论述，[1]笔者认为对城市社区建设的总目标可做如下的表述：社区建设是要在传统单位制解体过程中对社会进行整合，重新建构一个以“社区制”为形式、以公众积极参与为基础并作为主体、以公共管理社会化为目标的城市治理体系。

在最终形成城市治理体系这一总目标下，城市社区建设的目标体系包含着城市基层自治的形成，以及政府城市社会管理方式改革两个基本方面，两个方面共同构成了一个公共管理社会化取向的目标体系。从社区形成的基本性质和特点来看，政府参与社区建设所要达成的目标也相应地分为以下两个基本方面。

一是积极推动和加强城市基层民主政治建设，扩大群众的参与，逐步形成城市社区自治或城市基层社会群众的自我管理模式。在这一过程中，最为重要和基本的就是通过深化经济体制改革和政治体制改革，通过必要的手段和方式培育和提高社区成员的民主意识，促进社区参与目标的实现。这一参与目标可进一步分为两个方面：一方面，是社区内自治服务的参与，即社区内的居民以民主选举、民主决策、民主管理、民主监督为基础所进行的自我服务、自我管理和自我教育；另一方面，又以社区内群众的自治组织作为基层政治与国家政治的联结点，以社区为基层民主政治的舞台，使居民能在此根据法律给予的权利对政府工作提出意见和建议，通过各种途径对政府关于公共事务管理的决策进行参与，对政府的公共管理过程进行必须的民主监督和制约。最终，构建城市基层社会居民自治的新模式，使社区变成以城市居民为主体，城市居民依法实行自我教育、自我服务、自我管理的具有自主性和能动性的新型社区。

二是在推动社区建设过程中，科学界定政府职能，改革行政方式，通过社区建设形成政府社会管理（政府在城市的行政管理）的新方式。如上所述，城市基层是产生公共问题，解决公共事务最基本的领域。在城市公共事务增加的情况下，无论是从当代中国正在进行的以机构改革为基本内容的政府改革，还是从当代世界范围内公共管理社会化的基本发展趋势来看，城市基层管理任务的加大都不能依靠不断地扩大政府机构去解决。因此，在城市形成新型社区之于政府城市管理而言，也就意味着政府城市管理改革。城市社区建设，就是政府通过推动城市社区建设，以形成新型社区为依托而进行政府城市基层社会管理方式改革，达成公共管理社会化的过程。这样，如果从中国政府改革的进程看，社区建设实际上是政府推动建立市场经济，改革经济管理方式后，进行以推动社区建设为内容，以自身职能的重新定位和职能输出方式的改革为目标而进行的社会管理改革，是政府发动的以自己为改革对象，以形成新型社区为改革保障的改革，是政府通过职能的重新定位和管理方式的改革，从积极倡行、介入、推动社区建设，到积极退出社区某些具体管理环节的改革过程。所以，自我管理、自我教育和自我服务的社区建设目标同时也是政府新型社会管理方式的表达，新型社区的形成，也就是政府对社会事务管理改革的成功。显然，政府推动社区建设的基本目标，也就决定了作为社区建设主导者的政府在社区建设过程中所应做的事分为两个基本方面：一方面，是深化经济体制改革和政治体制改革，以营造社区建设走向深入必须的基本条件，同时，必须直接介入社区建设，积极推动和加强城市基层民主政治建设，扩大群众的参与，促进社区参与目标的实现；另一方面，又必须在社区建设中以最终形成城市治理体系为目标逐步调整自己的职能和行政方式，去除自己管不好也管不了的事，明确和加强自己在社区管理中应负的责任，最终与逐步形成的群众自治一起构成新的城市治理模式。

必须指出，虽然上述社区建设总目标下的两个基本目标有各自的内容，政府推动两个基本目标的完成也各有侧重点，但在整个社区建设过程及社区形成后的社区管理中，政府应做的事之于两个目标来说却是相互联系的，甚至往往是同一职能涉及两个侧面。比如，政府要加强基层民主政治建设，扩大群众参与，除了要直接发动和组织群众外，还有赖于政府加强经济体制改革并通过改革传统的社会管理职能与方式，进一步调整国家与社会的关系，以增强群众基于经济向心力上的对社区事务的关注，同时形成社会自治必须的空间；比如，现实中社区居民委员会通常要完成政府委托的任务，而这些工作虽然属于政府公共管理的范畴，但却是政府现有条件下干不了或干不好的，因而在特定的空间（公民社会领域内），必须交由公众以自治的方式解决，相当程度上也就将政府的公共事务管理转化为群众自己的自治管理，因而群众自治的形成需要政府职能的改革，而群众自治的最终形成也就意味着政府职能调整的完成。所以，社区建设是政府城市社会管理改革和社区自治建设的合一。认识到社区建设目标的这一丰富内涵，认识到政府在社区建设过程所应做的事及其相互关系，将有助于正确界定并发挥政府职能，推动社区建设走向深入。

参考文献

［1］徐勇．“绿色崛起”与“都市突破”：中国城市社区自治与农村村民自治比较［J］．新华文摘 2002（12）．

论城市社区建设中的居民参与*

——以昆明市S社区居委会为例

陈家喜

目前各级政府及民政部门重视社区的硬件建设和资金投入，但是对居民参与的组织和发动不够。考察城市居民社区参与的现实，探讨如何增强居民的社区参与意识，如何实现居民对社区事务广泛而深入地参与，如何通过居民参与来推动社区建设的深入和保存社区建设的成果，促使了我们的调查与研究。

一、个案概况

S社区地处昆明市中心城区，以S街为主线，面积0.2平方公里，居民2 278户，人口5 544人，驻区单位280多家，外来流动人口1 268人。S社区有两个重要特征：①民族关系复杂。S社区内有12个少数民族，分别是回族、白族、彝族、壮族、苗族、纳西族、傣族、锡伯族、满族、藏族、哈尼族、土家族。少数民族约占社区居民总人口的一半。其中，人口最多的回族主要居住于全国闻名的S街，以开设伊斯兰餐厅为主要职业。②历史与现代并存。S社区地处昆明中心城区，辖区内既有保存完好的回民聚居的百年老街——S街，又有现代化的大商场——昆百大、百盛、诺玛特、金碧辉煌、五华大厦均在其辖区内。

二、参与不平衡：居民社区参与的现实

居民广泛而深入地参与社区事务活动是城市社区建设的目标与理想状态。

* 本文发表于《学术探索》2003年第6期。

然而，目前的现实却是无论在发达国家还是在中国城市社区建设开展较为先进的地区，居民社区参与的状况都不令人满意。[1] S社区作为地处祖国西南边陲的昆明市自然也不例外。我们的调查发现，参与不平衡是其突出特点，表现在如下方面。

（一）参与主体不平衡，总体参与率低

1. 老人、青少年参与多，中青年参与少。S社区老年人即离退休的老干部、老党员、工厂企业老职工，青少年主要是在校的中小学生，成为社区参与的主体。在S社区组建的10支志愿者服务队中，有5支是社区老年人所组成，有2支是中小学生所组成。S社区所开展的文化娱乐活动，也主要是针对这一部分人，如老年人郊游、暑期青少年趣味活动。而中青年普遍对社区事务和社区活动冷漠，认为这些主要是老头、老太太们的事。

2. 下岗失业人员，“低保户”参与多，单位在职人员参与少。S社区内赋闲在家的下岗失业人员、“低保户”（定期到社区居委会领取最低生活保障金的人）在得到社区救助的同时，也积极参与到社区事务中来。辖区的单位在职人员，特别是单位效益较好的居民，则很少参与社区活动，S社区唐主任说：“单位里的人能在单位得到他们想要的东西，跟社区基本上没有什么利益上的联系。因此也就懒得找社区。”

（二）参与领域不平衡，参与不深入

1. 社区文娱教育活动参与多，社区政治事务参与少。S社区居民多乐于参与社区开展的文化体育活动、知识讲座、科普宣传等活动。在2002年2～8月，S社区先后组织社区居民到海埂公园、大观楼、圆通山等地游览。社区还经常开展保健营养讲座、花卉养殖讲座、禁毒知识宣传、公民道德知识竞赛、全民健身运动，参加者十分踊跃。

对于社区政治事务，一般的社区居民关注较少。S社区居民参与社区政治事务主要有两条途径：一是参与社区居民代表大会，选举产生社区居民委员会和社区议事协商委员会，评议“两委”工作，讨论决定社区重大事项。

但是由于大会会期长（每年召开一次），人数多（每次开会都有50多人参加），召集困难，因此，它实际发挥作用并不大。二是参加社区议事会，经常性地讨论社区重要事务，并监督社区居委会的工作。然而，议事会虽然是由居民代表大会选举产生，但是其精英色彩明显，其成员多是社区内的各单位代表、社区在任或离任的党政干部、社区居委会主任以及少量居民积极分子。目前，S社区议事会由15人组成，包括退休的区人大主任、现任的区中医院院

长、百货大楼的物管部书记、区台办主任、区清真寺管理委员会主任、街道派出所所长、省伊（斯兰）协（会）秘书长、驻区中学校长以及社区居委会主任等。因此，多数居民无法通过社区议事会来实现政治参与。

2. 面向普通居民和企业的便民服务与后勤服务参与多，面向特殊群体和民政优抚对象的救助服务参与少。社区服务是社区建设的主要内容。S社区开展的便民服务包括自行车看管点、汽车停靠站、土杂店、打字复印社、缝纫店、理发店、牛奶点，这些服务是居民竞相参与的对象。与此同时，S社区内有军烈属5户、孤寡老人24人、“两劳”释放人员14人、吸毒人员100多人、精神病人23人、残疾人134人。这一部分人通常为社区内的特殊群体，对于他们的救助和帮扶，参与者很少。S社区主管民政的李委员说：“居民们缺乏奉献精神，对这些事唯恐躲避不及，根本不愿参与进来。这一块（工作）主要由我们居委会、街道民警和家属组成的帮救小组承担，有时驻区中学也组织学生过来。”

（三）参与形式单一，志愿者组织是主要形式

S社区共组建10支志愿者队伍，包括党员志愿者服务队、经营户治安巡逻队，社区卫生服务志愿者队伍、科普志愿者队伍、小黄帽志愿者队伍、绿色小天使志愿者等。10支志愿者队伍开展便民服务、治安巡逻、清洁楼院、公民道德知识宣传以及文体健身等活动，社区居民主要通过参与社区志愿者队伍来开展活动，个人单独行动者极少。

概而言之，S社区里的居民参与呈现出不平衡的突出特点。它又具体体现为参与主体分布不均、参与率低、参与领域不平衡、参与不深入、参与形式单一、参与意愿不强烈。

三、影响居民社区参与的因素分析

（一）社区居委会的作为

居委会开展活动的丰富程度、组织动员能力以及与此相关的居委会工作者的素质和在居民中间的威信与号召力便成为决定居民社区参与的关键因素。S社区居委会根据辖区内少数民族众多的特点，制定了少数民族接待日制度，成立由少数民族代表组成的议事协商委员会和个体经营户联系会，听取他们关于社区工作的建议。根据S街作为百年老街，存在大量火灾隐患的实情，社区召开居民院坝会议，为44个院坝更换电线，配备了75个消防器材，举办3次消

防知识讲座。这些举动赢得了社区居民特别是S街回民经营者的好感。他们积极参加到经营户治安巡逻队、居民义务消防员、经营户消防监督员等志愿者队伍，参与到社区建设活动中来。

但是，由于S社区建设的起始和展开，主要是通过上级行政机关区政府及街道办来推动。而社区工作的大部分也主要是区街布置的任务。据统计，S社区的日常工作事项有100多项，而其中80%以上是完成街道和职能部门下派的各种任务：各种统计、收费、计划生育、人大代表的资格审查与登记、征兵动员与宣传、“低保户”的申请与调查等。而社区本身在完成这些下派任务时，也被赋予了行政权威，俨然以一级政府组织的面目出现在社区居民面前。社区居委会作为居民自治组织的角色发生了变异，带有浓重的行政色彩，这在很大程度上影响了居民对社区政治生活的参与。

（二）居民构成的异质化程度

S社区居民构成异质化程度高，有13个民族生活在其中，各民族的风俗习惯迥异，民族关系复杂；辖区内还有280多家单位，单位之间效益和层次不一。社区居民当中有区政府机关的工作人员、工厂和商场的职工、流动商贩、外来的打工者以及许多暂住人口。这些居民之间缺乏共同的价值观念和兴趣爱好，互不沟通和联系，因此很难将他们聚拢到一起参与进社区的活动中来。这也就决定了参与社区活动的居民只能是社区居民中的少数。主管社区文化教育的李委员说：“每到开展社区文化、体育活动时，参加者多是同一部分人。大多数的机关工作人员、外来人员和单位职工，一般不参加我们的活动。”

（三）居民拥有的参与条件

居民参与社区事务需要拥有一定的条件，包括时间、知识、能力以及一定的经济基础。缺乏时间可解释社区的中青年人为何不参与社区活动的情况。整天忙于工作和生活，自然对社区事务的关注和参与减少，因而参加社区活动者多是空闲时间较多的离退休人员、下岗待业人员、放假期间的中小学生。

此外，知识和能力也决定了居民社区参与的深度。S社区的多数居民一般只参与社区环境、社区治安、社区文化体育之类的活动，对于社区医疗服务、社区科普宣传、社区事务（社区政治事务）的协商等需要具有一定的专业知识和议事参政能力的活动，参与者很少。

（四）对社区的依赖和利益相关程度

居民参与社区事务，很大程度上依赖于这些事务与自身利益的相关程度。

与社区缺乏直接利益关系的居民，很少关注社区事务，也很少参与社区活动。大多数生活在社区内的单位成员，传统的单位意识根深蒂固，由于他们更多地是从单位获取资源、收益、地位、身份、福利等，对所在单位有强烈的依附与归属感，而对所居住社区则缺乏认同与参与的意识。与社区直接利益相关的居民如“低保户”，则更愿意参与到社区活动中来。S社区有217户367名低保人员，他们在每月的12号在S清真寺聚会，社区居委会组织他们学习政府文件和法律法规。他们还分成46个小组，每组7~10人，每天坚持在社区巡视，对占道经营、车辆乱停乱放、乱堆垃圾进行制止，维护街道的整洁、畅通。

此外，就影响居民个体社区参与的行为来说，还有心理因素包括对社区事务的关注程度、对社区参与的代价认识、对社区参与的效应意识，社会地位以及制度、参与的传统、文化等因素。

四、培育社区意识是提高居民社区参与的根本

居民的社区参与在我国具有以下意义。首先，社区参与有助于居民树立社区意识和公共精神，推动社区建设的深入和保存社区建设的成果。其次，居民参与社区事务有助于缓解城市政府公共管理和社会管理的压力。此外，居民对社区政治事务的参与，还有助于培育社区居民的民主意识和民主技能，推动城市基层民主的发展和社会主义民主建设。

如何使居民参与到社区事务中来？“主要还靠文化认同，在价值观，思想方法和生活方式上找到同一的感觉。共同管理起来。”[2]也就是要通过培育居民的社区意识来促进社区参与。社区意识作为社区成员对本社区的关心、认同依恋、归属等等的心理感觉和价值观念，[3](P255)包括社区成员的社区认同感、社区归属感和社区自治意识。可以采取以下几种方法来培育社区成员的社区意识。

首先，通过宣传教育，加强居民对社区的认知和认同。

由于根深蒂固的单位意识和长期以来居委会的行政化色彩，多数居民把社区当成一级行政组织，“认为跟自己没多大关系，只是在开证明、申请‘低保’、邻里纠纷时才会想到找社区。”因此，有必要通过多种途径如黑板报、标语、宣传栏、市民学校等，宣传有关城市社区建设的相关法律、文件，特别是《居民委员会组织法》和两办23号文件，以及社区内的好人好事、与社区相关的重要消息，使居民明确社区居委会是群众性自治组织，社区应是一个守望相助的共同体，以此增强居民对社区的认同感。

其次，社区居委会应同社区居民充分协商与之生活和利益密切相关的事务，以增强居民的社区归属感。

社区归属感很大程度上决定于社区成员的社区满意度，并进一步影响居民社区参与的动机和行为。决定社区成员的社区满意度的因素又包括：以绿化、社会治安、环境卫生、居委会工作为主要内容的人文环境，以早点部、副食店、煤气店为内容的日常生活，以电影院、公园、文化站、卫生院为内容的文化卫生，以供电、供水为内容的能源等因素。[4]因此，通过在社区环境、卫生医疗、治安、文化教育等事项的决定上，充分与社区居民协商沟通，征求意见，发挥居民积极主动性，将有助于培育居民的社区归属感，也有助于提高居民的社区参与度。

最后，完善社区居委会的直选和监督，提高社区居民的自治意识。

社区居民对社区政治事务和公共生活普遍缺乏兴趣，民主与自治的观念淡薄，可能存在两方面原因：一是长期以来居委会一直是街道办事处的“脚”，承担着许多行政事务，而非居民的“头”，开展居民的自治活动。其作为“自我管理、自我教育、自我服务的基层群众性自治组织”的角色发生了异化。二是社区居民本身缺乏民主操作的实际技能，无法有秩序地协商社区事务，在分歧中寻找一致。因此，一方面政府应切实下放权力，让社区充分行使社区内部事务的自治权利，而不是把“社区当做一个筐，什么东西都往里装”；另一方面，推进社区民主，广泛动员居民参加社区选举，参加社区居民代表大会和议事会，讨论社区事务，开展民主监督和评议。所有这些将有助于提高社区居民的自治意识，使居民对社区事务的参与深入到政治层面。

参考文献

［1］张亮．上海市社区建设面临挑战：居民参与不足［J］．社会，2001，(1)

［2］费孝通．居民自治：中国城市社区建设的新目标［J］．江海学刊，2002，(3)．

［3］唐忠新．中国城市社区建设概论［M］．天津：天津人民出版社，2000.

［4］潘允康、关颖．社区归属感与社区满意度［J］．社会学研究，1996，(3)．

政府在社区建设中的作用*

陈家喜

在社区建设的初期，政府起着发动和主导的作用；随着社区建设的深入，政府在努力培育社区组织，提高社区自我管理水平和自治能力的同时，应逐步淡出社区事务；但在社区建设的始终，政府都须承担必要的职能。

社区建设是我国城市社会管理体制的重要变革，是国家与社会关系的重新构造，同时也是政府职能的重大调整。在社区建设过程中，政府是否应该发挥作用，发挥多大作用？围绕这一问题，许多学者提出不同观点。有的学者据此将城市社区建设的实践分为两种类型：行政导向型和政府导向型。实际上，这一观点最终也没有确定两者之间的界限，最终只是选择了一条折中之路：政府主导下的社区自治。

笔者认为，应动态地看待政府在社区建设中的作用。在社区建设的不同阶段，政府在其中发挥的作用是不同的。由于社区建设的最终目标是社区自治，因而政府在社区建设中的作用总体变化趋势应是逐渐减弱的。但是，在社区建设的任何阶段和任何时期，政府都有义务向社区提供公共服务和公共物品。因而，政府完全退出社区建设过程只充当“守夜人”的情况并不存在。

城市社区建设初期：必要的政府介入

随着城市社会的发展和现代化进程的加速，城市改造与扩建、居民动迁与安置、社会治安等工作，都摆在了城市政府面前。再加上城市政府原来承担的民政福利、计划生育、人口登记与管理、发展城市经济等项任务。由于目前中介组织尚不发达，无力很好地履行社会职能，城市政府只好“把所有的问题

* 本文发表于《中国城市经济》，2003 年第 2 期。

都自己扛”，承担过重的社会管理的负担，形成职能超载现象。因此，城市社区建设，从某种意义上说，就是政府为了让社会组织和市场承担其社会管理与公共服务职能提出和推动的。从宣传动员、制订实施方案、组织落实，再到社区划分、社区组织的建立，工作人员的选聘、硬件设施的配备，还有如选举社区居委会和议事委员会的组成人员、社区居委会工作任务的确立、工作计划的制定、社区工作人员的工资及日常办公费用、社区服务的开展等，各级城区以及政府包括市、区和街道办事处及民政等部门都广泛介入其中。

可以说，在这一阶段的一系列过程中，由政府主导社区建设有其合理性：一方面，城市居民社区意识薄弱，组织发育不全，缺乏自治能力，因此，很难期望城市社区自发地发展，而只能通过政府主动培育。另一方面，政府主导社区建设，可以通过行政权威和财政实力，在短时间内动员社区居民参与社区建设，完成社区组织的建立、设施的添置与更新，开展社区建设的各项活动。

然而，政府在社区建设初期发挥重要作用，并不意味着政府可以无限期持续地主导城市社区的发展进程。社区建设与发展的最终目的是城市社区自治，社区居民自我管理、自我教育、自我服务与自我监督。无限期的政府介入社区发展势必会阻碍社区自治的形成。同时社区建设的出发点之一是为了摆脱政府自身社会管理的重负，使政府逐步退出社会领域，实现社会管理社会化。因此，伴随社会自治能力和自我管理水平的不断提高，政府应逐步淡出社区事务，否则仍会背上沉重的管理负担。

城市社区建设的深入：政府淡出过程与社区自治能力培育过程的结合

随着社区建设的深入，政府应渐渐退出社区，减少对社区事务的直接干预；同时还应积极培育社区自治能力，提高社区自我管理的水平。

在这一时期，政府应该广泛动员居民参加社区居民代表大会，选举产生社区居民委员会和社区议事委员会，并负责对其成员进行培训，提高他们的工作水平和业务能力；建立社区居委会向议事会负责的制度，确保社区居民能够开展对社区居委会的经常性监督，提高社区居民民主自治水平。

其次，要努力扶植社区经济，提高社区财政自足能力。这样一方面有助于减轻财政负担，推动社区居民的就业，方便社区居民的日常生活；另一方面也有助于提高社区自治能力。因为在人员工资、日常开支和活动经费完全依赖于政府拨款的情况下，社区很难不受政府的控制和影响。而要最终提高社区自治水平，提高社区经济自主能力是关键。为此，政府需要大力扶植社区经济，发展第三产业，推动社区服务产业化，多渠道充实社区服务经济。

第三，明确街居权限，确保社区自治权。要避免政府随意干涉社区内部事务，这就需要明确界定街道办事处和社区居委会之间的权限以及社区自治权的范围。社区自治权的范围包括财产自治权、内部公共事务决策权、社区工作者的选聘权、社区日常事务管理权和对政府部门及其派出机构、社区内各经营单位的监督权等。

第四，发展社会中介组织和社区服务机构，推进公共服务社会化。通过发展社区中介组织和社区服务机构，分担政府社会管理和公共服务职能，既提高政府的效能，也减少政府对社会领域的渗透，促进社区自治水平的提高。

社区建设的始终：政府都须提供必要的公共服务与公共产品

尽管城市社区建设的深入要求政府淡出城市社区，但不能因此狭隘地理解为政府与社区完全分离，而是指政府不要过多干涉社区内部能够自治的事务。对于社区无法处理的事务，或者需要政府出面才能处理的事务，政府仍应当承担起来。这些事务大致包括：社区治安的整治、社区基础设施的兴建、社区环境的治理、园林绿化的保养、社区内困难人群的救助。这基本上在政府必须承担的公共物品和公共服务的提供的范围之列。政府提供公共物品与公共服务源自于公共物品的特点和政府的社会职能。由于公共物品具有无偿性和不可分割性，因而很难避免“搭便车”的现象出现，只有政府才愿意提供如道路整修、环境治理之类的物品。同时，政府作为“收税人”，也有义务向作为“纳税人”的城市居民提供必要的公共服务，如良好的治安状况，优美的居住环境，健全的社会保障体制。因此，即便是社区参与到社区福利、社区医疗、社区环境卫生等工作中去时，政府仍应根据“费随事转、权随责走”的精神，给予必要的权力与财政支持。

参与不平衡*

——当前居民社区参与的现实

崔运武 陈家喜

社区居民参与问题是社区建设中深为人们关注的问题，也是当前社区建设必须着力解决的重要问题。本期特邀几位专家就此话题发表各自的看法，以期引起大家共同深入探讨。

之一：参与主体不平衡，总体参与率低。

在我们所调查的社区当中，参加社区活动的主要是“一老一少一低”。“老”就是离退休的老干部、老党员、老职工，“少”是放寒暑假的中小学生，“低”是指那些定期到居委会领取最低生活保障金的居民。社区所开展的活动也有意识地照顾这一部分人，如为老人举办饮食养生讲座和书画展览、组建老年健身队、组织老年人免费旅游，为放假期间的中小学生举办革命故事、科普和交通法规知识讲座，举行书法绘画比赛和各种趣味活动，组建“低保户”志愿者队伍，开展社区服务活动等等。从分布上看，这些人都是“社区人”，而非“单位人”。占社区成员主体的“单位人”——中青年人由于工作生活的繁忙，很少参与社区的活动，由此也决定了居民总体社区参与率偏低。

之二：参与领域不平衡，参与不深入。

“星光老年计划”的实施，使社区的文化体育设施有了很大改观，居民通过这些活动场地开展经常性的文化体育活动，而开展这些活动已成为当前居民社区参与的主要兴趣所在。此外，社区还通过组建志愿者队伍的形式将社区成员组织起来，将居民吸收到社区建设的各领域中来。

但是，我们发现，对于社区的政治事务，一般的社区成员很少关注，参加者更是寥寥无几。这是由于社区权力组织的性质决定的。社区居民代表大会人

---

* 本文发表于《中国社会报》2003年5月21日。

数多，但召开次数有限，一般每年一次；社区党支部由街道党工委直接领导，故而居民只有通过参与社区居委会和社区议事会来行使自治权。但是社区居委会组成人员要经过“选举”产生，其工作除完成街道布置或交办的各项任务外，还要接受街道对其工作的定期评比考核，行政色彩明显。社区议事会的组成主要是社区内的各单位代表、社区居委会主任、社区内的人大代表、离退休的党政干部、区街领导及少量的居民积极分子，具有较强的精英色彩，由此决定了居民的社区政治参与严重不足。大多数社区成员并没有认识到社区是“群众性的自治组织”，反而认为它是一级行政组织，自己参不参与并不能对它产生什么影响。

之三：参与形式单一，志愿组织是其主要形式。

就我们的调查来看，居民多通过参加志愿者组织来参与社区活动。常见的社区志愿者队伍有党员组成的党员志愿者队伍、放假期间的中小学生组成的小黄帽红领巾志愿者队伍、家长组成的关心下一代志愿者队伍等等。志愿者队伍的活动涉及卫生清扫、夜间巡逻、扶贫帮困、照顾孤寡老人、医疗咨询等社区环境、治安、教育、文体及医疗各领域。个人单独参与社区活动的情况较少。

之四：参与意愿不强烈，动员和组织仍是有效途径。

研究发现，居民主动参与社区活动的意愿薄弱，需要一定的组织和动员，这也在我们的调查中得到证实。居委会承担着居民社区参与的发动者和组织者的角色。因此，居委会开展社区活动的丰富程度、组织动员能力、工作人员的素质以及在居民当中的威信和号召力都成为决定居民社区参与的重要因素。然而，目前居委会接待上级政府的检查评比或是搞某个节日庆典，难以满足居民的实际需求。此外，由于社区居委会本身事务的繁忙也导致其对居民社区参与的关注减少。

对策：

培育社区意识是提高居民社区参与的根本，造成以上现实的主要原因，除了政府主导型的社区建设导致居民社区意识和社区认同感的缺失，还由于社区毕竟不同于家庭、单位和农村的村民委员会，缺乏血缘联系和感情纽带以及直接的利益相关性。在这种情况下，如何使居民参与到社区事务中来？主要还靠文化认同，在价值观、思想方法和生活方式上找到同一的感觉，共同管理。也就是要通过培育居民的社区意识来促进社区参与，可以采取以下几种方法来培育社区成员的社区意识。

加强宣传教育，强化居民对社区的认知和认同。由于根深蒂固的单位意识和长期以来居委会的行政化色彩，多数居民把社区当成一级行政组织，“认为跟自己没多大关系，只是在开证明、申请‘低保’、计划生育、邻里纠纷时才会想到找社区”。因此，有必要通过多种途径如宣传栏、广播、市民学校、自办刊物等，宣传有关城市社区建设的相关法律、文件，使居民明确社区是一个守望相助的共同体、社区居委会是群众性自治组织，社区建设需要社区成员的充分参与，以此增强居民对社区的认同感。

增加社区成员的社区满意度和归属感。社区归属感很大程度上决定于社区成员的社区满意度，并进一步影响居民社区参与的动机和行为。决定社区成员社区满意度的因素很多，包括以绿化、社会治安为主要内容的人文环境，以早点部、副食店为内容的日常生活，以电影院、公园为内容的文化卫生，以供电、供水为内容的能源等因素。因此，通过在社区环境、卫生医疗、治安、文化教育等事项的决策上，充分与社区居民协商、沟通，征求意见，发挥居民积极主动性，将有助于培养居民的社区归属感，也有助于提高居民的社区参与度。

完善居委会的直选和监督，提高社区居民的自治意识。一方面，政府应切实下放权力，明确界定政府与社区的职责权限，让社区充分行使社区内部事务的自治权利，而不是把“社区当做一个筐，什么东西都往里装”；另一方面，要推进社区民主、广泛动员社区居民参加社区居民代表大会，选举社区居委会和议事会成员，并开展对他们的民主监督和评议。同时，社区内部重大事务实行民主决策和民主管理，通过召集社区居民会议或议事会讨论决定。所有这些将有助于提高社区居民的自治意识，使居民对社区事务的参与深入到政治层面。

大社区自治的参与机制：规模和创新

规模问题自古以来就是困扰民主自治生活的一个根本性问题，中国城市社区自治也同样为其所困扰。各地在探索过程中，对社区规模问题看法并不一致。而规模扩大也确实对公民参与引发出了很多实际问题。

原则上说，社区规模越大、个体参与的影响力越小；民主议事时个体所占有的时间份额和个体充分发言并参与讨论的机会也越小，而小规模范围的社区则可以为居民提供更多的有效参与决策机会。但是，随着规模的扩大，每一张选票的重要性也下降了。

实践证明，代表机制是解决规模问题的一个必须采纳的方法。然而，由此也引发出了一些问题，如合理产生、分配代表名额及代表是否能够真正代表民意等问题。

因为社区规模越大，社区认同就越难。一般来说，小社区比较容易形成社区认同；大社区由于利益众多，个体利益之间的联系相对减弱，社区成员对社区共同体的认同也减弱，其搭便车的可能性增加，也加大了集体行动的难度，而评价社区制度改革是否成功的标准之一就是社区参与原则，即：居民参与者人数越多越好，居民参与所管的事情越多越好；自治程度越高越好；居民参与所起的作用越大越好；由下而上的自治成分越多越好；妇女参与的机会和人数越多越好。因此，大社区要想自治，必须将公民广泛参与落到实处，否则就容易流为一种行政体制的调整，这就对大社区的公民参与问题提出了挑战。

在参与问题上，最近几年全国各地在社区自治实践中已建立了不少新颖的制度。如北京石景山区建立社区代表会议制度；上海卢湾区努力发展和完善三会制度——听证会、评议会和协调会；杭州市上城区在发展和完善听证会和评议会的基础上还发展了监督员制度，即区派出数名监察员到社区进行抽样民意调查，以了解居民对社区干部、社区组织、社区服务的态度，并作为评审社区干部的内容之一；沈阳市沈河区建立了社区人民联络员制度，即每一社区选出一名具有“准人大代表”资格的联络员，以沟通社区、居民、政府的关系，并监督社区干部和组织。同时各地还逐步建立和完善议事协商会等居民的民意机构，就重大地方事务进行讨论和策划。

这些参与制度无疑可为大社区自治所借鉴和采纳。但是，它们是在小社区范围内建立和发展的，如何使它们在大社区范围内成为有效的制度，就必须解决规模所带来的一系列问题。

社区自治组织参与：理念与模式

从社区建设的实践进程来看，自上而下的行政建设和自下而上的自治建设始终同时在推进，二者构成社区建设整体进程中的两大不可或缺的结构性力量。这种状况主要表现为社区各类社会化自治组织的逐渐发育和形成，城市市民对社区活动参与的不断扩大，社区成员的社会化联系和组织化程度不断提高。根据社区目前的综合实力，走向社区自治组织参与，核心是要构建新型社区自治组织治理网络，提高市民的“自组织程度”，让社区成为居民实现自治的活动舞台，使不同职业、不同利益、不同角色的社会人群得到新的整合，形成对社区公共利益的自觉认同，形成具有精神归属感的城市社会有机“共同体”。

在这个社区自治组织治理网络里，要保证居委会改革沿着健康的方向发展；理顺基层政府与社区自治组织参与的相互关系，培育基层社区的民主决策机制和居民广泛而主动的参与机制，使社区发展中尽可能多的内容通过社区自治组织和其他社会组织参与形式完成。一是在原来的行政、社会合一的城市基层行政区体系的基础上，突破基层行政区在社区管理体制方面的种种限制，做到“责权利”全面到位，改变城市基层行政管理旧体制与现代社区管理社会化趋势不相适应的状况；二是理顺地方政府与社区内各种社会组织成员的相互关系，形成一种具有主体性、自治性的民间社会、市民社会管理活动，让社区居民和社区自治组织充分参与社区管理体制建设，从而在更大的范围内构建规模不同、形态各异、功能明确的社区自治组织参与新模式，可以考虑由三个层次构成：

社区建设委员会。它的主要职能为：统筹规划，即对每个社区以及社区与社区之间的社区发展和社区管理作出统一规划，确定整个地区范围内社区建设与社区发展的近期、中期和远期目标与任务；组织协调，即根据规定的目标和任务，利用有效的机制和方法，寻找并落实管理任务的执行者，调节各社区组织关系，配合社区体制建设工作的正常实施；监督调控，即以管理职责为依据，对社区管理的情况进行检查和监督，使之符合社区体制建设的目标和要求。这一层面主要是推进政府职能转变，重心下移，建立面向社区提供支持援助的政府行政管理机制、实现政府行政功能与体现政府行政力量。

社区管理委员会。它是社区建设和社区发展的组织者、社区居民利益的保护者和社区多方利益的协调者。从成员构成上看，它是一种联盟和网络组织，它由社区居委会、业主委员会、物业管理公司、发展商、居民代表、辖区企事业单位、政府职能部门组成。其职责是协调社区内各方管理者之间的职权范围和利益关系，让社区各方管理者建立起组织联系，相互配合，使其各司其职，以便在社区层面上形成合力，统一管理，实现社区公共事业的目标。这一层面主要是实现政府行政管理机制与社区自治管理机制相结合、政府行政功能与社区自治功能相互补、政府行政力量与社区自治力量相互动。

社区自治组织和专业服务组织。它接受社区管理委员会的指导，组织社区居民开展各种社区管理和社会事务。社区居委会作为社区自治主体组织，其议事层由全体社区成员选举产生，实行兼职制，行使社区民主议事和民主监督的职能。社区居委会的执行层，即社区居委会的专职工作人员通过公开招聘，实行专职制，负责社区具体公共事务的管理。物业管理公司属专业服务组织范畴，主要是提供面向全体社区居民和不同人群的各种专业化系列服务。这一层面主要是建立基于社区的社区自治管理机制，实现社区自治功能与体现社区自治力量。

同时，构建新型社区自治组织治理网络，必须形成一支专业化的理论研究与实践工作队伍；必须健全法律环境和法律制度。要以法律的形式确立新建立的社区建设委员会、社区管理委员会等专业组织机构的法人地位，赋予其相应的权利和义务，依法划定其与政府行为的边界。其次，要通过各项制度，确立社区内各类自治组织的职权范围及其相互关系，建立对各类自治组织机构工作的内外监督制度。另外，在制定全国性法律之前，地方政府可以根据本地的特点和情况，制定有关社区自治组织管理的地方性法规；也可由社区在不违背国家法律的前提下，制定本社区自治组织管理条例，确立居民共同遵守的规范，强化依法管理的理念，并加大执法力度，维护大多数居民的利益。

社区参与和民主的自觉：社区改革的方向

社区的各项试点工作还在进行，在这一过程中遇到不少问题，自然也会面对很多困难，这是很正常的。

比如说，社区或下层的机构是否拥有行政自主权，就是一个重要的问题。从江汉模式或其他社区模式可以得到一些启示。社区可以协助上级部门处理一些事务，如警务、治安，甚或低保户等工作。但是失业的问题，却不是社区可以自行解决的。因为这需要得到当地政府制定宏观的投资政策才可加以改善。因此，社区或居委会必须理顺和上级的关系，不能单纯地如过去一般，只是上级派遣到下级的一个执行机关。正如许多学者做的实地调查所显示的一样：很多的社区或居委会只不过是类似派出所的机构，执行上级所赋予的工作，是一个“麻雀虽小”但“五脏俱全”的组织。因此，关系一定要理顺，否则社区本身连自己的地方事务也不能好好处理，就更谈不上自治了。

而由居民治理好当地事务，对社区的健康发展无疑会起积极的作用。如今，中国广大的农村，已通过民主选举来选择自己的村官和管理自己的事务，这点在地方选举上已有多年的经验。但在城市中，除了一些试点外，这项工作还在进程当中，这是一个好的开始，也是一个突破口。如何让城市居民有机会参与、关心自己社区内的失业、环境、绿化、治安、交通、卫生、教育乃至于垃圾处理等事务，将是社区改革中首要面对的事务。如能搞好社区，可以处理好城市最基层的细胞，整体来说对政治发展和社会稳定是双赢。更为重要的是，可以通过民主选举与参与社区的事务，令社区发展得以保障。

采取哪些可行而又实际的改革手段来达到社区改革的目标呢？

从目前来看，社区参与和民主的自觉是很好的方向。

如何将社区参与、自治和民主精神应用在目前的社区发展与改革上，改善普遍存在的行政化问题，不但是一个重要的思考与改革方向，而且关乎社区改革的成败。

当然，要真正做到社区自治和民主，首要的改革事项，就是改革社区内居民和体制没有得到足够法律支持的部分，如进一步巩固社区居委会、社区居民代表会、社区协商议事委员会、社区工作委员会和社区党支部等组织的角色与权力。

同时有必要进一步培植中介组织，加强其独立性。笔者调查西安的一些社区时，发现不少社区的功能之一就是解决社区内的饮水、供电、煤气等公用事务。实际上，如果公用机构可以开放让市民监督，那问题就解决了。况且水电公司有责任提供种种服务，用不着社区花那么多时间和精力来解决这些事务。这些有赖于中介组织的完善发展和有关政府机构的开放让市民监督，如果说早期的开放改革成功的因素是调动了地方发展——放权让利的话，那么社区继续改革，给予社区适当的财力和权力让他们管理自己的事务，也是社区改革成功的关键。不让社区行政化，依法行政是一项重要手段。

让居民成为社区建设的参与者*

崔运武 陈家喜

居民广泛参与社区事务和社区建设活动是西方社区发展的实践经验和我国城市社区建设的目标之一。但是，我国的城市社区建设是一种“外推型而非内源型”模式，行政推动色彩突出，表现为社区建设之初的政府发动，社区运行之中的政府监控和社区工作开展的政府指导。与此相对应的是，社区居民缺乏对社区的归属和认同，更谈不上社区参与的传统和习惯。居民对社区事务和社区活动持疏离和冷漠的态度，由此造成居民社区参与不平衡的这一现实。

一、参与不平衡：当前城市居民社区参与的现状

1. 参与主体不平衡，总体参与率低

目前，参加社区活动的主要是“一老一少一低”。“老”就是离退休的老干部、老党员、老职工，“少”是放寒暑假的中小学生，“低”是指那些定期到居委会领取最低生活保障金的居民。社区所开展的活动也有意识地照顾这一部分人，如为老人举办饮食养生讲座和书画展览、组建老年健身队、组织老年人免费旅游，为放假期间的中小学生举办革命故事、科普和交通法规知识讲座，举行书法绘画比赛和各种趣味活动，组建“低保户”志愿者队伍，开展社区服务活动等等。从分布上看，这些人都是没有“单位”的“社会人”。由于没有单位依托，他们便对社区产生强烈的归属和依附感，更愿意参与社区的活动。占社区成员主体的“单位人”和中青年人由于工作生活的繁忙，很少参与社区事务和活动，由此也决定了居民总体社区参与率偏低。

* 本文发表于《中国国情国力》2003 年第 9 期。

2. **参与领域不平衡，参与不深入**

根据社区建设的内容，可以将社区参与的领域分为社区服务参与、社区文化体育参与、社区环境参与、社区治安参与、社区医疗卫生参与和社区自治参与。由于目前各级政府和民政部门的重视和投入，特别是“星光老年计划”的实施，社区的文化体育设施有很大改观。居民通过这些活动场地开展经常性的文化体育活动。而实际上，社区居委会开展健身活动、歌曲演唱比赛、保健营养讲座、公民道德知识竞赛等社区文化教育活动，已成为目前居民社区参与的主要兴趣所在。此外，社区还通过组建志愿者队伍的形式将社区成员组织起来开展便民服务、治安巡逻、清洁楼院、公民道德知识宣传等等，将居民吸收到社区服务、社区治安、社区环境等领域中来。

但是，对于社区的政治事务，一般的社区成员很少关注，参加者更是寥寥无几。社区的权力组织包括社区居民代表大会、社区居委会、社区议事会和社区党支部。由于社区居民代表大会人数多，召开次数有限（一般每年一次），社区党支部由街道党工委直接领导，故而居民只有通过参与社区居委会和社区议事会来行使自治权。但是社区居委会由“街聘民选”产生，被列入事业编制，工资由街道发放，工作由街道布置或安排，接受街道定期评比考核。因此社区居委会首先要做政府的“脚”，而非居民的“头”，行政色彩明显。社区议事会的组成主要是社区内的各单位代表、社区内在任或离任的党政干部及少量的居民积极分子，精英色彩突出，由此决定了居民的社区政治参与严重不足。大多数社区成员并没有认识到社区是居民自我管理、自我教育、自我服务的“基层群众性自治组织”，反而认为它是一级行政组织，自己参不参与并不能对它产生什么影响。

3. **参与形式单一，志愿者组织和文艺团体是主要形式**

居民个人参与意识不强，多通过集体组织来参与社区活动。这些组织主要是志愿者组织和一些文艺健身团体。常见的社区志愿者队伍有党员组成的党员志愿者队伍、家庭妇女组成的巾帼志愿者队伍、放假期间的中小学生组成的小黄帽红领巾志愿者队伍、家长组成的关心下一代志愿者队伍、“低保户”组成的“低保”志愿者队伍、楼栋栋长组成的栋长志愿者队伍等等。志愿者队伍的活动涉及卫生清扫、夜间巡逻、扶贫帮困、照顾孤寡老人、文化娱乐、科普活动、医疗咨询等社区环境、治安、教育、文体及医疗各领域。个人单独参与社区活动的情况较少。此外，一些文艺健身团体如晚霞健身队、老年腰鼓队、舞蹈爱好者协会等也成为居民参与社区文化活动的主要形式。

4. **参与意愿不强烈，动员和组织仍是有效途径**

居民主动社区参与的意愿薄弱，需要一定的组织和动员。如上所述，居民参与不仅通过志愿者队伍和文艺团体的组织，而且还需要社区居委会的发动和动员。在实践中，居委会承担着居民社区参与的发动者和组织者的角色。居委会工作人员的素质、在居民当中的威信和号召力、组织动员能力以及开展社区活动的丰富程度都直接决定居民社区参与的状况。然而实践当中，居委会所开展的社区活动常常是为了应付上级政府的检查评比，或是迎接某个节日庆典，形式主义成分较多，难以满足居民的实际需求。此外由于社区居委会本身事务的繁忙也导致其对居民社区参与的关注减少。

概而言之，当前居民社区参与体现出不平衡的突出问题。它又具体体现为参与主体分布不均、参与率低，参与领域不平衡、参与不深入，参与形式单一，参与意愿不强烈。

二、培育社区意识：提高城市居民社区参与的根本

造成以上现实，除了政府主导下的社区建设导致居民社区意识和社区认同感的缺失原因之外，还由于社区毕竟不同于家庭，缺乏血缘联系和感情纽带；也不同于单位和村民委员会，没有直接的利益相关性。在这种情况下如何使居民参与到社区事务中来？“主要还靠文化认同，在价值观，思想方法和生活方式上找到同一的感觉。共同管理起来。”也就是要通过培育居民的社区意识来促进社区参与。社区意识作为社区成员对本社区的关心、认同、依恋、归属等等的心理感觉和价值观念，它包括社区成员的社区认同感、社区归属感和社区自治意识。可以采取以下几种方法来培育社区成员的社区意识。

首先，通过宣传教育，加强居民对社区的认知和认同。由于根深蒂固的单位意识和长期以来居委会行政化色彩，多数居民把社区当成一级行政组织，“认为跟自己没多大关系，只是在开证明、申请‘低保’、计划生育、邻里纠纷时才会想到找社区”。因此，有必要通过多种途径如黑板报、标语、宣传档、广播、市民学校、自办刊物等，宣传有关城市社区建设的相关法律、文件，特别是《居民委员会组织法》和“两办 23 号文件”，使居民明确社区是一个守望相助的共同体，社区居委会是群众性自治组织，社区建设需要社区成员的充分参与，以此增强居民对社区的认同感。

其次，增加社区成员的社区满意度，增强居民的社区归属感。社区归属感是社区居民对本社区地域和人群集合的认同、喜爱和依恋等心理感觉。社区归属感很大程度上决定于社区成员的社区满意度，并进一步影响居民社区参与的动机和行为。决定社区成员的社区满意度的因素又包括以绿化、社会治安、环境卫生、居委会工作为主要内容的人文环境，以早点部、副食店、煤气店为内

容的日常生活，以电影院、公园、文化站、卫生院为内容的文化卫生，以供电、供水为内容的能源等因素。因此，通过在社区环境、卫生医疗、治安、文化教育等事项的决策上，充分与社区居民协商、沟通，征求意见，发挥居民积极主动性，将有助于培养居民的社区归属感，也有助于提高居民的社区参与度。

最后，完善居委会的直选和监督，提高社区居民的自治意识。

社区居民对社区政治事务和公共生活普遍缺乏兴趣，民主与自治淡薄，可能存在两方面原因：一是长期以来居委会一直是街道办事处的“脚”，承担着许多行政事务，而非居民的“头”，开展居民的自治活动。其作为“自我管理、自我教育、自我服务的基层群众性自治组织”的角色发生了异化，一直处于错位的境地。二是社区居民本身缺乏民主操作的实际技能，无法有秩序地协商社区事务，在分歧中达成一致。因此，一方面政府应切实下放权力，明确界定政府与社区的职责权限，让社区充分行使社区内部事务的自治权利，而不是把“社区当做一个筐，什么东西都往里装”；另一方面，推进社区民主，广泛动员社区居民参加社区居民代表大会，选举社区居委会和议事会成员，并开展对他们的民主监督和评议。同时，社区内部重大事务实行民主决策和民主管理，通过召集社区居民会议或议事会讨论决定。所有这些将有助于提高社区居民的自治意识，使居民对社区事务的参与深入到政治层面。

培育居民社区参与意识*

崔运武　陈家喜

居民参与程度是衡量社区建设成功与否的重要指标，社区建设必须以社区居民的广泛参与为基础。只有培育居民的社区意识，使其对社区产生认同感和归属感，才能建立完善的居民社区参与机制。强化居民对社区的认知和认同，增强其满意度和归属感，完善居委会的直选和监督等是培育居民社区意识的有效途径。无论是拓展社区服务、发展社区卫生、繁荣社区文化、美化社区环境，还是加强社区治安，都必须以社区居民的广泛参与为基础。从当前各地情况分析，居民社区参与的现状不容乐观。一方面，居民参与仍以动员型为主，且表现出参与主体不平衡、参与领域不全面等状况；另一方面，参与形式比较单一，居民尚无法或很少有机会参与社区公共权力的运作，由此导致居民参与社区事务的愿望不强烈，参与频度也较低。由于社区不同于家庭和单位，缺乏血缘联系的感情纽带以及直接的利益相关性。在这种情况下，如何使居民主动参与到社区事务中来？笔者认为，培育居民的社区参与意识是根本。只有使居民在价值观、思维方法和生活方式上找到共同点，齐心协力参与社区管理，才能建立较为完善的居民社区参与机制。笔者认为，可以采取以下方法培育社区成员的社区意识：其一，加强宣传教育，强化居民对社区的认知和认同。由于根深蒂固的单位意识和长期以来居委会行政化色彩较浓，多数居民把社区当成一级行政组织。因此，有必要通过多种途径，如宣传栏、广播、市民学校、自办刊物等，宣传有关城市社区建设的相关法律、文件，使居民明确社区是一个守望相助的共同体、社区居委会是群众性自治组织，社区建设须依靠社区成员的充分参与，以此增强居民对社区的认同感。其二，增强社区成员的社区满意

---

* 本文发表于《上海法治报》2004年4月13日。

度和归属感。社区归属感在很大程度上取决于社区成员的满意度，并进一步影响到居民社区参与的动机和行为。决定社区成员社区满意度的因素很多，包括以绿化、社会治安为主的人文环境，以卫生中心、公园为内容的文化卫生，以供电、供水为内容的社区服务等因素。因此，通过在社区环境、卫生医疗、治安管理、文化教育等事项的决策上，充分与社区居民协商、沟通、征求意见，发挥居民积极主动性，将有助于培养居民的社区归属感，进而提高居民的社区参与度。其三，完善居委会的直选和监督，提高社区居民的自治意识。一方面，要明确界定政府与社区的职责权限，让居委会充分行使社区内部事务的自治管理，而不是“把社区当做一个筐，什么东西都往里装”；另一方面，要推进社区民主建设、广泛动员社区居民参加居民代表大会，选举社区居委会和议事会成员，并有效开展对他们的民主监督和评议。同时，社区内部重大事务也要实行民主决策和民主管理，通过召集社区居民会议或议事会讨论决定。所有这些都将有助于提高社区居民的自治意识，使居民对社区事务的参与程度更为深入。

居民参与：社区自治的根本*

崔运武 陈家喜

参与主体不平衡、参与领域不广泛、参与意愿不强烈是目前社区居民参与社区建设的主要问题。增强居民对社区的认同感、增加社区成员的社区满意度和归属感，有助于提高居民的社区参与度。要完善居委会的直选和监督，提高社区居民的自治意识，使居民对社区事务的参与深入到政治层面。

社区居民参与社区建设，是当前社区发展必须着力解决的重要问题。但目前社区居民参与仍存在一些问题。其一，参与主体不平衡，总体参与率低。目前参加社区活动主要的是“一老一少一低”。“老”就是离退休的老干部、老党员，“少”是放寒暑假的中小学生，“低”是指那些定期到居委会领取最低生活保障金的居民。社区所开展的活动也有意识地照顾这一部分人。从分布上看，这些人都是“社区人”，而占社区成员主体的“单位人”——中青年由于工作和生活的繁忙，则很少参与社区的活动。其二，参与领域不广泛，参与程度不深。对于社区的政治事务，一般的社区成员很少关注，参加者更是寥寥无几。社区居委会组成人员要经选举产生，其工作要完成街道布置或交办的各项任务，行政色彩明显。社区议事会主要由社区内的各单位代表、人大代表、离退休干部等组成，具有较强的精英色彩。这些都决定了普通居民与社区政治参与无缘。其三，参与意愿不强烈，参与形式单一。目前，居民主动参与社区活动的意愿薄弱，居委会承担着居民社区参与的发动者和组织者的角色。居委会开展社区活动的丰富程度、组织动员能力以及在居民中的威信力和号召力，都成为决定居民社区参与的重要因素。对此，笔者提出如下建议。第一，培育社区意识是提高居民社区参与的根本。造成以上现实的主要原因，除了政府主导

---

* 本文发表于《上海法治报》2004 年 8 月 31 日。

型的社区建设导致居民社区意识和社区认同感的缺失外，还由于社区毕竟不同于家庭、单位和农村的村民委员会，缺乏血缘联系和感情纽带以及直接的利益相关性。在这种情况下，要使居民参与到社区事务中来，有必要通过宣传栏、广播、市民学校等多种途径，使居民明确社区是一个守望相助的共同体，社区建设需要社区成员的充分参与，以此增强居民对社区的认同感。第二，增加社区成员的社区满意度和归属感。社区归属感很大程度上决定于社区成员的社区满意度，并进一步影响居民社区参与的动机和行为。因此，通过社区环境、卫生医疗、治安、文化教育等事项，充分与社区居民协商、沟通，发挥居民的积极主动性，将有助于培养居民的社区归属感，也有助于提高居民的社区参与度。第三，完善居委会的直选和监督，提高社区居民的自治意识。一方面，政府应切实下放权力，让社区充分行使社区内部事务的自治权力；另一方面，要推进社区民主、广泛动员社区居民参加社区居民代表大会，选举社区居委会和议事会成员。同时，社区内部重大事务实行民主决策和民主管理。所有这些将有助于提高社区居民的自治意识，使居民对社区事务的参与提升到政治层面。

社区应当在抗灾救灾中有所作为*

崔运武 陈家喜

洪水、冰雹、地震、泥石流、干旱、台风等自然灾害往往突如其来，给国家和人民的生命财产造成重大损失。面对这些自然灾害，个人显得势单力薄，需要政府各部门以及全社会一起应对。而社区作为整个社会组织系统的一个最基础的部分，既是抗灾救灾中的基本组织，也是其中的重要力量。

与农村相比，当前的城市社区对救灾工作重视程度不够。作为城市基层群众组织的社区居委会在救灾赈灾工作中发挥的作用主要是向灾区募捐、做宣传动员或是做灾后的统计工作。这些工作形式化和被动性的成分较多，远远不足以应付城市可能面临的热带风暴、龙卷风、地震等实发性自然灾害。造成这一状况的原因在于：一是城市遭遇上述灾害的情况较少。二是城市社区忙于其他事务如民政福利、计划生育、人口登记与管理、社区服务等，对社区救灾赈灾工作方面明显重视不够。因此，提高社区应对灾害性危机的应急准备和应变能力，发挥社区在抗灾救灾中的积极作用将有助于最大限度地减少灾害所造成的损失。

社区作为城市社会的基本细胞和公共危机管理的主体之一，在救灾减灾中具有独特优势，因而在对付因灾害而带来的社会危机中应当发挥更为积极的作用。

首先，灾害来临之前，社区可以做两方面的工作：协助政府做好灾害的预报通报工作，通知辖区居民可能发生的灾情以便于做准备和防范；进行防灾自救的安全知识教育，社区可以通过黑板报、宣传栏、社区学校等多种形式宣传地震、台风、龙卷风等相关知识，可以经常性地对居民进行安全知识、安全技

* 本文发表于《中国社会报》2004年8月14日。

能和安全产品的教育等。应当把自然灾害的常识和相关抗灾自救的安全知识的宣传培训纳入社区安全的范畴，并作为一项经常性的工作来做，使之成为社区建设的重要组成部分。

其次，灾害发生中，社区可以在政府救援到来之前迅速开展抗灾自救工作，如组织疏散群众、设置避难场所、进行简单的医疗救护和轻度的搜救行动。这项工作可以通过组建具有专门救助知识和技能的社区救灾志愿者队伍来实施。这一方面可以借鉴美国的社区救灾反应队的做法。1985 年在美国洛杉矶的灾难预防局首次进行了社区救灾反应队的课程训练计划，后经美国联邦应急管理署（FEMA）的推广而在美国大部分地区展开。社区救灾反应队已成为美国普通民众进行灾难准备、社区互助和救灾安全的重要形式。我国的社区救灾志愿者队伍可以结合我国的具体国情，由社区负责治安与民政工作的委员、社区的党员、具有专业知识的土木工程师、建筑师、医生护士以及退伍军人构成。平时可以对他们进行灾难预防、医疗救护、简单的搜索和救援行动等专业培训，使之成为社区抗灾自救的主力军。

最后，灾害结束后，社区应当做好灾后的自救和募捐工作。社区应当协助政府迅速设置避难场所和救济物资的供应点，妥善安排社区居民的生活；做相关的统计工作包括受灾与成灾人口、因灾伤亡情况、倒塌房屋及其他因灾害造成的直接经济损失。同时，协助政府及相关部门恢复被破坏的交通、通信、供水、排水、供电、供气等工作；宣传发动捐款捐物，并对接受的捐献钱物进行登记造册，合理地确定救助对象，切实把捐助的款物发放到受灾的社区居民手中。

把组织嵌入社会：对深圳市南山区社区党建的考察*

陈家喜　黄卫平

在社会治理体制与利益结构变化的情况下，执政党组织还能否有效地实现对基层社会的统驭？改革开放以来，随着经济领域的变革，中国社会出现了前所未有的变化，社会利益分化加剧，不同社会阶层、不同利益集团逐步显性化，人们之间的利益观念差别趋大，社会矛盾凸现。① 巨大的社会转型给中国执政党的组织建设带来极大冲击，如何通过组织建设来覆盖新经济领域与新社会阶层，如何重新凝聚流散于社会不同阶层和不同利益群体的党员，如何继续保持基层党组织在基层社会的领导核心作用，等等，已成为中国共产党面临的紧迫任务。从2000年以来，执政党正在进行政治战略的调整以适应新的社会形势，包括意识形态的调适，吸收新社会阶层入党，在新经济领域、新社会组织和新社会领域进行“组织覆盖”，等等。② 本文试图通过对深圳市南山区社区党组织建设的观察，来管窥执政党组织如何在社会矛盾加剧的背景下，通过组织建设战略与功能的调整，实现对基层社会的重新嵌入。

---

* 本文发表于《马克思主义与现实》2007年第6期。

① 桑玉成：《利益分化的政治时代》，学林出版社2002年版；李强：《转型时期的中国社会分层结构》，黑龙江人民出版社2003年版；孙立平：《转型与断裂：改革以来中国社会结构的变迁》，清华大学出版社2004年版。

② Bruce J. Dickson, “Cooperation and Corporatism in China: The Logic of Party Adaptation”, *Political Science Quarterly*, 2000～2001, 115（4）：517～540；林尚立：《领导与执政：党、国家与社会关系转型的政治学分析》，载于《毛泽东邓小平理论研究》2001年第6期；陈映芳：《行动力与制度限制：都市运动中的中产阶层》，载于《社会学研究》2006年第4期。

一、传统社会结构下党与基层社会的关系

革命时期，中国共产党就开始建立起对社会的领导机制。革命后的社会主义改造时期，党在对社会进行全面重组的同时，也在社会组织当中建立起党的基层组织网络，并成为党执政的重要组织基础。① 党的基层组织根据社会成员的地域分布和组织分布来建立，它们在所在社会单元内发挥着领导核心作用。根据中国共产党章程规定，在凡是有党员的社会单元内，如企业、农村、机关、学校、科研院所、街道社区、社会团体、社会中介组织、军队等，正式党员3人以上的，都必须设立党的组织。此外，根据党员人数的多少，还可以设立党小组、党支部以及基层党委。

这些散布在基层社会的党组织既是党的基本细胞，也是党联系社会成员的触角。它们向社会成员宣传党的路线、方针、政策，解释党的主张和决定，团结带领他们实现党的任务；向上级党组织反映社会成员的愿望、要求和呼声，为领导机关提供决策依据。这些组织同时还是所在社会单位的领导机构。作为执政党体系的有机组成部分，基层党组织也承接了执政党的行政权威，进而在所在的社会单位里居于领导地位。

计划经济体制下，经济领域的单一性和社会结构的单位化为基层党组织设置和作用发挥提供了便利条件。全国实行计划经济，全民所有制和集体所有制企业是主要的经济单元。通过在这些企业内部设置党的组织，可以有效地实现对企业领导层以及工人的领导。在城市，单位体制几乎囊括了除去企业成员之外的所有城市社会成员。单位不仅是单位成员的生产工作场所，还是他们生活、福利乃至个人政治发展的基本平台，成员对单位的依附是十分显著的。在各类单位当中，又都分别设立着各种级别的党组织，它们是单位领导核心，同样也会对单位成员具有较强的领导和约束能力，尤其是对于这些成员的职业发展与政治进步发挥着至关重要的作用。

相比之下，单位体制下的社区处于微弱的地位。在社区建设开展之前的居委会辖区，社会成分相对简单，其所管理的居民除了主要是“单位人”外，其他的就是单位体制之外的社会边缘人群。

---

① 林尚立：《在基层组织中开掘党建资源》，载于《探索与争鸣》2002年第7期。

二、社会结构的嬗变以及党与社会关系的新变化

改革开放以来，社会结构和利益关系发生了很大的变化。作为经济特区，深圳较早打开窗口向外开放，较早开展市场经济建设，社会结构的变动尤为显著。在我们对南山区的调研中发现，社会结构的变化鲜明地体现在这样一些方面：

首先，社区的扩张以及社会结构多元化。市场经济的发展和对外开放对传统单位制和街道、居委会制度形成很大的冲击，社会结构呈现日益复杂化和多元化的局面，这在南山区社会类型分布上得到体现。南山区共有98个社区，居住着各种各样的社会群体，包括以高收入人群为主的中产阶级社区，以国家机关工作人员为主的公务员社区，以原有农村改制为主的股份制社区，以及各种人群聚居的混合型社区。社区成员的多样化，也带来了利益的多元化，给社区党组织的驾驭能力提出巨大的挑战，如何协调社区内的不同群体之间的利益冲突，成为社区党组织的一项重要任务。

其次，社会矛盾的增加以及新社会力量的崛起。深圳经济特区快速的经济发展也孕育了为数众多的中等收入以上阶层人士。他们普遍受过良好的教育，具有较高的收入，更具有强烈的自主意识，在维护自我权益上更为积极主动。由于他们某种程度上代表了部分群众的利益诉求，因而在社区内和群众当中享有较高声望。相比之下，受到较多制度掣肘以及组成人员个人素质影响，社区党组织显得较为弱势。

最后，不断增加的流动党员成为党组织无法吸收的“地下党员”。改革开放以来，深圳吸引着大量的外来流动人群“淘金”。据统计，南山区总人口140多万，而外来人口有100多万，这其中隐含着许多非本地户籍人口的党员，包括离退休党员，下岗的原国企党员，非公经济组织中的党员，以及外来流动人口中的党员。这些非在编党员的比例甚至超过了在编党员的总数，这些流散到基层社会的党员，长期没有纳入到组织当中来，不仅没有发挥党员的先锋模范作用，甚至还成为一些社会不稳定事件的参与者。

有学者指出：“改革和社会发展使党的建设和发展处于这样的两难境地：社会结构的分化和社会形态的转型，使党的基层组织出现弱化趋势；而在改革和发展这个时代，党的基层组织对新时期党建与中国社会发展的战略重要性却

在不断地增强。"① 因此，在社会力量成长以及社会利益冲突加剧的背景下，执政党对基层社会的统驭面临严峻的危机，一些传统的领导社会和动员群众的方式逐步失效，需要寻找新的整合社会利益的途径和渠道。

三、组织重新嵌入社区：南山社区党建的实践

面对新的社会结构与社会冲突，南山区在开展和谐社区建设当中，把社区党建作为其中的重要环节，着力提高社区党组织和社区党员的活力，提升党组织在基层社会的影响和威望。

（一）组织覆盖与资源整合

“组织覆盖”是中国共产党加强对社会领域和经济领域领导的重要方式，即在这些领域发展党员，建立党的组织体系，从而实现党对该领域的领导和控制。正如革命时期将“支部建在连上”实现党对军队的领导，以及在单位建党与地域建党实现对单位和社会的领导一样，执政党在新时期也开始对新经济领域如非公有制企业、新社会组织如商会和行业协会、中介组织以及新拓展的社会领域开展“组织覆盖”工作，从而确立党对这些领域的领导地位。

面对不断扩大的非公有制经济领域和社会领域，南山区首先确立了全面“组织覆盖”的社区党建目标，即“社区党组织全覆盖，社区党员管理和服务全覆盖，党员在社区建设中作用发挥全覆盖”。一些社区还创造性地开展了组织覆盖工作，大力推行划片包干、分工合作模式，逐步实现“党员负责家庭，党小组负责楼栋，支部负责片区，党委负责社区”的全方位社区党建工作新格局。此外，还有些社区开展党员责任区、党员示范岗等活动。

面对不断增加的流动党员和离退休党员，南山区将社区党员整合作为一项重要的工作。经过摸底“清点”，南山区已普查登记党员 37 024 名，其中组织关系在社区的 7 431 名，驻社区单位 19 402 名，居住在本社区但组织关系不在本社区的 10 191 名，基本上掌握了社区范围所有党员包括流动党员的信息。在此基础上，南山区在社区层面加强“组织覆盖”工作，成立了 5 个社区党委、3 个街道片区民营企业党委和 24 个党总支。

通过对社区党员资源的整合，南山区让处于流散状态的党员重新回到了组织的怀抱，也使基层组织拥有了较为坚实的党建队伍，为调动党员资源、发挥

---

① 林尚立：《基层组织：执政能力与和谐社会建设的战略资源》，载于《理论前沿》2006 年第 9 期。

党员作用、开展党建活动奠定了基础。

（二）“公职党员”浮出社区

在应对社会矛盾的过程中，如果执政党组织不能在基层社会发挥主导作用，那么就会让其他社会力量取而代之，许多社会矛盾的发生均源于此。[①] 在这一判断主导下，中共南山区委开展了“十百千万行动”，重点发挥党员、公职人员在社区中的作用。“十百千万行动”的主要内容是：培植、树立、宣传、推广十类社区组织典型；组织百名党员和公职人员进入业委会，占领业委会阵地；发动千名党员和公职人员担任楼栋长、片长；新发展万名义工，引导广大公职人员从事社区公益服务，推进社区公益事业和关爱行动。为了配合这一工程的实施，南山区直机关党工委专门制订了“十百千万行动”方案，发出通知要求区直机关70多个党支部的党员积极响应区委的号召，到所居住的社区登记。

在这一“工程”的推动下，公职党员纷纷在社区亮出“身份”，浮出“水面”。南山区8个街道党工委“班子成员”100%全部到社区工作站登记，发挥带头示范作用。截至2007年5月，已有6 677名党员、公职人员到社区登记，加上7 530名党组织关系在社区的党员，平均每个社区有145名党员、公职人员在社区亮出了身份。全区218个业委会中，已有457名党员、公职人员在本社区业委会任职，比登记之前的330名增长了38.5%；4 922个楼栋中，已有1 727名党员、公职人员担任了楼栋长，比登记之前的235名增长了6倍多。一些典型街道和社区远远超过这一比例。

这一做法带来两个效果：一方面是将社区党员置于“阳光”之下，使居住在社区的公职党员成为社区执行上级党组织决议和政府政策的重要力量。许多社区党支部将一批党员楼栋联络员的姓名和联系电话在社区张榜公布；有些社区还专门举行聘任大会，向担任楼栋长和党建联络员的党员颁发聘书。这样，原先隐藏于某些社会冲突当中的党员，在党员身份亮明之后，不仅本人的言行受到组织约束，他们还有责任和义务进行劝导、疏通，避免事态激化。因而，担任楼栋长和楼栋联络员的党员成为了社区安全隐患的“排雷器”。

另一方面，在社区亮出身份的公职党员还成为社区服务的主要成员。2004年颁布的《中共中央组织部关于进一步加强和改进街道社区党的建设工作的意见》中明确规定：“把服务群众作为街道、社区党组织的重要任务。……着

---

① 中共深圳市南山区委书记叶明辉同志在“深圳市南山区城市社区和谐治理制度创新研讨会”上的讲话，2007年7月29日。

眼于社区群众多层次、多样化的需求，特别是群众最关心、最急需解决、通过努力又能够解决的问题，开展面向社区群众的便民利民服务，尤其是要会同有关部门，开展面向下岗失业人员的再就业服务，面向困难群众的社会救助和福利服务，面向流动人员的维权服务等，为社区群众排忧解难。"① 南山区的社区党建显然也将党员与党组织的服务作为社会党建的重要内容。在沙河街道"三位一体"义工服务模式当中，党员积极参加社区义工组织，向有需要的社区居民提供服务，带孩子、做饭、照顾老人等；协助维护社区治安、青少年帮教、监督检查社区卫生、调解邻里纠纷；协助社区工作站开展人大选举、居委会选举、计划生育宣传和监督等政府职能工作。在南头街道，党员服务向楼栋延伸，向义工等公益组织延伸。街道所辖的前海社区里党员和领导干部纷纷要求竞争担任楼栋长和党建联络员。这些楼栋党建联络员在楼栋里推行了"四个必访"：对困难家庭必访，对住院病人必访，对下岗失业人员必访，对孤寡老人必访。同时积极关注辖区困难党员和下岗失业党员的生活困难，尽可能地为他们解决一些实际问题，让党员感受到社区党组织的关怀和温暖。在开展社区服务过程中，党员获得了较高的群众认同度，享有较高的社会声望，从而成为党联系社区群众的纽带。

（三）老年党员成为社区党建活动的积极参与者

社区范围内，老年人始终是社区参与的主体，他们在时间上和意愿上都具备参与的条件。② 如何将原先积极参与党外活动的老党员吸收到"党内组织的活动中来"是社区党建的一项重要内容，南山区的一些社区为此进行了一些有效的探索。

招商街道通过建立党支部的形式，将社区老党员组织起来。该街道先后成立了14个社区老同志党支部，使300名老同志在家门口就近参加组织生活，为他们建立了自己的"娘家"。党支部成立之后即在社区稳定上发挥了积极作用。社区老同志党支部踊跃参与对社区青年、退休人员、家属、邻居的工作，教导他们支持政府政策，从源头上调节群体性事件，不仅保证党员及其家属不参加集体上访，还深入居民家中，做好他们的思想工作，使一些大规模群体性

---

① 《中共中央组织部关于进一步加强和改进街道社区党的建设工作的意见》，载于《人民日报》2004年11月22日。

② 陈家喜：《论城市社区建设中的居民参与——以昆明市S社区居委会为例》，载于《学术探索》2003年第6期。

事件得以顺利调解。①

南头街道通过将社区老年党员吸收到老年协会，来引导他们的社区参与活动。社区党支部将其视为维护社区和谐稳定的一支重要力量，在老年协会换届选举中，引导离退休老党员进入协会。一些老年娱乐组织同样在社区建设中发挥了积极的作用。由于这些老年协会分别来自不同的社区单位如业主委员会、物业公司等等，通过共同参加休闲娱乐活动，他们沟通了思想，交流了观点，较好地化解了先前存在于业委会与管理处之间、老新业委会之间、业委会成员之间、社区内各种组织之间的矛盾和“纠葛”。

在南山区境内还有不少属于外来的离退休党员，他们也是所在社区事务的重要参与者和行动者。他们往往担任过领导职务，离退休后随子女来到深圳。鉴于以往的工作经历，他们通常具有强烈的参政意愿和热情，有较强的组织动员能力。作为流动党员，他们又处于党组织管理的空白点。在月亮湾片区人大代表工作站，在老年协会，在龙光法律工作站等，都显示出这些离退休党员的巨大政治能量。例如，龙光社区居委会聘请退休法官、中共党员李其义同志作为专职法律工作者，为其提供60多平方米的房间作为办公用房，专门负责为社区群众提供人民调解、法律宣传、法律咨询、法律援助、接待来访等服务。截至2007年3月，龙光社区法律工作站先后共受理了各类纠纷案件402宗，其中民事纠纷155宗、劳资纠纷68宗、家庭纠纷33宗、租赁纠纷18宗、法律咨询68宗，基本做到了小矛盾不出社区、大矛盾不出街道。

（四）党组织成为利益调解人

面对不断激增的业主维权以及社区范围内的纠纷，社区党组织如处置不好往往导致自身权威的丧失。一些基层党组织创造性地将社区内各利益主体吸纳到党组织中来，使党委会成为利益沟通与交流的平台，这在前海社区设立的党委会中得以体现。

南头街道前海社区是一个以机关工作人员为主的社区，党员人数多，共有党员1 056名，其中党组织关系已转入社区党组织的就有106名。根据党章的规定，该社区成立了一个社区党委，下属社区工作站党支部、物业管理公司党支部、老年协会党支部、社区居民党支部、前海学校党支部、前海一小党支部、机关幼儿园党支部等7个党支部。前海社区党委还专门建立起社区党建工作联席会议制度，由社区党委牵头组织，下辖社区工作站、业主委员会、老年

---

① 南山区和谐社区建设办公室：《南头街道和谐社区建设有新招》，载于《南山区创建和谐社区工作简报》（内部交流）第3期，2007年2月2日。

协会、居民委员会、物业管理公司及学校系统等单位党支部，共同参与。参与联席会议的各成员单位之间是一种民主、平等、合作的关系。在社区党建工作联席会议上，成员单位通报和交流创建和谐社区的工作情况及其他重大事项，对社区党建和社区建设中的重大事项进行协商，统一组织，集中解决，协调行动；讨论研究基层党建中带有共性的问题，对社区党建及党组织在履行社会管理、创建和谐社区等方面应尽职责的情况进行评议，并向其上级主管部门反映。联席会议采取平等协商、民主讨论、集思广益的办法，充分尊重每一个成员单位的意见。联席会议每月召开一次，根据实际情况也可以不定期召开。各成员单位指定一名联络员，作为联席会议的日常事务性工作的联系人。

社区党委吸纳物业管理公司、业主委员会、中介机构等社区组织中有较强议事能力的党员为社区党委成员，制定社区党组织议事规则，强化社区党委在和谐社区建设中的核心作用，使党的各项方针政策能及时在社区得到推进落实。这些成立支部的主体本身也是社区当中的重要社区行动者，在他们当中成立党支部，然后通过党委会将这些社区行动者之间的利益矛盾纳入到党委会上协商，从而实现了不同利益之间的沟通与协商。

四、初步的成效与限度

作为地方党组织建设的重要探索，南山区开展的社区党建工作取得了一定的实效。首先，通过对在基层社会当中的流动党员、“地下党员”、“口袋党员”等非在编党员进行重新“清点”，将流散的组织资源重新凝聚起来，扩大了基层党组织的力量，强化了对党员的教育管理，也为党组织进一步调动这些党员开展活动奠定了基础。

其次，党组织在基层社会的核心作用开始回归。通过发动社区党员在社区当中开展服务和沟通活动，让党员走进困难家庭，帮助身边的困难党员和困难群众，让党委会成为关心居民利益的协调组织，所有这一系列的举措带来了党组织在社区中的威信提升，这在调研和访谈当中得到了证实。许多社区党支部的负责人都坦言，在服务居民之后，社区党支部在群众当中扩大了影响，社区居民在遇到麻烦事时总是首先想到找党组织和党员，而不是其他。据统计，从党员在社区亮出“身份”之后，群众来信来访同比下降了25.2%。

再者，党对社会的渗透进一步强化。如果说在利益分化与矛盾凸现的情况下，人们会进一步漠视政治性强而利益性弱的党组织的话，那么通过党员在基层社区、在家门口“亮出身份”，使党员成为社会管理的网络和执政党伸向基层社会的触角，从而进一步增强了执政党对基层社区的统驭能力。

然而，在南山区社区党建的开展过程当中，我们仍然发现，尽管在社区党建当中采取了各种探索的措施，但是仍然显露出其作用的限度。比如在强调发挥共产党员在社区维护稳定与服务居民的作用时，南山区采取的手段主要还是传统的组织动员，上级党组织的强力发动，并配合相应的考核与奖惩机制，要求各级机关公职党员必须在社区“亮出身份”。尽管这在活动启动的初期是十分必要的，但是如何使这一活动更为持续地开展下去，将组织行为转化为党员自觉行为，还需要寻找更为长效的机制。

此外，在这一活动背后还存在一个深层的悖论，即那些在社区“浮出水面”的党员，当他们面临组织利益与个体利益、国家利益与社区利益相冲突的情况究竟如何作为？从当前开展的党员进社区的活动来看，他们确实在维护上级党组织的意志、贯彻政府决策、协调社区利益矛盾等方面发挥出积极作用。但是，一旦当某些政府决策危及社区居民的利益或者二者利益存在相互矛盾的时候，作为社区居民一分子的党员，显然面临角色冲突的问题。他们究竟是担当执政党的触角，还是担当社区居民的利益表达者？显然是一个难以摆脱的困境。

五、结　论

随着市场经济所带来的社会结构的变化与利益结构的变动，党与社会的关系也发生了深刻的变化。如果说计划体制下执政党不仅在政治上对社会进行领导，而且在经济上也对社会具有领导作用，那么在市场经济推动经济成分多元化与社会结构复杂化的背景下，执政党对社会的驾驭能力显然显露出它的边界和“空白点”。甚至是一些执政党内部成员，在面临利益矛盾的情况下也站到了执政党的对立面，这在当前许多社会矛盾当中得到鲜明的体现。

作为市场经济发展较早的深圳经济特区，在社会结构转换和社会冲突显现上也具有一定的超前性。在新的历史条件下，笔者认为，执政党除了要善于将体制外民众政治参与的诉求纳入到体制内来有序释放外，更要努力整合与激活分散在社区的丰富政治资源，将现行体制内的组织资源嵌入到社会中去代表民意、整合利益、引领社会，从根本上改革与完善党的领导方式与执政方式。深圳市南山区社区党建的探索，实际上是基层党组织在外部社会变动以及利益矛盾凸显的情况下所进行的适应性调整。南山区社区党建显然不仅仅是覆盖了“空白点”，建立起党组织，而且让社区党组织和社区党员运转起来，从原先的外在社区的“行政性组织”变成内嵌于社区的服务性组织，使党员在社区亮出了身份，发挥了作用。总之，正是执政党将分散于社会内部的党员、干部的政治资源重新整合、激活，才使其在基层社会的角色和功能发生了较大的变化，在基层社会的威信不断提升，在社会结构发生变化的情况下仍然能够实现对社会的领导。

中国城乡基层民主：差异与互动*

崔运武　陈家喜

基层民主，是当代中国社会主义民主政治建设的重要组成部分，在农村基本表现为村民自治，在城市的一个基本内容则是城市社区自治。那么，如何看待发生于中国基层社会的城市社区自治与农村村民自治的关系呢？目前学界普遍认为，村民自治走在了城市小区自治的前面，并且开始对之产生影响。其中，有观点认为村级民主的发展将产生横向和纵向的扩张，其中的横向扩张即村民自治对城市小区居民自治产生的影响。① 更有学者提出，农村基层民主发展的后果必将扩散至城市小区，以至实现“第三次农村包围城市”。②③ 这些观点在一定程度上让我们看到了城乡基层民主发展不均衡的现实，也使我们认识到村级民主对城市基层民主产生的影响，但是也未免将这一影响夸大化，没能仔细分析城市和农村基层民主发展的诸多差异，也未能预测到城市基层民主对农村基层民主即将产生的影响，因而得出的结论难免有些仓促和简单。

本文认为，农村村民自治和城市居民自治作为中国基层民主制度在城市和乡村的两种表现形态，都是萌生于中国底层社会，必然存在着一定的联系。但是由于二者所萌生的环境差异和发展的步调不一，它们之间也有明显的不同，并且存在相互影响与相互作用的方面。因此，本文将村民自治和居民自治联系起来进行对比分析，通过对它们演进历程的简要回顾和实际运行的深入分析，来比较二者的相似点与差异之处，进而探讨城乡基层民主在发展道路上的互动关系。

---

* 本文发表于《政治学研究》。

① 景跃进：《村民自治的意义阐释与理论化尝试》，载于徐勇编《中国农村研究》（2001 年卷），中国社会科学出版社 2002 年版。

② 辛秋水：《村民自治：第三次农村包围城市》，载于《荆门职业技术学院学报》，1995 年第 2 期。

③ 郭素芳：《从农村民主建设看中国民主政治的走向》，载于《天津社会科学》，2002 年第 6 期。

一、关于中国基层民主的概念界定

众所周知，民主在古希腊人那里意为“人民的统治”。然而，直到今天，关于民主是什么的问题，仍然“犹如一片巨大的、无法穿越的灌木丛”。①(P43)“现在民主一词，感情上的含义如此丰富明朗，社会领域中一切期待的事物无不以民主来命名。渴望的自由成了‘民主自由’，权利也都不加区分地称之为‘民主权利’，几乎一切可称之为理想的，从基督精神到人头税，都被其支持者称之为‘民主的’。”②(P104)为了准确把握民主的内涵，罗伯特·达尔专门为民主列出了五项最起码的标准，即“有效的参与、投票的平等、充分的知情、对议程的最终控制、成年人的公民资格”。③(P43)在现代西方学者关于民主的理解中，一个基本一致的看法是将有无竞争性的选举作为一项重要的指标。根据熊彼特的观点，民主“就是达成政治决策的一种制度性安排，依靠它，一些人通过竞争民众的投票而获得决策和权力”。④(P201)强调民主的选举要素在于：一方面，由于“预期反应”的效应，人们定期选举产生的代表会根据选民的意旨行事；另一方面，人们也不必作为“全职公民”随时随地参与政治生活。

“自治”一词，“意味着人类的自觉思考，自我反省和自我决定的能力，它包括在私人和公共生活中思考、判断、选择和根据不同可能的行动路线行动的能力”，⑤(P380)同时又指“某个人或集体管理其自身事务，并且单独对其行为和命运负责的一种状态。更狭义地说，它是指根据某个人或集体所特有的‘内在节奏’来赞誉自主品格或据此生活的质量的一种学说。因此自治以自决权为先决条件”。⑥(P745)自治在实践中可以分为多个层次。最低层次的自治是文化自决，即在文学、艺术方面无约束地自我表达的权利；第二层次是法律的自主和权利；第三个层次是内部政治自主或本土管辖。⑦(P745)根据自治的类型划分，有社会自治、地方自治和群众自治之别。

资料显示，西方对民主的分类中有政治民主、经济民主与社会民主之分，

---

① 罗伯特·达尔著，李柏光等译：《论民主》，商务印书馆1999年版。

② 卡尔·科恩著，聂崇信等译：《论民主》，商务印书馆1988年版。

③ 罗伯特·达尔著，李柏光等译：《论民主》，商务印书馆1999年版。

④ 约瑟夫·熊彼特著，吴良健译：《资本主义，社会主义与民主》，商务印书馆1998年版。

⑤ 戴维·赫尔德著，燕继荣等译：《民主的模式》，中央编译出版社1998年版。

⑥ 戴维·米勒、韦农·波格丹诺著，邓正来等译：《布莱克维尔政治学百科全书》，中国政法大学出版社2002年版。

⑦ 戴维·米勒、韦农·波格丹诺著，邓正来等译：《布莱克维尔政治学百科全书》，中国政法大学出版社2002年版。

有宏观民主与微观民主、程序民主与实质民主、多元民主与精英民主、直接民主与间接民主、选举式民主与参与式民主之别，独不见对基层民主的分析。西方学者多用“草根民主”（grass－root democracy）一词来形容当代中国城乡基层民主，并且主要从选举是否完全直接、自由、公正以及选举过程的竞争性等方面来衡量民主的发展程度。① 因此，在某种意义上可以说，基层民主是中国语境中的一个特定术语。研究中国基层民主的著名学者李凡认为，“中国基层民主的主要概念和所包含的主要内容就是，以广大群众的民主参与为主影响基层政治、经济和社会的过程，就是基层民主的概念”。②(P7) 据此标准，李凡对基层民主的界定较为宽泛，不仅包括城市的居委会和农村的村委会的直选，还包括乡镇直选和 NGO 组织。③(P7) 也有学者认为，中国基层民主的范围主要限于城乡基层自治组织内，如城市居委会和农村村委会④或者再加上工厂企业内部的职工代表大会。⑤ 并且中国学者对基层民主的分析更多地集中于基层自治组织的设置、变更、沿展和自治权限的行使，而不仅仅关注基层民主选举。⑥ 本文所使用的这一概念是指发生在中国基层群众自治组织内（城市的居委会和委会）的民主，是以自治组织内的成员的民主选举、民主决策、民主管理和民主监督为主要内容的基层民主。从内涵上看，中国基层民主包括城市和乡村两部分。本文对基层民主的分析主要着重考察自治组织和直接选举两方面。

中国的基层民主是村民自治和居民自治的自治形态，从层次上看属于最高层次的自治，即对共同体内部的经济、社会和政治事务的管辖；从类型上看是属于群众自治，而不同于地方自治。这种群众自治的突出特点在于：自治的主

---

① 可参阅 Robert A. Pastor and Qingshan Tan：“The Meaning of China's Village Election”，The China Quarterly No. 162（2000） pp. 148～512；Kevin J. O'Brien and Liangjiang Li：“Accommodating ‘Democracy’ in a One－Party State：Introducing Village Elections in China”，The China Quarterly No. 162（2000 ） pp. 465～489；Benjamin L. Read：“Revitalizing the State's Urban ‘Nerve Tips’”，The China Quarterly No. 163（2002） pp. 807～820；Jean C. Oi and Scott Rozelle：“Elections and Power：The Locus of Decision－Making in Chinese Villages”. The China Quarterly No. 162（2000）.

② 李凡：《中国基层民主发展报告 2002》，西北大学出版社 2003 年版。

③ 李凡：《中国基层民主发展报告 2002》，西北大学出版社 2003 年版。

④ 徐勇：《绿色崛起与都市突破——中国城市社区自治与农村村民自治比较》，载于《学习与探索》2002 年第 6 期。

⑤ 宋月红：《城市化与村民自治的变迁》，载于《北京行政学院学报》2002 年第 1 期。

⑥ 这种对中国基层民主的分析方法在国内学者中较为常见。其中关于城市基层民主的分析参见王颖《论小区自治建设》，载于《北京社会科学》2003 年第 2 期；陈伟东《论城市小区民主的制度结构——以武汉市江汉区小区建设实验为例》，载于《社会主义研究》2001 年第 3 期等。关于农村基层民主的分析参见萧唐镖《二十余年的乡村建设与治理：观察与反思》，载于《二十一世纪》（中国香港）2003 年第 4 期；吴理财《20 世纪村政的兴衰及村民自治与国家建设》，载于《当代中国研究》2002 年夏季卷；郭正林《中国乡村的治理结构：历史与现实》，载于 www. chinaelections. com 等文。

体是基层群众，而不是地方；自治的内容是自治范围内与群众利益直接相关的事务，而不包括政务，即国家的政令法规和政策；自治组织本身不是政权机关，而是享有广泛自治权的组织；群众自治组织的领导人由自治体成员直接选举产生，不属于国家公职人员。① 许多西方学者误将村委会选举认为是美国新英格兰地区的乡镇选举或中西部地区的小市镇选举，实际上混淆了地方自治与基层群众自治的区别。②

二、中国城乡基层民主的崛起：不同的路径

从当代中国基层民主崛起的路径来看，城乡基层民主发展的步调始终不一，且呈现出不均衡的特点。③ 从历史的角度看，城市基层民主是早于农村基层民主的。1950 年 2 月、3 月间在武汉、天津等地出现的居民委员会可以看做是城市民主自治的最初萌芽。而同时期的农村，在土地改革完成后出现的行政村体制和随后的人民公社体制下的生产队组织，却都不是村民自治组织。农村的村民自治最早只可以推至 1980 年前后在广西的宜山、罗城等地出现的“村委会”、“村管会”、“议事会”等组织。20 世纪 80 年代以来的中国基层民主发展的特点突出体现为农村先行，城市滞后。这也同中国改革先农村后城市的步调大致吻合。农村的基层民主是农村经济体制改革的产物。家庭联产承包责任制的推行使原有的生产队组织陷于瘫痪，并催生了村民委员会的出现。随后，三股力量极大地推动了农村民主的发展。首先，国家出台了一系列法律法规和部门规章，如 1982 年宪法、1987 年和 1998 年的两部村委会组织法、民政部为推进村民自治出台的相关部门规章等。其次是各级民政部门的积极推动。民政部门通过建立村民自治试点、示范村，引入竞选，召开座谈会，出台部门规章，甚至下派干部到农村蹲点等方式，积极推动村民自治。再次，农民民主意识的觉醒。在初期政府引入民主后，农民逐渐意识到自己的利益可以通过选票来维护后，便开始积极投入到自治的实践中来，突出的表现就是创造了多种选举办法，如“海选”、“两票制”、“联选制”、“五人提名，代表预选”等。④ 从 20 世纪 90 年代中期以来，村民自治已步入程序化、制度化的轨道。

与轰轰烈烈的村级民主发展相比，20 世纪 80 年代初至 90 年代中期的城

---

① 沈延生：《村政的兴衰与重建》，载于《战略与管理》1998 年第 1 期。

② 沈延生：《村政的兴衰与重建》，载于《战略与管理》1998 年第 1 期。

③ 参见郭圣莉、高民政的分析《1958～1966：居民委员会功能的变异与恢复——以上海市为例的历史考察与分析》，载于《学术季刊》2002 年第 3 期。

④ 白钢：《选举与治理》，中国社会科学出版社 2001 年版。

市基层民主则处于“冷漠地带”，既未引起政府的重视，也未引起居民的兴趣，造成这一现象的原因，一是单位体制的影响，传统的单位体制在城市占据主导地位，占城市人口多数的“单位人”由于利益的因素高度依附于单位，对居委会缺乏认同感，导致居民参与不足；二是城市行政组织（主要是街道办事处及一些职能部门）常摊派任务给居委会，导致居委会更像是政府的“脚”，而非居民的“头”，行政色彩突出而自治能力不足；三是居委会自身存在的经费不足、人员老龄化、工作负担沉重、工作方式单一等问题，致使居委会无力开展自治活动。20 世纪 90 年代中期开展的城市小区建设启动了城市基层民主的步伐。伴随着小区建设的深入开展，建设的内容由社会层面转入政治层面。1999 年，民政部首次在《全国小区建设实验区工作纲要》中提出了“小区自治”的概念，并先后在 26 个小区建设实验区加以推广实施。至此，城市基层民主开始以“小区自治”、“小区民主”的新形式快速发展。自 2001 年《民政部关于在全国推进城市小区建设的意见》颁行全国，小区建设开始在全国范围内展开，而作为其内容之一的小区民主和小区直选，即居民通过直接投票的方式选举小区居委会，开始在许多省市广泛展开。1998 年青岛市四方区的瑞昌路街道办事处的第二居委会和第六居委会拉开了城市小区直选的序幕。1999 年，上海的卢湾区、浦东新区也进行了小区直选的实验。1999 年底到 2001 年 1 月，北京市石景山区的园北小区首启小区直选的试点。2000 年底到 2001 年 11 月，省级小区直选首先在广西壮族自治区推广。广西首先在南宁、柳州和武鸣等地展开城市小区直选，2002 年 5 月至 10 月又在全区的柳州、北海等 8 个地市 364 个小区进行直选。2002 年，小区直选相继在北京、广州、深圳、沈阳等大城市展开。自 2003 年 1 月起，南京、宁波、苏州、上海和长沙等城市的小区直选也随后跟进。1998 年到 2003 年期间的城市小区选举呈现出选举逐步规范化、直选模式多样化等特点。①

从发展的动力上看，农村村民自治的发生更多的是农村经济领域变革的结果，是农民应对“包产到户”的一种治理方式的创新，带有很强的自发性，在某种意义上可以说是农民的一种自主创造。而城市基层民主，由于缺乏群众自发的要求，更多地体现出政府的推动与规划色彩。② 农村基层民主发生于后公社时代，是伴随着家庭联产承包责任制的推行和公社体制的解体而出现的。

---

① 李凡：《中国城市小区居委会直接选举改革的启动：1998～2003》，载于李凡编《中国城市小区直接选举改革》，西北大学出版社 2003 年版。

② 徐勇：《绿色崛起与都市突破——中国城市社区自治与农村村民自治比较》，载于《学习与探索》2002 年第 6 期。

“包产到户”的农村经济变革使农民获得了生产经营的自主权，成为独立的生产主体、财产主体和利益主体。公社体制下的生产大队和生产队组织的权威受到挑战，“农村基层社会出现权力真空，社会治安、公共事务和公共事业等处于无人管理的状态”。[①] 为了填充这一暂时性的权力真空，20 世纪 80 年代初，在广西宜山、罗城等地相继出现了农民自发组建“村委会”、“村管会”和“议事会”等组织以取代原先的生产大队和生产队，这些农村群众性自治组织的出现，可以看成是农村村民自治的最初萌芽。因此，在这个意义上，农村村民自治又被认为是继家庭联产承包责任制和乡镇企业之后农民的又一个“伟大创造”。城市基层民主只是到了城市小区建设开展之后才有大的突破。此前的居委会的法定地位虽然是“城市基层群众性自治组织”，然而其承担的角色却是政府的“腿”和“脚”——协助政府办理行政事务的准政府组织。城市小区民主，某种意义上是一种行政指导型民主，主要是在政府的主导和规划下展开，具有强烈的规划和非原生性特点。不仅小区自治概念的提出，还包括小区范围的重新规划、小区选举的主持、小区工作人员的聘用考核、小区运行经费的提供等都离不开政府（尤其是民政部门）的指导和扶助。

三、城乡基层民主的差异：若干表现

尽管本文主要是对比中国城乡基层民主的差异，然而并不否认二者的相似和相通之处。作为中国“社会主义民主最广泛的实践”，村民自治与居民自治具有许多相似之处。具体而言，体现在：

一是二者都发生于最基层的社会，是一种“草根民主”。这一民主的典型特征在于自治的主体是社会最底层的广大基层群众；自治的主要内容是与群众利益直接相关的事务，而不包括政务，即国家的政令法规和政策；自治组织本身不是政权机关，而是享有广泛自治权的组织；自治组织的领导人由自治体成员直接选举产生，不属于国家公职人员。[②]

二是二者的制度创始过程都带有强制主导型色彩。由于中国的整个社会改革都带有政府主导色彩，是一种在政权控制下的渐进式的“摸着石头过河”的改革。[③] 作为基层管理体制重要变革的村民自治和居民自治也未能例外，带

① 白钢：《选举与治理》，中国社会科学出版社 2001 年版。

② 沈延生：《村政的兴衰与重建》，载于《战略与管理》1998 年第 1 期。

③ 徐湘林：《摸着石头过河与政治改革的政策选择》，天津社会科学 2002 年第 3 期。

有明显的政府推动色彩，是一种强制性的制度变迁过程。[1] 当然，在这一总的特征下，二者仍然存在着细微差别。如村民自治的初期带有需求诱致特征，村委会的创设在某种程度上是农民的自发创造。而居民自治及小区自治的政府规划与推动色彩较强。

三是二者在治理结构及法律规定上的相似性。由于农村基层民主发展的速度及成就均高于城市基层民主，因此村民自治对居民自治具有一定的导向和示范作用。城市基层民主在治理结构和法律条款的制定上都明显地参照了农村的做法。

中国城乡基层民主之间的差异是显著的，这种差异不仅表现在起始路径上，而且，由于二者存在的社会环境、社会关系、组织形式、生活方式及经济方式上的诸多不同，故它们在民主的运行中亦出现多方面的差异。

第一，自治主体上的差异。农村村民自治的主体主要是本村的村民，各村民之间由串门、拜年、红白喜事等人情交往、生活娱乐、经济互助和血缘宗族关系而编织出一个熟人交往的关系网络，形成“熟人社会”或“半熟人社会”。[2] 并且，村民生活在同一地域空间，并主要通过在承包的土地上劳动为生，他们的经济收入、生活习惯及思想意识差别不大。城市小区范围内，除了小区居民外，还有众多的驻区机关、学校、企事业单位等组织，以及居民自发组成的各种志愿者团体。居民虽然生活在同一小区，但由于现代居住环境和固有的单位意识，彼此沟通较少，熟识程度低。城市小区充其量只是一个“业缘关系构成的陌生人社会”。[3] 此外，由于单位经济效益的差异和工作环境的不同导致小区居民在经济收入、文化教育、议事协商能力等方面存在较大差异，居民构成的异质化程度高。

第二，参与程度上的差异。农村实行家庭联产承包责任制的改革之后，农民成为基本的经济核算单位，获得生产经营的自主权，与村委会的经济联系减少。但是村委会仍然管理着村庄的公共事务和公益事业，如土地征用补偿及分配、农村机动地和“四荒地”发包、种粮直接补贴、退耕还林还草款物兑现、“村提留乡统筹”款的收缴、税费改革和农业税减免政策、村集体债权债务、村办企业的经营与承包、村干部的补贴以及村庄道路和村办学校的兴建与修缮等等。村民与村委会有着割舍不断的经济与利益关联，由此导致村民对村庄事务的参与程度较高。与之相对应的是，城市的经济功能主要由企业组织承担，

---

① 唐兴霖、马骏：《中国村民自治的制度分析》，载于《开放时代》1999 年第 3 期。
② 贺雪峰：《论半熟人社会》，载于《政治学研究》2000 年第 3 期。
③ 徐勇：《小区选举强化小区意识》，载于《中国社会报》2003 年 6 月 11 日。

小区居委会主要承担的是非经济的社会事务。① 在城市居民小区的辖区内，居民来自不同的单位，工资福利、劳动保障、退休养老以及职位升降等均来自于工作单位。因而，小区居民的单位意识根深蒂固，而对其所生活居住小区的公共意识和归属感淡薄。因此，小区选举很难吸引到居民的参与，甚至连小区居委会工作人员都需从小区外招考。② 而唯一能够将小区居民注意力集中在一起的莫过于小区的环境卫生、文化教育、治安状况等生活环境因素。而正是这些与小区生活环境相关的事务成了城市居民自治的主要内容。

第三，自治事务上的差异。由于村庄不仅是一个人群聚居的小区，有着浓厚的血缘与宗族联系，同时还是一个集体经济组织，有着紧密的经济与利益关联。关于税费的征收、土地的承包、电费的定价、宅基地的审批、农用物资的分配、救灾救济款物和优待抚恤金的发放、村集体经济所得收益的使用、村干部报酬以及村内“一事一议”筹资筹劳等经济事务，占据着村民自治事务的主体。③ 而与之相对应的是，在城市小区辖区内，城市居民自治的主要内容是与小区生活环境相关的事务。

第四，治理结构上的差异。农村基层治理结构的突出特点是直接民主性或者称之为“自主性治理”，强调村民的广泛参与，具体表现为，作为村级权力组织的村民委员会由全体村民直接选举产生。村党支部与村民委员会的关系协调也成为农村基层民主建设中不可回避的内容。同时，村民还可以通过村民会议和村民代表会议的形式讨论村内大事，通过参加“村民理财小组”、“村务公开监督小组”、“村民监事会”等组织开展对村级财务和村委会的民主监督。此外，村民还可以加入各类提供技术、信息咨询、农产品营销服务的专业合作组织，自选社长，制定章程，决定社内事务，并使之与村委会保持良好的合作关系。④ 尽管作为党对中国基层社会实行领导的重要体现的村党支部是村级治理结构的一员，但是其成员是由乡镇党委任命产生，在村级治理过程中其权威往往不及村民委员会及其他村级组织。

城市小区治理结构则带有间接民主的特点。小区一级的治理主体主要是

---

① 徐勇：《绿色崛起与都市突破——中国城市社区自治与农村村民自治比较》，载于《学习与探索》2002 年第 6 期。

② 李凡：《城市小区居委会直接选举》，载于《中国基层民主发展报告 2001》，东方出版社 2002 年版。

③ 参见 1998 年颁布的《中华人民共和国村民委员会组织法》第五条、第六条、第十九条和第二十一条的相关规定，以及 2004 年 6 月 22 日中共中央办公厅和国务院办公厅《关于健全和完善村务公开和民主管理制度的意见》。

④ 白钢：《中国基层治理的变革》，见 www. iolaw. org. cn.

“一会两委”，即小区成员代表大会、小区议事委员会与小区居委会。[①] 它又可以分为决策议事层和操作执行层。小区成员代表大会和小区议事委员会是决策议事层，小区居委会是执行层。小区成员代表大会由小区居民选举产生，负责监督“两委”（即小区居委会和小区议事委员会），反映社情民意，讨论决定小区重大事务。小区议事委员会是小区成员代表大会的常设机构，在小区成员代表大会闭会期间行使对小区事务的决策、议事、监督权。由公开招聘的专职小区工作者组成的小区居委会，只是小区事务的日常管理机构，在小区成员代表大会和小区议事委员会的授权下，具体组织实施小区的建设、管理和服务等事宜。这一治理结构设计实现了“议行分设”，带有典型的代议制色彩。[②] 当然，在目前的一些地方小区直选的实践中，全体小区居民开始直接选举小区居委会，而不再是通过小区居民代表大会这一中介，如同发生在农村的村委会直选一样，这一民主形式开始具有直接民主的特点。

四、中国城乡基层民主的互动

尽管城乡基层民主的演进与生长存在诸多的相异之处，但并不妨碍它们之间的相互借鉴和相互促进。应该说，正是由于它们之间的差异和发展进度上的不一致，才使它们之间的互动成为可能。

首先，由于村级民主起始时间早于城市民主，前者在发展的成就和取得的经验等方面也同样多于后者。如果从20世纪80年代初第一个村委会的建立算起，村级民主已有20多年的历史，特别是1987年村委会组织法的颁行，村委会的选举已有27年的历史。而城市基层民主在新中国成立初期“存在一段时间”，但是由于整个制度环境的掣肘，这种城市民主既是短命的，又影响甚微。20世纪80年代初，相关的法律虽然恢复了居委会的自治地位，但是由于集权的行政体制和僵化的单位体制并未有大的改变，居委会仍没有摆脱政府的“腿”的角色。城市基层民主只是到了90年代后期小区建设的提出后才出现质的飞跃。农村基层民主的发展超前于城市小区民主，从而为城市小区民主的发展提供了可资借鉴的经验。同时，城市居委会和农村村委会都是由民政部门下辖的基层政权机构统一管理，统一制度设计和制度变革。在农村长期的民主

---

① 同村党支部设立程序一样，党在城市基层社会设立自己的组织——小区党支部。它也在城市小区的治理结构中发挥着实际的领导作用，它的成员由街道党、工委任命，执行街道党、工委布置的任务，领导和监督其他小区组织的工作。

② 吴刚：《小区自治体制创新的理性思考》，载于《国家行政学院学报》2001年第3期。

实践中积累出来的丰富经验和成功做法，自然会鼓舞制度设计者们在城市推行相似的实践。这种推动具体表现为，民政部门会相继出台一系列规章制度、举行座谈和讨论、建立试点和示范区，并推广实施等。①

从已有的实践看，村级民主已经对城市基层民主产生了重要影响，这种影响表现在城市小区的制度设计、组织设计和选举等方面。1989 年的居委会组织法（简称居组法，下同）的制定明显参照了 1987 年的村委会组织法（简称村组法，下同）。如居组法关于居委会性质的规定是“自我管理、自我教育、自我服务的基层群众性自治组织”；居委会的任务包括宣传法律法规和国家政策，办理辖区内的公共事务，调解纠纷，维护治安，协助政府工作等。这与村组法关于村委会的性质和任务的规定极为相似。城市居委会的组织设置也显然参照了农村村委会的组织结构。农村设有村党支部、村民委员会、村民代表会议、村民议事会等组织，城市也参照设置了小区党支部、小区居民委员会、小区成员代表大会和小区议事委员会等相应的机构。显然这些制度参照有些过于僵化，没有考虑城市居民自治与农村村民自治的差异性，其中有相当一部分条款已明显不适应，如小区居民自治的原则不明确、小区居民自治权利模糊、缺乏对小区内外各种关系的界定等。②

在选举的做法上，农村选举对城市民主也提供了借鉴意义。农村的直接选举从 1987 年即已开始，经过 10 多年的实践，迄今全国各地都基本普及了村级直选，并已形成一套比较完善的选举制度和民主管理制度。相对于村级直选的进展，城市小区的直选显然有些落后。这主要是因为许多人对小区选举并不重视，认为不需要搞直选，只要加强小区基础设施建设和小区组织建设即可。③然而小区直选和自治已成为城市小区建设的必然趋势。2003 年 8 月北京的九道湾小区居委会举行了直接选举，随后又有鲜鱼口、公园北、汽南、藏经阁、高原街等小区相继开始直选。这些小区已经由小区建设初期的小区服务、基础设施建设、小区环境文化建设过渡到小区居委会成员的直接选举。推进小区民主的发展，最先要做的工作就是推动居民的民主选举，“只有在居民民主选举

① 民政部门对村民自治的推动作用的相关研究较多，见 Robert A. Pastor and Qingshan Tan：“The Meaning of China's Village Election”, The China Quarterly No. 162（2000）pp. 148～512；Kevin J. O'Brien and Liang jiang Li：“Accommodating ‘Democracy’ in a One－Party State：Introducing Village Elections in China”, The China Quarterly No. 162（2000 ）pp. 465～489. 但我们也可以认为城市小区民主的发展同样离不开它的推动。民政部门也会很自然地将农村民主的一些成功做法移植于城市。

② 李雪萍、陈伟东：《近年来城市社区民主建设发展报告》，载于《中国基层民主发展报告 2001》，东方出版社 2002 年版。

③ 李凡：《2000～2001 年中国基层民主的新发展：村级民主》，载于《中国基层民主发展报告 2001》，东方出版社 2002 年版。

自己的小区领导人以后，才有可能真正实行自治并建立起适合居民自治的民主管理体制”。① 在农村民主选举实践中创造出来的许多做法，如“海选”、“两票制”、“五人提名，代表预选”、“三上三下三公布”、“联选制”等，将有助于缺乏直选经历的小区居民进行规范、公平的选举。一些城市小区如广西柳州市的新鹅小区和武鸣县的城镇小区已经开始引入村委会直选的机制和做法，采用“海选”的方式进行候选人提名，实行初步预选和竞选、设置秘密写票处等。当然，也可以从反面吸取村级选举中的一些失误和不足，如在村级选举的过程中对选举程序的重视不够，一些地方政府特别是乡镇政府利用在选举委员会的产生、候选人提名、流动投票箱的设置等程序上的漏洞，干预操纵村委会的选举。城市小区民主的发展可以从中吸取教训，在起步阶段即可制定一套严格规范的民主选举的程序，进行公正公平的选举，提高民主的质量。

然而，在农村民主快速发展的背后，仍然存在许多让人忧虑的因素，如经济文化相对落后、法制观念淡薄、信息闭塞、宗族势力强大以及新兴起的乡村黑恶势力和“老板”书记，特别是长期制约村民自治发展的一些关键性因素如“两委关系”、乡镇关系及村民委员会与村级经济组织的关系仍然没有理顺。② 正是这些因素的存在引起了人们对于农村基层民主的发展前景的担忧。③④⑤(P513~539) 城市小区民主的实践步伐虽然滞后于农村，但是其发展的前景却是光明的。城市有着发展民主的独特优势，不论是经济发展水平，文化资讯，居民的收入、文化教育水平、接受新鲜事物的观念、协商议事能力等，都远远高于农村，这些都为城市民主的发展提供了良好的物质文化条件。健全的民主是需要这些条件的，正如美国学者科恩所言，以交通、设施、经济发展为主要内容的物质条件，以信息提供、教育水平和协商能力为内容的智力水平，以及易妥协、能容忍、灵活性与现实性、客观、公正的心理条件等都是民主生长和发展的必备因素。⑥(P102~207) 而且，伴随着城市经济改革的深入，单位体制的进一步解体，小区内“社会人”的增多，以及小区直选的实践锻炼和居民

① 李凡：《中国基层民主发展的格局》，载于《中国基层民主发展报告2002》，西北大学出版社2003年版。

② 项继权：《世纪之初的乡村民主：2000~2001年度中国村民自治的发展》，载于《中国基层民主发展报告2001》，东方出版社2002年版。

③ 党国英：《村民自治是民主政治的起点吗?》，载于《战略与管理》1999年第1期。

④ 于建嵘：《农村黑恶势力和基层政权退化——湘南调查》，载于《战略与管理》2003年第5期。

⑤ Jean C. Oi and Scott Rozelle. Elections and Power: The Locus of Decision - Making in Chinese Villages [J]. The China Quarterly, 2000 (162).

⑥ 卡尔·科恩著，聂崇信等译：《论民主》，商务印书馆1988年版。

民主意识的增强，城市基层民主必将后来居上，超过农村民主的发展水平，并进而对其产生后发性的反推动。

这一点已在一些方面初见端倪。相关的调研显示，进入城市的农民工，在一段时间的城市生活工作之后，其民主意识和参与观念得以增强，并在回乡参与村委会选举时更为积极理性。①② 也有人认为农民进城打工会对村委会选举带来消极影响，认为外出务工会导致村民之间的收入差距拉大，使村委会成员的后备资源严重流失。但是这些人并不否认生活在城市的农民工的政治认知水平较高，政治态度比较积极，政治效能感、政治责任感和政治义务感较强。只是由于其他方面的原因才导致农民工的政治参与不足。③

另外，伴随着中国现代化进程特别是城市化步伐的加速，村级民主的发展必然受到城市民主的影响。随着城市化、乡村城镇化、郊区城市化、城乡一体化趋势的发展，原来的村庄变成了城镇或城市会带来村民自治主体、自治环境、自治方式与手段的变迁。④ 由于城市建设用地的扩大，农业用地被征用而不断减少，无地农民只能转为非农户口。原村民“农转非”后，享受与现城镇居民同等的就业、教育、养老保险和社会保障，被纳入现代城市管理的体系。城市化还带来农村经济管理体制的重大变化。由于土地的征用，原来农村集体经济组织的所有财产将等额折换成股份组建成股份公司，不再以村民自治组织而是以公司化的方式对现有的集体财产进行管理，原村民只享有分红的权利而不再参与直接的管理。乡镇—村的行政建制将由街道—小区的建制所取代，村委会也将变成居委会，村民身份变成城镇居民身份。受到城市文明冲击和浸润的农民，在思想观念、生活方式上将随着社会地位、经济角色的改变逐渐与现代城市文明体系下的生活方式接轨，现代意识、小区意识、环境意识都将随之加强，逐渐纳入城市生活体系。他们的自主性将得到增强，民主与法制意识更为浓厚，经济生活方式都市化，家族和宗族的影响日趋式微。届时乡村民主则更多地有赖于城市民主的发展。城市化改变着村民的社会政治生活，为村级民主的发展创造了新的空间、渠道、方式和手段。城市民主对于村民自治开始具有导向和示范作用。

---

① 王小军、萧楼：《城市化过程中的农村民主政治生活考察》，载于《战略与管理》1999 年第 6 期。

② 宁立华：《关于浙江省村委会换届选举情况的调查报告》，载于《选举与治理》，中国社会科学出版社 2001 年版。

③ 徐增阳、黄辉翔：《武汉市农民工政治参与状况调查》，载于《战略与管理》2002 年第 6 期。

④ 宋月红：《城市化与村民自治的变迁》，载于《北京行政学院学报》2002 年第 1 期。

五、简短的结论

中国城乡基层民主的发展主要来自于两股力量，一是中国社会经济文化的发展，二是政府的指导和推动。这两重作用力大小的不同，决定了城乡基层民主在起始路径上的差异。农村村民自治的发生更多的是农村实行家庭联产承包责任制之后的一种治理方式的创新，具有很强的农民自发创造性。而城市小区自治，是政府主导型的社区建设深入的要求，带有强烈的政府推动与规划色彩。由于中国城乡基层社会经济文化发展的不平衡，由此造成城乡基层民主在运行中体现出自治主体、民主参与、自治事务和治理结构诸方面的差异。这些差异的存在使中国城乡基层民主在发展过程中可以相互借鉴，相互促进。特别是从已有的实践上看，农村民主的发展，村民直接选举所积累的丰富经验和深刻教训，为缺乏直选经历的城市居民提供了有关选举“小区领导人”的间接经验，有助于小区民主快速和规范地发展。同时，城市具有发展民主的经济文化心理等方面的良好条件，这些因素将有利于城市小区民主步入快速的发展轨道，可能形成对农村民主的反推动作用。特别是随着现代化的提速，城市化、城乡一体化以及城镇化趋势的发展，农村将向城市演化，村民自治也将向居民自治过渡，届时，城市民主将会在更大程度上影响农村民主的发展。

探索社区和谐的治理之道*

——南山模式的创新与启示

陈家喜　黄卫平

在经济快速增长与社会利益高度分化的背景下，如何实现社区的和谐与稳定？伴随中国经济的快速发展，社会结构与利益结构分化的趋势日益加剧。同时，社会矛盾也随之凸显，这些矛盾既体现在城乡之间、地区之间、阶层之间、贫富之间，又体现在政府与社会之间，甚至是社会内部。不断加剧的社会冲突正成为中国现代化进程中的一大障碍。如何构建社会和谐，已成为中国国家转型的重要命题。近年来，深圳市南山区在化解社区矛盾，构建和谐社区的探索中，进行了许多创新性的实践，获得了第四届中国地方政府创新奖。本文拟对南山和谐社区建设实践展开的背景、进程、创新之处及其绩效等进行深入的解析，同时也对这一模式进行理论的反思。

一、南山社区矛盾的升与降

南山区地处深圳经济特区西部，东临深圳湾，西濒珠江口，南连中国香港，北连东莞，和珠海、中山隔海相望，是将中国香港、深圳、东莞、广州联系在一起的最重要的一个枢纽。辖区总面积 182 平方公里，下辖 8 个街道 98 个社区。全区总人口 138 万，其中户籍人口 38 万。南山区是中国改革开放的先锋城区，中国第一个对外开放的窗口——蛇口工业区就位于该区境内。从南山区的经济结构看，高科技、物流、旅游和教育是该区的四大支柱产业。近年来，南山区经济发展的步伐加速，经济总量和财政收入都得到了较快的增长。

* 本文发表于《当代中国政治研究报告》(第 7 辑)。

2003 年、2005 年以及 2008 年，地方 GDP 分别为 607. 95 亿元、1 124. 66 亿元和 1 680. 31 亿元，同期地方财政收入分别为 19. 81 亿元、26. 23 亿元和 33. 39 亿元。截至 2006 年底，南山区人均 GDP 已达 2 万美元以上，初步达到现代化的水平（见图 1、图 2）。

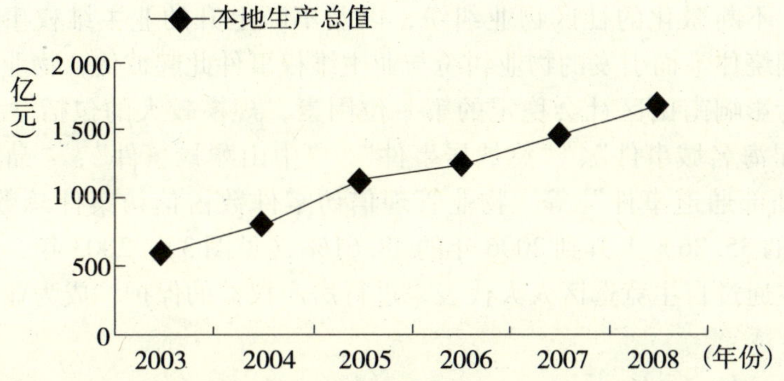

图 1　南山区本地生产总值的变化趋势（2003 ~ 2008）

资料来源：南山区统计局。

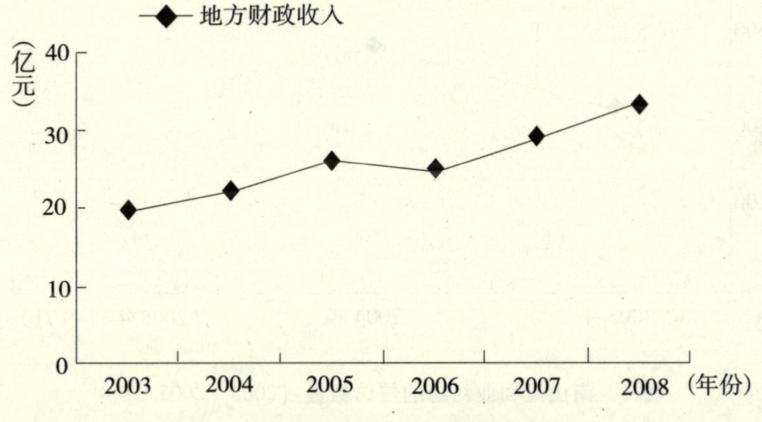

图 2　南山区地方财政收入的变化趋势（2003 ~ 2008）

资料来源：南山区统计局。

特定的经济结构对南山区的社会结构带来一定的影响。由于深圳市高校和高科技产业园区均落户本地，南山区积聚了深圳 70% 的硕士以上的高学历人才，人口平均素质较高。大量的高素质、高学历的“白领”工作和生活在辖区内。与此同时，南山区还分布着众多的制造业工厂和企业，有大量的外来劳务工人员，根据2006年的统计，全区人口总数138万，其中户籍人口仅38万。在100万外来人口当中，绝大部分都是产业工人，以及从内地离退休来到本地的老人。他们大多追随子女来到深圳安度晚年，又构成南山社会结构的另一个组成部分。

与南山快速的经济增长和特定的社会结构相伴而生的是：不断增强的群众利益意识、不断激化的社区物业纠纷，以及不断上升的业主维权事件。2000年以来，围绕住宅而引发的物业纠纷与业主维权事件此起彼伏，物业纠纷与业主维权成为影响南山区社会稳定的第一位因素，规模较大的包括“莱茵花园事件”、“星海名城事件”、“悠然居事件”、“中山颐景事件”、“鼎太风华事件”和“西部通道事件”等。物业管理信访案件数占信访案件总数的比例，从2003年的35.86%上升到2006年的48.61%（见图3）。2003年，南山区一些小区业主通过自主竞选区人大代表来进行房产权益的保护，成为业主维权的新现象。①

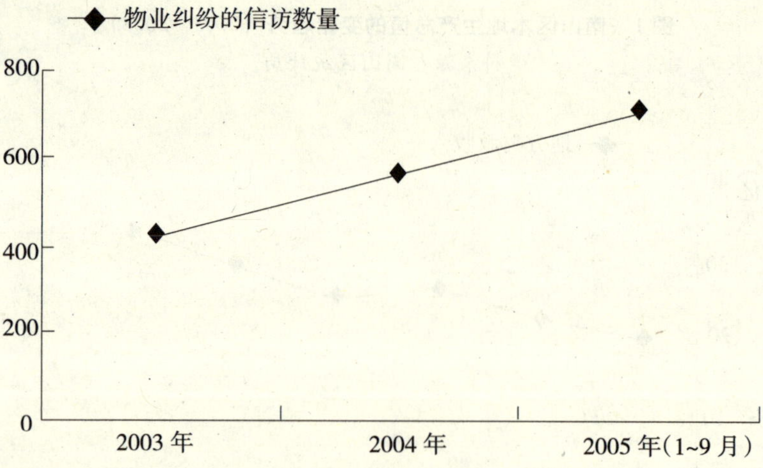

图3　南山区物业纠纷的信访数量（2003～2005.9）

资料来源：深圳市南山区信访局。

在2004年发生的“鼎太风华事件”中，维权业主先后6次围堵市、区主干道，并多次到区政府和市政府门口集体静坐请愿，每次参与行动的业主都在200人以上。在上访没能达到阻止工程施工的情况下，愤怒的业主选择了违法

① 唐娟、邹树彬主编：《2003年深圳竞选实录》，西北大学出版社2003年版。

的暴力方式。少数维权业主强行推倒、损毁施工围板，打伤施工人员等。维权行动演变成了暴力对抗事件。

在“西部通道事件”[①] 中，围绕西部通道侧接线的设计方案与环境评估报告，沿线业主先后多次上访和举行游行示威活动，2004 年 7 月到 9 月沿线业主联名到广东省环保总局和北京国家环保总局上访，并且举行了 4 次游行示威活动；2004 年 8 月 29 日多达 4 000 余人冒雨在东滨路口大规模集会。仅从业主手中募集的维权基金就达到 150 多万元，用于聘请律师、环评专家与政府谈判和对话。

然而，从 2007 年开始，南山区围绕物业纠纷和市政建设所出现的社会矛盾大为缓解。根据信访部门的统计，仅从城市规划和物业纠纷所引起的业主维权占全区信访量的比例看，由 2006 年的 48.61% 降到 2007 年的 33%。另据南山区建设局的统计，从 2006 年以来，全区物业纠纷相关的业主维权事件逐年下降，2006 年、2007 年和 2008 年的统计数字分别为 859 件、727 件和 680 件（见图 4）。与此同时，业主维权的激烈程度也大为降低，大规模的游行、上访、堵路等行动基本消失，业主开始通过协商、谈判乃至法律途径维权。

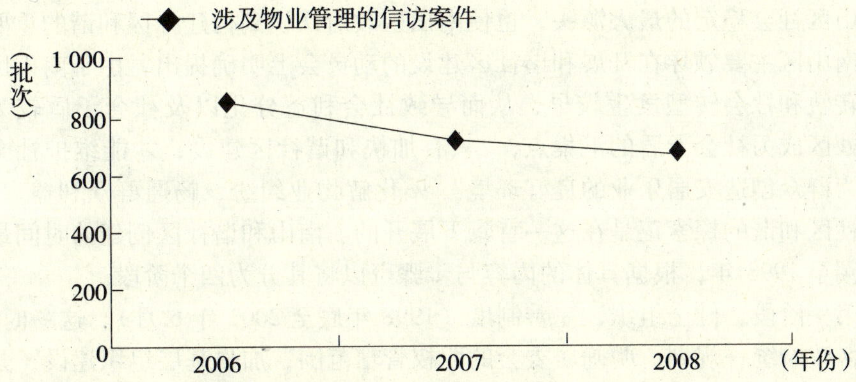

图 4　南山区物业管理的信访数量（2006 ~ 2008）

资料来源：深圳市南山区建设局。

为什么南山区社区矛盾出现一个升与降的变化趋势？为什么业主维权事件出现较为明显的缓和？一个重要的背景在于，围绕房产纠纷与物业矛盾开展了

① “西部通道”北起深圳蛇口东角头，南至中国香港元朗，全长为 5.32 公里。因最初规划设计为下沉敞开式，曾引起沿线荔林、招商海月、蔚蓝海岸等 10 多个小区 20 多万居民的强烈反对。

和谐社区建设工作，南山区委、区政府通过发动党和政府在社区的组织资源以及社区居民，共同参与社会矛盾的化解与社会稳定的维护，促进了社区的和谐与安定。从南山区维权事件的发生时间、维权方式、行动规模以及激烈程度等方面来看，具有先兆性和前瞻性，即将或者已经在中国其他城市重新上演。因此，南山区进行和谐社区创建的探索也具有前沿性和典型性，包括如何实现社区多元利益的和谐、如何定位党和政府在社区的行动方式、如何保障公民利益诉求的有序表达、如何挖掘社区居民参与社区建设的动力等。通过对南山模式的解读，有助于我们重新认识构建社区和谐中的党和政府、社会组织与社区居民的角色定位，也有助于探索在经济发展和社会分化背景下社区和谐的治理之道。

二、南山区和谐社区建设的进程与步骤

（一）南山区和谐社区建设的实践探索

2000年以来，围绕住宅权益和物业纠纷而出现的业主维权行动，成为影响南山区社会稳定的最大源头，也使南山区政府认识到构建社区和谐的重要意义。南山区主要领导在开展和谐社区建设的动员会上明确提出，由于南山区的经济转轨和社会转型发生较早，从而导致社会利益分化以及社会矛盾较为显著，社区成为社会矛盾的汇集点，“只有加快和谐社区建设，才能维护社会稳定、为群众创造安居乐业的良好环境”。① 化解物业纠纷、畅通群众利益表达、维护社区和谐的探索正是在这一背景下展开的。南山和谐社区创建的时间最早可追溯至1998年，根据具体的内容与步骤可以将其分为四个阶段。

第一阶段，健全组织，完善制度（1998年底至2001年6月）。这一时期，南山区政府统一规划，明确居委会的职权管辖范围；加强基层组织建设，开展“干部下基层”活动；推行以“四民主两公开”为主要内容的基层民主建设；实施“十大”文明工程，建设基层社区文化；共驻共建，开展“南山杯”环境卫生竞赛活动；以培育“家园意识”为目标，建立出租屋和暂住人口“常住化”管理新模式。通过这些制度建设，强化社区居委会的自治功能，并开展了多种社区文化活动。

第二阶段，规范管理，优化服务（2001年7月至2003年底）。在此阶段，

① 叶民辉：《在南山区“双年”总结表彰暨“和谐社区建设年”、“街道执法队成立授旗”誓师动员大会上的讲话》。

南山区政府所采取的措施主要包括以下几项：试点先行，实行“居改社”改革；加强社区党组织建设，实行农城化股份公司与社区居委会脱钩、党支部分设和“一社一支部”；实现基层社区经费“费随事转”；整合社区资源，实行“一体化”管理和“一门式”服务模式；开展创建“绿色南山行动”；建设“平安南山”新进展。上述举措明确了社区基层组织的功能定位，社区工作站作为政府服务向社区延伸的作用得到加强，政府的社区服务能力进一步增强，社区管理和服务资源得到有效整合。

第三阶段，畅通利益表达，促进有序参与（2004 年初至 2006 年底）。这一时期，南山区着重创新人大代表履职机制，拓展群众利益诉求表达渠道。2003 年，南山区招商街道设立了人大代表工作室，安排区人大代表深入社区，定期接待群众来访，在新闻媒体公布接访代表姓名、时间、地点等，对群众反映的问题以人大代表工作室公函形式，转交相关部门在一定的期限内协调解决，并及时将处理结果反馈给接访代表和来访群众，从而建立起人大代表与居民群众的沟通桥梁。招商街道设立了人大代表工作室，以创新人大代表接访窗口为突破口，逐步形成了代表接访制度、代表走访制度、代表约访制度、代表提案制度、人大代表联络员制度。

第四阶段，明确目标，深化党建（2007 年初至 2007 年底）。2007 年，南山区明确提出和谐社区建设的目标与计划，并着重以探索社区党建为主要内容。这一阶段，南山区提出“六好、十无、两满意”平安和谐社区的具体目标与和谐社区建设“三年行动计划”。同时还提出，从社区党建、基层队伍建设、基层社会管理、社区服务、社区组织管理、社会治安综合治理与基层信访、社区文化等方面着手，开展和谐社区的创建工作。为了配合这一行动的展开，南山区和谐社区建设领导小组办公室（以下简称“南山区和谐办”）也随即成立。从 2007 年 2 月到 6 月，南山区相继发布了 6 个文件，包括开展“十百千万行动”、制定“六好十无两满意”的和谐社区考核验收方案等内容。

第五阶段，深入推进，扩大自治（2008 年初至今）。2008 年至今，南山区和谐社区建设深入推进，并且更为注重发动社区群众的参与精神，发掘社区建设的民间动力。南山区在 2008 年和 2009 年分别以“1 号文”的形式发布了《中共南山区委、南山区人民政府关于全面推进“和谐社区建设年”工作的实施意见》（深南发［2008］1 号），以及《中共南山区委南山区人民政府关于全面普及“和谐社区建设年”工作的实施意见》（深南发［2009］1 号），将“和谐社区建设年”确定为连续三年“全区的中心工作，举全区之力全力推进”。这一阶段，南山区相继探索了“居民理事会”、“社区民意恳谈会”、“爱心驿站”以及特色社区文化活动等，注重推动社区自治和公民参与，发掘社区群众参与和谐社区建设的热情。

从南山区和谐社区建设的背景来看，南山区和谐社区建设的创新实践有着深刻的问题导向，即从化解社区矛盾、维护社区稳定出发。从南山区和谐建设的进程来看，这一创新过程既具有延续性，又具有扩展性。南山区和谐社区建设是一个不断展开的过程，从主动发挥党和政府的主导作用，提升党和政府在基层社会的领导能力，再到发动居民参与和培育社区自治，最终实现了政府与社会的良性互动。

（二）南山区和谐社区建设的理论更新

在推动和谐社区建设的过程中，南山区始终重视与理论界的交流与合作，借助于外部智力推动社区和谐不断深入。从2003年开始，南山区委、区政府就与深圳大学当代中国政治研究所建立起密切的合作关系，先后召开4次学术研讨会，将实践探索与理论研究相结合，将理论研讨的最新成果应用于指导和谐社区建设，推动这一工程不断前行。

1. “构建和谐社会与城市基层民主建设”学术研讨会

2006年3月4～5日，“构建和谐社会与城市基层民主建设——深圳市南山区南山街道办月亮湾片区人大代表工作站实践与探索”学术研讨会召开。来自中共中央编译局、北京大学、复旦大学、武汉大学、南开大学、华中师范大学、浙江大学等研究机构与高校的专家学者出席了研讨会。本次会议的研讨主题是深圳市南山区南山街道办事处月亮湾片区人大代表工作站的实践过程、经验和意义。月亮湾片区初设的“人大代表联络员”试运行于2002年，2005年4月正式挂牌“人大代表工作站”（后更名为“人大代表联络工作站”）。该工作站的工作人员义务充当人大代表联络员，收集和反映社情民意。与会学者肯定了月亮湾人大代表工作站的探索，并将它的创新性概括为如下方面：（1）发挥了连接居民与代表、代表与政府、居民与政府的桥梁和纽带作用。（2）发挥了政治整合、利益综合和吸纳功能，通过人大代表联络员收集社情民意，反映社区利益，将多元复杂的社区利益有序地纳入到政府的决策体系中来。（3）创新了人大代表履职机制，通过人大代表联络员的行动，使人大代表得以经常性地行使代表权力，使人大代表与片区选民的沟通更为经常化和机制化。（4）推动了基层民主的发展，人大代表联络员作为居民精英，在化解社区矛盾、协调社区纠纷、表达社区诉求、推动社区自治等方面发挥了积极作用。

2. “深圳市南山区城市社区和谐治理制度创新”学术研讨会

2007年7月29～30日召开了“深圳市南山区城市社区和谐治理制度创新

学术研讨会”，来自北京大学、中共中央党校、中国社会科学院政治学研究所、中国行政管理学会的专家学者参加了本次会议。与会代表们就南山区和谐社区建设的背景、制度创新及其意义、持续性与拓展性等问题进行了广泛的座谈。（1）与会专家充分肯定了南山社区建设中的政党与政府的主导作用，将南山社区治理体制概括为“一核多元”体制——以“党组织”为核心，党政、人大、政协、工青妇、社区组织多元主体参与，形成一种和谐的伙伴关系。（2）与会学者归纳了南山和谐社区建设的若干创新性，如将社区党建与社区和谐结合起来，使党建有了更为具体的抓手；“十百千万行动”和党建“三覆盖”是执政党领导社会方式的一种创新；“六好十无两满意”指标的确立是对社区和谐的具体落实。（3）专家们也指出，在强化党和政府的主导性的同时，不能忽略社会的自主性。应当加强对社区组织的扶持，让它们发挥社区治理的效能；面对“居站分设”带来的居委会的弱化，应当进一步探索社区居委会发挥作用的空间；“六好十无两满意”指标还应当进一步细化和分解等。

3.“社区治理模式创新与和谐社会构建：深圳的探索与经验”学术研讨会

2007 年 10 月 16 ~ 17 日召开了“社区治理模式创新与和谐社会构建：深圳的探索与经验”学术研讨会。中共中央编译局、北京大学、复旦大学、中共中央党校、中国人民大学、华中师范大学以及苏州大学等研究机构与高校的专家学者出席了本次会议。与会专家学者围绕深圳南山社区建设的模式、社区党建、社区治理、社会整合等相关问题进行了研讨。与会学者提出了一些重要的观点：（1）在社会矛盾的压力下，基层党组织应当重新定位自己的行动方式，从强行进入社区，到灵活地“嵌入”社区；党组织要充分动员社区各种资源，如精英资源、社会资源，发挥勾连社会、市场、政府的作用，形成共治结构。（2）要充分发挥政府与社会的协同治理功能，增强政府服务和引导社会的能力，积极吸纳社会精英，从而形成一种“引导、互动、自治、合作”的政府与社会关系结构。（3）专家们将南山模式概括为“吸纳”与“嵌入”两种模式。“吸纳”就是政府将体制外利益诉求吸收到体制内释放，实现各种自主参与的有序化，这以月亮湾片区人大代表联络站的设立为典型；“嵌入”就是激活社区体制内的组织资源，实现社会服务与治理的网络化，如“十百千万行动”和“社区凝聚力工程”。（4）南山社区治理创新还体现出“多元共治”与协商民主的特点，这在“西部通道”事件中体现得最为显著。在此次事件中党和政府、社区居民、专家等各种力量都有利益表达的机会，在多元互动和利益博弈中达成共识，最终形成社会多元条件下的和谐共处。

4. “第七届中国政府创新论坛：和谐社区与基层党建——南山模式与启示”学术研讨会

第四次会议是2009年3月28～29日召开的“第七届中国政府创新论坛：和谐社区与基层党建——南山模式及启示”学术研讨会。参加此次会议的有来自中共中央党校、中国社科院、国家行政学院、中共中央编译局、北京大学、复旦大学、天津师范大学等院校和研究机构的专家学者，以及来自《求是内参》、《党建研究内参》、《学习时报》、《理论动态》、《中国社会科学》杂志社的负责人。此外，来自新加坡的国会议员以及新加坡国立大学东亚研究所的学者也参与了此次研讨会。与会专家围绕深圳市南山区和谐社区建设的实践与启示、“南山模式”的创新性与扩展性、社区党建、基层民主、地方政府创新等诸多议题展开了热烈的讨论。

（1）就南山模式的内涵而言，中共中央编译局何增科教授将“南山模式”概括为“两个创新”，即社区内党对社会领导方式的创新和人大代表履职机制的创新。复旦大学林尚立教授认为，“南山模式”实际上并没有固定的模式，它所展示的内涵就在于有效整合政党、政府、市场、社会等诸种力量，切合地区社会结构特点进而创造出有效的治理模式，解决本地的特定问题。深圳大学黄卫平和陈家喜则将“南山模式”解读为嵌入、吸纳和参与三种治理机制的创新。（2）比较视角下的“南山模式”。与会专家将南山和谐社区建设与新加坡的基层治理制度，以及北京、四川、新疆等地的社区治理实践进行了对比。（3）“南山模式”的创新及其价值。北京大学燕继荣教授认为，“南山模式”通过基层社区的治理创新，为中国政治发展和政府改革寻找到新的空间。中国政治学会副会长王浦劬教授指出，“南山模式”的价值就在于发掘和提升体制内的资源，在原有体制基础上进行新的体制创设，体现了多元复合型的共治特色。《求是内参》主编张西立研究员则认为，“南山模式”是提升党在基层社会的执政能力，健全党的基层组织的重要探索。（4）“南山模式”的持续性与拓展性。与会专家认为，进一步推动“南山模式”的完善，还需要重构社区党组织的活动方式，培育社区自治力量。中国社会学会会长李培林教授指出，随着社区建设的深入，地方政府必须重视基层公民社会的培育，培育社区自治的能力；必须增进居民社区认同和社区归属感，为社区利益协调、矛盾化解提供精神的良方。

三、嵌入、吸纳与参与：南山和谐社区建设的模式构建

党的十七大报告提出：“要健全党委领导、政府负责、社会协同、公众参

与的社会管理格局，健全基层社会管理体制。最大限度激发社会创造活力，最大限度增加和谐因素，最大限度减少不和谐因素。……健全党和政府主导的维护群众权益机制。”近年来，南山区在探索社区和谐过程中进行了诸多富有创新意义的实践，形成了具有特色的南山模式。这一模式有着丰富的内涵和多元的实践，在这些创新实践的背后有一个基本的理念主导，即在异质化的社会当中，进行多元化的治理，建设个性化的社区。具体地说，这一模式的基本内涵又可以理解为：把执政党的组织资源嵌入到社区当中，代表民意，整合利益，引领社会；将体制外利益诉求吸纳到体制内释放，实现公民自主参与的有序化；培育社区自治力量和居民参与精神，实现社区建设的自主化；通过创新社区党建与基层民主的路径，从而构建起党和政府主导下的群众权益维护机制，见图5。

（一）把传统组织资源嵌入到社会当中，发挥政党在构建社区和谐中的主导作用

在和谐社区建设的探索中，南山区通过创新社区党建、开展“十百千万行动”以及建立和谐企业工作室，进而建构党和政府主导下的群众权益维护机制。这一机制的形成有一定的背景。在应对一系列的业主维权事件中，南山区政府发现，参与维权运动的成员不仅有自由职业者和单位体制外的人，如外来人口、离退休人员，而且还包括大量的党员、政府公职人员，以及事业单位的人员。他们隐藏在运动的人群当中，有时甚至还是运动中的骨干，作为体制内的人反而成为反体制的推动者。为了使这一部分人重新回归到体制中来，让他们成为社区利益的有序传递者和社区稳定的维护者，而非激化矛盾的参与者，南山区相继开展了携手共建和谐社区“十百千万行动”、“社区凝聚力工程”以及“和谐企业工作室”建设。

1. 开展“十百千万行动”，发挥传统组织资源的利益协调功能

2007年3月，南山区下发“关于在全区开展携手共建和谐社区‘十百千万行动’的通知”，开启了“十百千万行动”，其具体内容包括：培植、树立、宣传、推广十类社区组织典型；组织百名党员和公职人员参选业主委会主任及成员；发动千名党员和公职人员担任楼栋长、“片长”，发展万名社区义工。而这一行动的中心就是让党员和公职人员在社区亮出身份，担任社区各类组织的成员，发挥社区稳定器的作用。

为了配合这一行动的开展，南山区政府号召全区党员和公职人员“浮出水面”，在所在的社区、小区和楼栋“亮出身份”，积极推动他们参与竞选楼栋长、业主委员会主任及成员。区机关党工委、公安、城管、教育、卫生、工

商等区直机关党委及部门也专门下发通知，动员党员干部带头到社区登记。一些街道如沙河街道还举行了盛大的仪式，发放聘书，将担任社区组织领导的党员和公职人员贴上墙，在楼道"亮出身份"。此外，区政府还建立了"一册两卡"制度，即《党员、公职人员共建和谐社区工作手册》、"党员、公职人员服务社区登记卡"和"党员、公职人员服务社区表现反馈卡"，完善党员、公职人员"亮出身份"、服务社区机制，包括在所居住社区登记，服务社区，过双重组织生活，检查考核和奖励等制度。

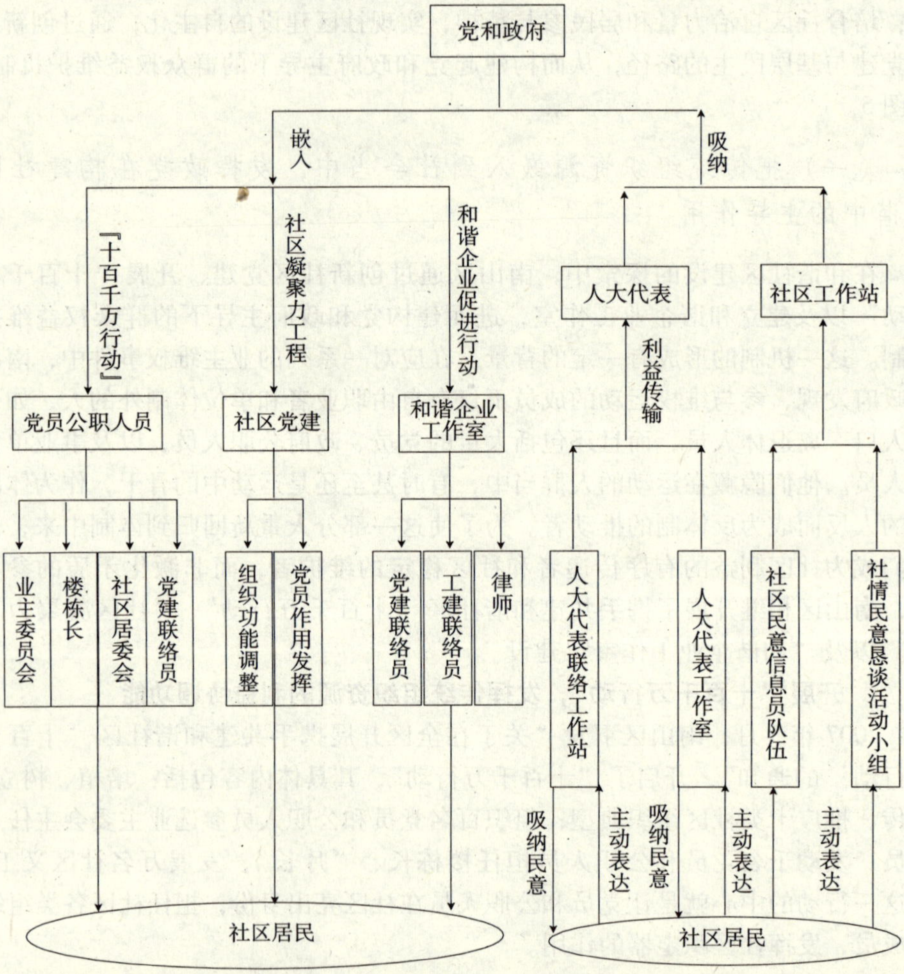

图5　嵌入与吸纳：党和政府主导下的群众权益维护机制图

“十百千万行动”的开展，使社区组织中的党员和公职人员比例迅速增加。据统计，在2006年12月，开展行动初期的摸底调查显示，全区504个小区218个业委会中，有330名党员公职人员担任业委会委员（业委会委员总数1 407名），235名党员公职人员担任楼栋长（楼栋长总数为1 330名）。到了2007年5月，分别有457名党员公职人员进入社区业主委员会任职；1 121名党员公职人员担任了楼栋长。2007年底，在社区业委会任职的党员、公职人员人数增加到了588名；担任楼栋长的党员、公职人员也增加到2 072名（楼栋长总数为3 105名）。2008年12月，725名党员、公职人员担任业委会委员，占委员总数的44%（业委会委员总数1 636名）；2 481名党员公职人员担任楼栋长，占总数的63%（楼栋长总数为3 931名）（见图6）。

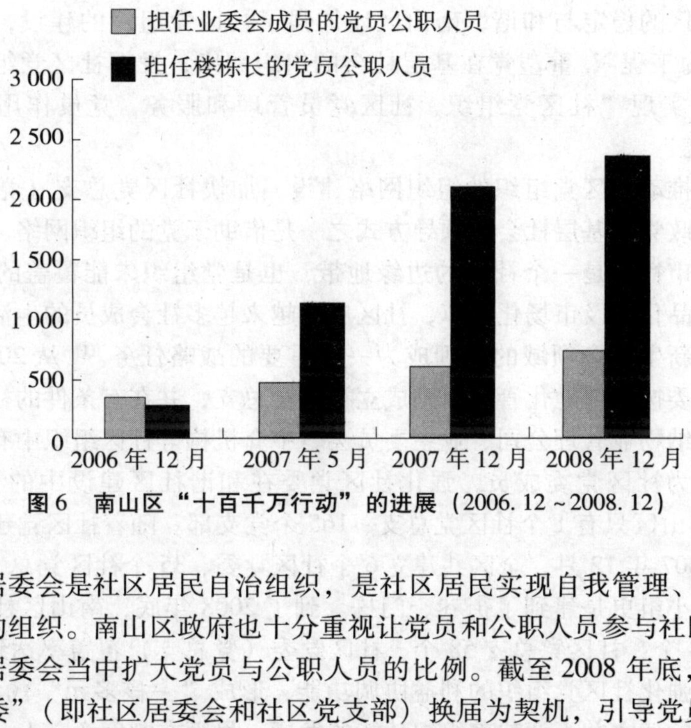

图6 南山区“十百千万行动”的进展（2006.12～2008.12）

社区居委会是社区居民自治组织，是社区居民实现自我管理、自我教育、自我服务的组织。南山区政府也十分重视让党员和公职人员参与社区居委会的选举，在居委会当中扩大党员与公职人员的比例。截至2008年底，南山区以社区“两委”（即社区居委会和社区党支部）换届为契机，引导党员、公职人员积极竞选居委会主任和委员，共选出新一届居委会委员647人，其中由党员、公职人员担任的有550人，占总数的85%（见图7）。

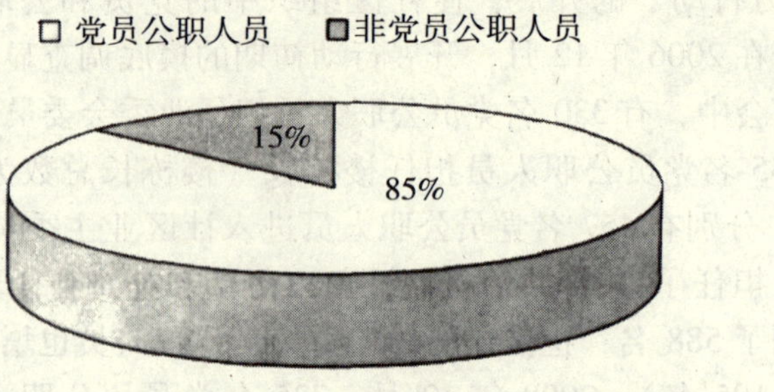

图7　南山区党员公职人员在社区居委会中的比例（2008.12）

2. 加强"社区凝聚力工程"，发挥党组织构建社区和谐的功能

围绕社区的稳定与和谐，南山区还加强了社区党组织的建设，通过开展"社区凝聚力工程"，重塑党在基层社会的组织网络，发挥社区党组织的领导核心作用，实现"社区党组织、社区党员管理和服务、党员作用发挥"的"三个全覆盖"。

其一，推动社区党组织的组织网络建设，加快社区党总支（党委）的组建工作。执政党对基层社会的领导方式之一是借助于党的组织网络，然而单位体制下的城市社区是一个社会的边缘地带，也是党组织未能覆盖的"飞地"。随着住宅商品化以及市场化改革，社区成为越来越多社会成员的生活空间，党对社区这一新生社会领域的管理成为一项重要的战略任务。① 从2007年初开始，南山区委按照属地化管理原则成立社区党总支，并在有条件的社区成立社区党委，吸纳物业管理公司、业主委员会、中介机构等社区组织中有较强议事能力的党员为社区党委成员，强化社区党委在和谐社区建设中的核心作用。2003年，南山区只有1个社区党总支、165个党支部。随着社区党建活动的展开，截至2007年12月，全区共建立6个社区党委、35个社区党总支、931个党支部，党小组更是建到了街巷、门栋。到了2008年底，南山区社区党委总数已达到14个，社区党总支58个，社区党委（党总支）覆盖率达到73.5%。

其二，强化社区党组织的利益协调功能，形成"一核多元"的治理结构。党组织网络的建立并不意味着组织功能的发挥。尽管在制度意义上，党组织在社区层面要发挥政治领导核心作用，然而这一地位的真正确立却需要通过服务功能来加以实现，"有为才有位"。南山社区党建工作中，除了强化社区党组织的政治领导作用之外，更加强了其在社区的利益协调与平衡功能。一个富于

① 林尚立：《在基层组织中开掘党建资源》，载于《探索与争鸣》2002年第7期。

创新意义的做法就是将社区场域内的各种利益主体吸纳到党组织中来，通过组织网络来发挥利益协调与平衡的功能。如南头街道星海名城社区建立了以社区党总支为龙头，社区工作站、居民委员会、业主委员会和物业管理处共同参与的“五位一体”社区共管共治机制，用以协调和处理业主与政府之间、业主与物业之间、物业与政府之间以及业主与业主之间的关系。2007 年 4 月成立的南头街道前海社区党委，先后吸收了社区支部、业委会支部、物业管理公司支部和社区老年协会支部 4 个党支部和 7 个党小组。通过组织这一纽带，将业委会、物业管理公司、社区居民等社区主要利益方联络在一起。社区党委会不仅是只管领导和指挥的政治中心，而且还成为一个社区利益谈判与协商的联络中心。在社区党委会上，原先作为相互区分，甚至冲突的利益主体，如物业管理公司、业主委员会、社区居委会等都作为社区党委会的成员，在一起沟通协商，将矛盾化解在党委会上（见图 8）。

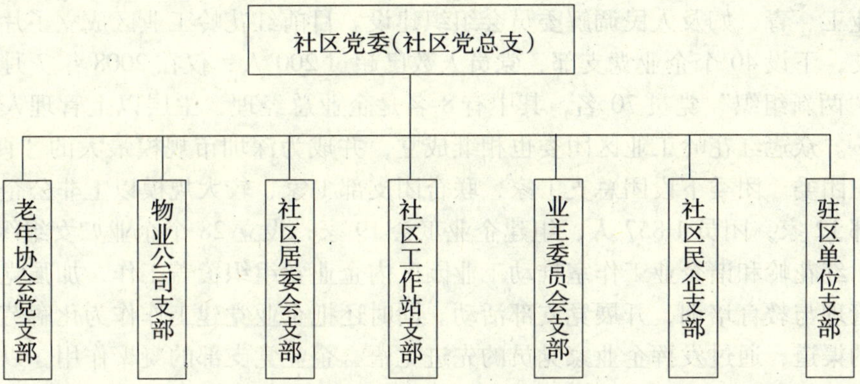

图 8　南山区社区党组织结构图

南山区还在现有 28 个农城化社区进行党建的探索，以股份公司为阵地，凝聚各方力量，筑牢党的基础。如田厦社区根据社区党员和农城化社区经济转型期的特点，创新党组织设置，提出“纵向延伸、横向拓展”的思路，让党的建设延伸至社区各角落。该社区先后组建 5 个支部和 11 个党小组，随后于 2008 年 10 月份组建了田厦社区党委。社区党委由选举产生的 9 名党委成员组成，分别来自股份公司、挂点单位、工作站、退休老干部和居民代表，具有广泛的代表性，党委书记由田厦股份公司董事长担任。这样一种党委会的组成结构，既有利于发挥股份公司在繁荣集体经济、管理社区事务、服务社区群众中的作用，也有利于凝聚、号召和动员各类资源共同参与社区建设。

3. 建立和谐企业工作室，发挥党组织促进劳资和谐的功能

尽管南山区以高科技产业为支柱产业，但辖区内仍然保留着大量的制造业工厂，产业结构的升级转型尚未完成。因此，在一些劳动密集型企业集中的社区，围绕欠薪逃逸、加班费用结算、工伤与社保等的劳资纠纷频频发生。如2007年桃源街道平山社区所辖的红花岭工业区发生劳资纠纷375宗，其中重大矛盾纠纷8宗，赴区、市上访4宗，欠薪逃匿案件3宗，还发生了2宗重大群体性事件。

化解劳资纠纷、构建和谐劳资关系也成为和谐社区建设的重要内容。南山区在和谐社区建设过程中，通过创设和谐企业工作室，发挥党组织和党员在化解劳资纠纷、构建和谐企业方面的积极作用。2008年2月，南山区桃源街道率先在辖区工厂聚集的众冠红花岭工业区成立了“红花岭和谐企业工作室”，2008年10月招商街道又成立了五湾和谐企业工作室。红花岭和谐企业工作室由党建联络员、工会组织成员和专职律师组成，工作室内以党建为抓手，带动企业工、青、妇及人民调解委员会组织建设。目前红花岭工业区成立了片区党总支，下设40个企业党支部，党员人数已超过200人；仅在2008年7月就发展“两新组织”党员70名，其中有8名是企业总经理，中层以上管理人员占70%。众冠红花岭工业区团委也相继成立，并成为深圳市规模最大的“两新”组织团委。团委下设团总支1家，联合团支部1家，较大规模以上非公企业团支部12家，团员1 857人；组建企业工会19家；设立28个企业妇女组织。

红花岭和谐企业工作室推动工业园区内企业党组织覆盖工作，加强党员日常管理与教育培训，开展党支部活动。同时还把企业党建工作作为化解劳资纠纷的渠道，通过发挥企业家党员的先进觉悟、企业党支部的凝聚作用，以及员工党员的先锋模范作用，积极协调园区企业内部的企业与政府关系、企业与员工关系，调解劳资纠纷，维护工业园区的和谐稳定。自和谐企业工作室成立以来，工作室的党建联络员已走访43家企业，推动企业党支部组建；引导企业党员在工作岗位上“站出来”，参与劳资矛盾的化解，共同创建和谐企业，发挥先锋模范作用。和谐企业工作室完善了工会、信访、企业三方代表组成的对话协商机制，红花岭工业区成立44家企业人民调解委员会，形成了企业内部的协调机制。和谐企业工作室工作人员通过走访企业，实地调查，理性引导，及时发现企业矛盾症结，耐心倾听投诉人与被投诉人的意见，促成双方的和谐调解，将劳动纠纷化解于萌芽状态中。据统计，仅2008年3~8月共接访、咨询、调解案件167宗273人次，其中受理各种劳动争议问题咨询95宗，受理劳资纠纷调解72宗，调解成功69宗，调解成功率占95%。红花岭工业园区无一例到街道办事处上访，基本实现了“把矛盾调处在车间班组，把问题解

决在工厂企业，把冲突化解在园区现场”的目标。[①]

（二）将体制外利益诉求吸纳到体制内释放，实现群众自主参与的有序化

社区和谐的核心在于利益和谐。随着社会结构的分化与社区利益的复杂化，社区内部矛盾更多地体现为利益矛盾。不同的利益主体，如社区居民、物业管理公司、房地产开发商、业主委员会、社区工作站、社区居委会等，基于各自的立场，都有着特定的利益诉求。当各方利益受到威胁或者损害时，社区矛盾就会激化，进而出现社会不和谐的局面。维护社区的和谐，必须正视社区各方合理的利益诉求，建立畅通的表达渠道以及有效的吸纳机制，让它们在体制内有序释放。南山区人大代表联络工作站以及社情民意恳谈机制就是在这一思路下建立的。

1. 设立人大代表工作联络站，吸纳社区群众的利益诉求

人民代表大会是我国各级国家权力机关，各级人大代表既是各级国家权力机关的组成人员，也是普通公民的民意代表，负有集合社情民意、代表选民利益的政治职责。然而，由于我国人大代表实行非常任制，从而使人大代表的民意收集与整合的功能大大削弱。南山区月亮湾片区人大代表联络工作站对人大代表综合社区群众利益诉求、经常性发挥代表功能进行了探索。

围绕片区的环境问题，南山街道月亮湾片区出现一批维权的业主代表，他们有着一个共同的社会背景：都是离退休的党政官员或国企领导，不仅具有较强的社区声望，能够在社区内整合社区利益，代表社区居民，而且也具有很强的政治观念，善于将这些利益有序地反映到政府管道。为了调动这些代表在维护社区和谐当中的积极作用，地方政府有意识地将月亮湾片区的社区代表吸纳到人大代表工作站。从 2002 年开始，月亮湾所在街道党工委书记委托这些社区代表以人大代表联络员的身份，负责收集片区居民的利益诉求，并整理成议案，再由他向上级政府和人大反馈。2005 年 4 月，月亮湾片区人大代表工作站正式挂牌，[②] 成为街道人大代表工作室在片区的延伸，街道为工作站提供了一间办公场所、一些办公设备以及少量的办公经费。在具体工作机制上，（1）实行公示制度，公布了在辖区内工作和生活的省、市、区人大代表的姓名、照片、联系电话，为人民群众了解和代表约访等活动提供方便；（2）组

① 杨玉峰等：《构建和谐劳动关系　促进和谐社区建设——桃源街道和谐企业园区创建工作纪实》，南山区和谐办，http：//www. szns. gov. cn/hxb/jyjl/2009010565533. shtmla。

② 人大代表工作站于 2007 年 10 月 12 日正式更名为“人大代表联络工作站”。

织辖区热心人士，建立了6人的联络员队伍，负责联络代表、联系群众和联络站的日常工作；（3）对群众反映的合理诉求，积极与人大代表和南山街道党工委沟通协调，帮助解决；（4）对群众反映的具有普遍性的问题，由代表形成建议、批评和意见提交本级人大或人大常委会处理；（5）对一些个案问题和群众的来信来访，向街道或有关职能部门反映，通过代表交办督办。①

在月亮湾片区人大代表工作站成立的同时，招商街道人大代表工作室也相继成立。2008年，人大代表联络工作站的经验被进一步推广，深圳市已经推广建立了98个人大代表社区联络工作站，南山区共设立8个街道人大代表工作室，17个社区人大代表联络工作站，17名居民代表被选为联络站站长，25名居民代表或社区工作人员为联络员。人大代表联络工作站在机制建设上也日益完善，实行人大代表"定期、定点、定计划、定程序"接访居民群众；定期组织辖区人大代表对所在选区居民家庭进行走访；组织人大代表有针对性地进行回访，加深代表与群众的交流沟通。在人大代表联络工作站的启发下，南山区政协还开展了"政协委员到社区工作"的活动，动员区政协委员进入社区，倾听社情民意，帮助社区排忧解难，开展送温暖活动，以及组织社区文体活动，促进社区和谐。

2. 开展社区民意恳谈活动，构建社区利益的协商平台

当前影响社区和谐的重要因素之一是社区内的各种利益诉求缺乏表达的渠道，因而往往采取一些过激的行为来表达。为了疏通社区利益表达，2008年以来，南山区街道开展了社情民意恳谈活动。社情民意恳谈活动的主要机制包括：一是成立社情民意恳谈活动小组，由辖区人大代表、业委会委员代表、居民代表和社区工作站成员共同组成，收集社情民意，组织召开居民恳谈会，督促社区工作站解决或向上反映社区热点难点问题，向居民反馈调处结果等。二是建立社情民意信息员队伍。信息员队伍以辖区党员、居民代表、人大代表、政协委员、物业公司工作人员、辖区大单位工作人员、业委会委员、楼栋长等为主，作为掌握社情民意的辅助力量，定期联络社区居民，收集社情民意。三是建立社情民意办结机制。建立社情民意信息管理系统，对所有的社情民意实时记录，跟踪管理，将社情民意录入、上报，分流、结案、提出人确认、考核等都通过信息平台处理，形成电子台账，做到责任清晰、处理规范，做到事事有落实、件件有回复。

作为协调社区利益的重要平台，社区民意恳谈会的建设是为了实现社区利益的平衡。由于"西部通道"建设而闻名的南山区街道荔林社区进行了社情

① 南山区人大常委会办公室：《创新代表联系群众平台 推动基层民主政治建设》，内部资料。

民意恳谈的探索，由社区工作站定期召集居民恳谈会，及时主动邀请社区各界人士协商，共同治理社区事务。在“西部通道”侧接线工程建设过程中，荔林社区工作站人员多次陪同辖区的两位居民代表与市、区专家及有关领导进行对话。此外，该社区聘请了10多名居民代表作为社情民意监督员，对社区工作站进行检查，接受居民的投诉，向工作站反映居民意见，从而进一步畅通了社情民意渠道，形成推动工作的外在动力。南山街道学府社区在辖区内选择那些有公道心和社会声望的人，如党员、人大代表、业委会委员、楼栋长、居民代表以及物业公司、社区大单位工作人员等，组成一支50多人的信息员队伍，进行信息收集和提出意见。

（三）社区参与居民自治：开发社区和谐的民间动力

社区居民自治既是社区建设的方向，也是社区和谐的重要途径。发动社区组织和居民参与社区事务和社区活动，不仅有利于培育社区认同度和社区归属感，也有助于为社区和谐提供自发的民间动力，见图9。

1. 推动居民自治，提升基层民主

社区自治是城市基层民主的主要形式，其基本内涵是社区居民借助于基层自治组织，开展民主选举、民主决策、民主管理、民主监督的各种自治活动。社区自治程度的大小，不仅体现城市基层民主的发展水平，而且也是衡量社会自主成长的指标。

第一，探索居民理事会制度，提高社区居民自治能力。

社区民主是城市草根民主的形态，社区民主的核心是社区居民的充分自治，社区居民参与社区事务，协商社区问题，沟通社区信息，进而实现社区善治。蛇口街道雷公岭小区探索居民理事会制度，是社区民主的一种实现形式。雷公岭小区建于20世纪80年代初，是典型的“城中村”。由于不具备成立业主委员会的条件，没有正规的物业管理单位进行管理服务，小区内及周边环境卫生状况较差，治安隐患颇多，邻里纠纷不断。为改变这一现状，雷公岭小区召开居民代表大会选举产生了雷公岭小区居民理事会，推选7名德高望重的老干部、老党员、老人大代表担任成员。理事会按照“自我管理、自我教育、自我服务、自我监督”的原则，行使相当于物业管理公司和业主委员会的双重职权。居民理事会充分发扬民主，小区每一件公益事项的实施，都要通过收集居民意见、理事会民主协商、公示征求意见、修订后实施等环节。居民理事会还实现了严格的财政民主，小区公益项目所需经费均由房东或居民分摊集资解决，实行财务公开。

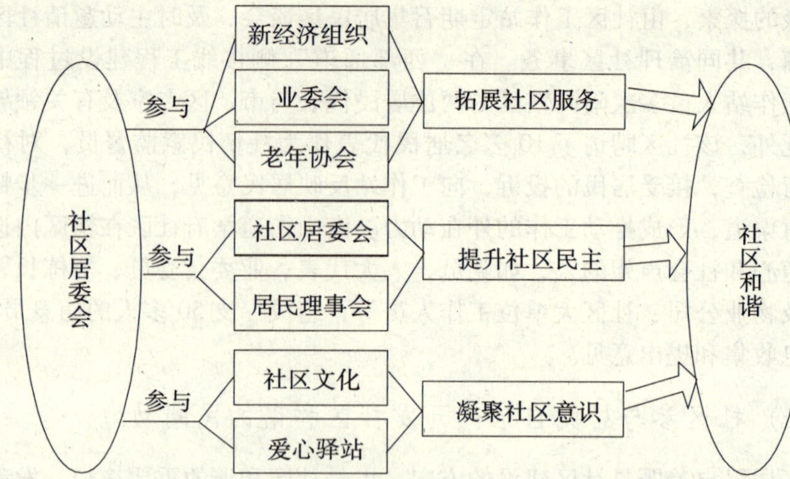

图 9 居民参与社区和谐建设结构图

雷公岭村居民理事会成立之后，积极发挥在社区治理中的协商作用。其一，整治辖区环境。理事会招聘专业清洁公司，实行环境卫生保洁责任制；居民理事会还发动居民集资和争取政府资金支持，改造修建小区巷道和排污管道，整治外露架空管线并归类入地入管。其二，整治辖区治安。居民理事会协助工作站与业主签订责任书，明确房东对出租屋的管理责任，要求配合做好租住人员信息采集工作，共同维护小区治安秩序；同时建立保安员和社区义工巡防队伍，增设巷道路灯，使村内治安案件大幅减少。其三，反映社情民意。居民理事会向区政府反映，争取对老住宅区综合整治专项资金的支持，全面整修下水道系统和小区道路绿化，建立露天健身场地，彻底改善了小区的市容环境。

第二，推行居民评议与听证，完善社区自我管理制度。

社区居民委员会是社区群众自治组织，也是实现社区民主治理的重要载体。随着南山区推行“居站分设，一站多居”的社区治理体制改革，社区居委会的大部分“行政事务权”由社区工作站行使，而其自治功能又在很大程度上被新兴崛起的业主委员会所分享，社区居委会有被边缘化的趋势。如何发挥社区居委会在提升社区自治、构建社区和谐上的作用，是一个十分迫切的问题。

粤海街道蔚蓝海岸社区通过推行社区居民评议和居民听证会议制度，增强了社区居委会在社区居民当中的声望，深化了社区自治的机制。具体地说，一是建立社区居民评议会议制度。每半年举行一次社区居委会成员对社区居委会主任、副主任的评议；每年进行一次社区居民对社区居委会、社区服务站以及社区工作站的评议。评议结果必须得到被评议者的回应和反馈，以及提出相应的整改方案。二是建立社区居民听证会议制度。由社区居委会召集，社区居民参加，对涉及社区及居民利益的热点、难点问题及重大事项，由相关单位或人员阐明原因、理由和效益以及影响。社区居委会集合和整理听证所收集的社区居民意见，提交上级政府及相关部门，并负责将处理结果向居民公开。社区居民评议和听证吸纳了业委会委员、社区科协负责人、退休老同志、下岗人员等，共同参与社区建设。借助于评议与听证的平台，2007 年至 2008 年间，蔚蓝海岸社区工作站共接到居民投诉 128 宗，圆满解决 105 宗，处理权限外向上级反映的 11 宗，不合理的 2 宗，解决率达到 90%。

第三，扩大社区居委会选举，提升社区民主水平。

社区居委会选举是衡量社区民主发展的重要指标。随着“居站分设”体制的确立，社区居委会的自治功能得到进一步提升，社区居委会的直接选举也被提上日程。推动社区居委会的直选，有利于扩展社区居委会的自主性和代表性，实现社区的善治。2008 年社区居委会换届选举中，南山区在 102 个换届社区居委会中共有 96 个采用直选方式，直选率达 94.1%。

值得一提的是，沙河街道办实行“双直选”，即社区居委会与社区党支部同时进行直接选举。其中塘头、白石洲、新塘、上白石、下白石社区居委会，选举交由居民推选产生的选举委员会操办，自愿报名的选民也作为正式候选人参选；新选出的 115 名居委会委员中，非社区工作站工作人员有 50 人，占 43.5%，他们里面有老党员、白石洲股份公司工作人员、物业管理公司工作人员等各方代表。社区居委会选举的推进，使社区居委会真正成为社区居民自我管理、自我教育、自我服务、自我监督的基层群众性组织，理顺了社区和政府部门、社区和街道办、社区和物业管理公司等各方面的关系，初步实现了社区公共事务管理从行政化向社会化转移。①

2. 鼓励社区参与，培育公共精神

随着经济的快速增长和城市化进程的加快，南山区的社会结构也发生了显著的变化，由一个传统的农业社会过渡到现代化的工业社会，从一个熟人社会过渡到陌生人社会，社会结构的异质化和多元性的特征十分显著。南山区 138 万总人口当中，户籍人口仅 38 万；南山区拥有 2 000 多名博士（占全市总数的 2/3 以上），5 万多名高科技人才，是高学历和高收入者的聚居地；同时辖

① 潘东：《和谐沙河　喜乐融融》，深圳南山网，http：//www.sznsnews.com/content/2009－01/24/content－3540212.htm。

区内又有50多万外来劳务工，是深圳市安排失业人员最多的地方，贫富悬殊情况在全市各区中最为明显。社区发展的最终目标是实现社区成员的共有、共治、共享，这需要社区居民之间的交往和互动，以消除陌生感和疏离感，形成和谐、融洽的社区氛围。南山区和谐社区的探索，还有鼓励社区组织成长，开展“唱响和谐之歌”系列活动和“爱心驿站”建设等，培育社区参与精神和社区归属感，增进了社区的公共精神，营造出融洽和谐的社区氛围。

第一，培育社区组织，扩展社区服务。

社区的成长需要社区组织随之生长。社区组织是社区发展的不竭动力。南山区着力培植、树立、宣传、推广十类社区组织典型，包括小区业委会、义工组织、物业管理公司、驻社区共建单位、中介机构、老年团体、民间服务组织、民间文艺团体、农城化股份公司、“五小”队伍。这些社区组织成为服务社区居民，推动社区治理，构建社区和谐的重要动力。

培育社会工作者队伍。2007年3月南山区面向全国招聘了96名应届本科以上学历的毕业生，建立了首批专业社工队伍。社工队伍深入到各社区，为个人、家庭、团体或单位机构提供救助性、预防性、发展性的服务，有效舒缓了民众的心理压力，消除了社会的不稳定因素。2008年12月，蛇口街道社工小组开展的“四点半课堂”以及“跳蚤市场”两个志愿服务项目均被中国社会工作协会志愿者委员会评为全国优秀志愿服务项目。

壮大社区义工队伍。截至2008年底，南山区已形成了以区义工联为枢纽，以街道行业系统义工协会为联结，以社区义工服务站和企事业义工服务队为终端的组织网络体系，拥有5个直属服务组，8个街道及4个行业系统义工协会，98个社区义工站和80多支企事业单位义工服务队，共有注册义工近3万人。服务的内容和对象不断拓宽，形成了“社工带领义工，义工服务群众，群众参与义工”的良性机制。例如，蛇口有街道社区志愿者协会1个，社区志愿者分会13个，志愿者服务队5个，注册志愿者1 300多名，成员涵盖了学校、工商、税务、公安、医院、企业等各行业，全年人均志愿服务时间100小时以上。桃源社区“阳光心语”驿站拥有20多人的骨干队伍和370多人的义工服务队伍，主要由社区退休干部、党员、医生和律师等组成，对有心理问题的单亲妈妈和特困母亲进行心理疏导，帮助受助者走出内心困境，化解家庭矛盾；通过举办座谈会、联欢会等活动，为单亲贫困妇女搭建了走出家庭、融入社会的平台。

扶持社区老年组织。南山区8个街道和80多个社区，以及公、检、法、教育、卫生等部门均已成立关工委或关工小组，以充分发挥离退休老干部、老教师、老专家、老战士、老模范的作用，形成有效的关心下一代网络。龙联

"五老爱心社"将社区有专长、有组织能力、有爱心的老同志组织起来，看管下午放学后无人照顾的孩子，提供辅导孩子作业、指导阅读、开展兴趣活动等免费服务；对学生开展革命传统和艰苦创业、社会主义荣辱观、中华民族传统美德等教育。留仙社区开展"五老五小"共建和谐行动，由社区老教师、老专家、老战士、老党员、老模范带领社区小学生参与社区图书馆管理，协助维护社区交通秩序和卫生保洁。海珠社区老年人协会主动成立义务巡逻队，以"五老"为主要成员，每天在小区进行巡逻，主动配合物管公司做好治安巡逻、环境管理等工作。组建老年调解队伍，及时处理邻里纠纷及家庭矛盾，成为政府了解社情民意的桥梁，积极配合工作站，对老人的来信、来访、来电，负责接待、调解、处理及记录入档。

第二，开展社区文化，凝聚社区意识。

南山区和谐社区建设进行了一系列的"构建和谐社区文化，建设特色文化社区"的活动，以形式多样、内容丰富的文体活动为载体，打造具有南山特色的和谐社区文化。

开展"邻里节"。每年2月，南山区在全区开展"邻里节"，利用节假日以家庭为单位，开展"敲开邻居的门，走进邻居的家"、"小手牵大手"等系列联谊活动，为居民相互了解、互相守望搭建良好的平台。"邻里节"使辖区各单位、组织、团体之间关系更融洽，更关心关注辖区公共事务。如，南头街道星海名城社区开展"邻里节"活动，每个家庭做一道最拿手的菜，在社区广场共享，一下子就做出了成百上千道美味佳肴，几千居民共同分享了和谐社区建设的快乐。

开展特色社区节日。如蛇口街道渔二村举办"开丁节"、南水村举办"姊妹节"、海湾村举办"社员节"等，同时进行"百家宴"、"百家才艺"、"风尚艺术节"等活动，将辖区单位及社会组织发动起来，达到融洽关系、增进情感、共建和谐。海湾社区在每年的正月初七召开社员节，全体村民相聚一堂吃大盆菜；早年移居香港或海外的原村民也回来与乡亲们相聚，互致节日问候；邀请老干部、老党员向社区青年讲述村史，讲改革新篇，潜移默化地教育青年一代传承美德，争做自强不息、勇于创业致富的海湾新人。

开展特色"楼栋文化"。粤桂社区着力于校园文化和本土文化的交融，创造性地把校园文化与社区文化融合起来，把社区建设成为"大学生文化园"，使之具有粤桂特色的社区校园文化。前海社区公职人员集中，他们重点抓社区党建和廉政文化建设，修建了"清风亭"，种植了"和谐林"，展现出一个有特色的"廉政文化园"。北头社区兴建了村史陈列馆，让年轻的一代牢记幸福生活来之不易，不要忘本忘根，成为村民"致富思源、富而思进"的思想教育基地。花果山社区老年人众多，社区着力培育、弘扬孝道文化，建设孝道雕塑、孝道文化墙和文化碑，打造社区居民津津乐道的“孝文化园”。社区组织老年人成立了体育健身协会、居民书画协会、民间艺术协会、舞蹈队等8支队伍，使之成为和谐社区建设的重要力量。

第三，建设“爱心驿站”，促进社区关爱。

“爱心驿站”是一种社区慈善的实现形式，是依托社区并在社区层面开展社区互助和公共服务，以促进社区成员之间关爱互助的一种慈善行动。南山区社区“爱心驿站”的雏形出现在蛇口街道的雷岭社区，社区发动辖区企业、商家和有爱心的居民捐赠日常生活用品，发给社区急需帮助的下岗失业人员、困难家庭。2008年南山区将“爱心驿站”定义为在社区层面开展社区互助和公共服务，促进本社区成员之间物质与精神交流沟通、关爱互助的平台。截至2009年3月，南山区共设立了68个“爱心驿站”。

“爱心驿站”坚持“政府推动、社区主导、关爱互助、自愿平等”的原则，搭建互联网“爱心驿站”虚拟平台，进行网上救助信息发布；依靠各社区慈善联络点和社会捐助接收点接收“爱心驿站”款物；开展义演、义卖、义赛、企业冠名文体活动；设立爱心货架。荔林社区的“爱心驿站”以关心社区低保户、残疾人士、单亲家庭等弱势群体为主，实现了爱心资源的社区化和最优化。松坪山社区是南山区弱势群体比较集中的社区，辖区低保户、困难户、下岗失业人员总数均占所在西丽街道的90%以上。松坪山社区通过打造“爱心驿站”，建立起互助信息平台和捐助平台。松坪山社区“爱心驿站”建立理事会，实行居民自主服务，自治运作。“爱心驿站”发动辖区内的企事业单位，以“爱心驿站”为平台积极开展形式多样的关爱活动，形成了和谐互助、睦邻关爱的社会氛围，打造成了“爱心有去处、亲情有体现”的和谐新阵地。辖区的商场向“爱心驿站”捐送油、盐、纸巾等日常生活用品。

开展“四有关爱”行动，进一步拓展了社区慈善行动。“四有关爱”行动，即指“喜事有祝贺、矛盾有调解、病困有慰问、故去有送行”，通过实施社区关爱互助服务、社区暖人心特色服务、社区公共服务，以及弱势群体关爱服务，形成内涵更为丰富的社区互助模式。如蔚蓝海岸社区以义工为主体，整合了社区内的物业管理单位、社区科协、老年协会、业委会等8个社会组织，建立了一支“四有”关爱服务队。沙河街道光华街社区积极构建社区救助服务平台，社区工作站工作人员与辖区15个低保家庭、42个困难家庭、18个残疾人家庭建立了“一对一”帮扶制度，定期上门探访慰问；帮助申请最低生活保障和困难补助；为社区病人募集捐款；还成立残疾人服务站，请心理咨询师为残疾人及家属举办心理康复知识讲座。社区关爱行动促进了邻里之间互助互爱、守望相助的良好氛围，体现了社区的人文关怀与和谐邻里关系。同时，很多受到帮助的低保户、困难户家庭也积极地参与楼栋管理、社区治安维护与社区环境的整治活动，促进了社区的和谐。

四、南山模式的创新绩效

（一）创新执政党领导基层社会的机制

社区的生成是执政党面临的新的执政空间。社区党建的目标在于巩固党的基层组织，改善党的基层组织的活动方式，强化党对社区活动和社区建设的主导，密切党与社会、党与人民群众的联系，构建党的领导和执政的广泛的社会基础，提高党组织的整合社会的能力。① 随着社区矛盾的凸显，执政党的基层组织也面临着如何更为有效地领导基层社区、实现执政机制更新的新问题。南山区和谐社区建设，通过创新社区党建，通过社区组织资源整合、组织动员以及组织功能的转换等方式，探索了执政党对基层社会领导的新机制。

1. 资源整合

就是通过挖掘和盘活社区的党组织资源，将分散、流动的党员吸收到社区党组织中来，同时将众多的社区党组织整合成社区党总支和社区党委，形成社区党建的合力。南山区在开展和谐社区创建的过程中，积极号召广大党员在社区“浮出水面、亮出身份”，实现党员的单位化管理转向属地化管理，把各种类型的党员，特别是非户籍人口中的党员、离退休党员等原先已中断组织关系的党员纳入社区党组织管理体系，解决“流动”党员管理难和基层党组织资源流失的问题。这一行动共普查登记党员 34 504 名，其中社区党组织党员 7 530 名，驻社区单位党员 18 324 名，其他社区居民党员 8 650 名。大批党员在社区浮出水面，为社区党建工作打下了坚实基础。

此外，社区层面原先有着各种各样的党组织类型，如社区居委会支部、社区工作站支部、社区老年协会支部、业主委员会支部、民营企业支部等。这些分散的党组织往往“各自为政”，组织隶属关系不同，如社区工作站支部直属于街道党工委，民营企业支部直属于街道民营企业党总支。这种分散化的党组织设置方式不利于党组织功能的发挥。南山区通过设立社区党委和社区党总支的方式，将社区范围内的党组织资源整合在一起，进而实现社区党组织功能的

① 林尚立：《关于新时期社区党建的若干理论思考》，载于冯小敏主编《党建研究内部文稿（2003～2004）》，上海交通大学出版社 2004 年版，第 341～347 页。

整体发挥。全区共在931个社区各类党支部基础上成立了14个社区党委和58个社区党总支。

2. **组织动员**

通过发动党员在社区起先锋模范作用，让他们积极促进社区矛盾的化解，发挥利益综合与表达的功能，进而促进社区的和谐。南山区通过实行党员、公职人员社区挂点，过双重组织生活和竞选业主委员会委员，积极运作存量资源，将体制内政治组织资源投入到体制外的社区，代表民意、整合利益、引领社会，极大地发挥了党员在基层社会中的先进性作用。

“十百千万行动”的展开，让党员和公职人员在进入各类社区组织之后成为社区利益的传输者和社区稳定的协调人。一方面，他们深入社区楼栋，收集民情民意，了解社区群众的利益所在，主动聚合和代表民意，向社区工作站及上级政府反映，实现社区利益表达的有序化，形成了“党员负责家庭，党小组长负责楼栋，党支部书记负责小区，党委书记负责社区”的“四个负责”工作机制。此外，楼栋党建联络员还参与社区服务，关爱身边居民。

楼栋党建联络员要进行“四个必访”，即在摸清社区居民情况的基础上，在楼栋里对困难家庭必访，对住院病人必访，对下岗失业人员必访，对孤寡老人必访，尽可能地为他们解决一些实际问题，让困难党员和群众感受到社区党组织的关怀和温暖。另一方面，在社区矛盾出现后，他们又作为社会稳定的平衡器，协助社区党组织和社区工作站做好维稳工作。当社区群众围绕住宅利益而与物业公司、地产开发商发生纠纷时，这些党员和公职人员总是能够主动引导业主理性维权，使社区纠纷能够在协商中化解。党员、公职人员引导居民合法维权，合理表达居民诉求，得到了社区居民的认可，同时也极大地调动了居民参与社区活动的积极性，成为加强邻里感情、促进社区和谐的中坚力量。

3. **功能转换**

就是调整社区党组织的功能结构，从政治领导转向社区服务，整合社区资源，形成以社区党组织为核心的“一核多元”的治理结构。社会矛盾治理的过程实际上是政府、社区、社会组织、企业、媒体和公众共同发挥作用的过程。其中，社区党组织不仅是执政党在基层社会的网络，是党直接面对群众的组织，同时也是社区各类组织的领导核心。社区党组织发挥作用的好坏，直接影响到执政党对于社会的领导能力，也影响到社区和谐的达成程度。南山模式的重要内容之一是，创新社区党建的方式，调整社区党组织的功能定位，通过在社区各利益主体当中发挥利益协商与平衡作用，构建起“一核多元”的社区治理模式。在具体实践中，根据不同社区类型，南山区社区党委（总支）书记分别由街道党工委领导、民营企业党务干部、农城化股份公司负责人、社区工作站站长、社区居委会主任等协调能力较强的人士担任，党委委员则覆盖社区的不同利益主体。同时，通过建立社区党委或党总支，吸纳物业管理公司、业主委员会、中介机构等社区各类组织中的党员担任社区党委委员，最大限度地整合社区内党的各类组织、人群以及相关的社会政治资源，从而形成了以社区党组织为核心，社区自治组织为主体，各类社会组织充分发挥作用并共驻共建的治理架构。

（二）探索政府整合社会利益诉求的渠道

社区和谐的核心是利益的和谐，社区矛盾与小区纠纷的实质往往是利益的冲突。作为公共事务的管理者和公共产品与服务的提供者，政府有责任向社区提供和谐与安定的生活环境。建立有效的利益表达与吸纳机制，是实现社区和谐的重要途径。南山区和谐社区建设，也探索了政府整合社区利益诉求的路径。

1. 将公职人员下派社区，服务居民，化解矛盾，维护和谐

其一，在南山区“十百千万行动”的开展过程中，在社区“浮出水面”的除了党员之外，还有大量的政府公务员。他们同党员一道成为维护社区和谐的主导力量，活跃在业主委员会、楼栋长、社区居委会等组织当中，积极化解社区矛盾，倾听身边居民的呼声，代表社区向公共部门进行有序表达。其二，实施机关干部挂点扶持基层制度。南山区四套班子领导和全区副局级以上干部分别挂点8个街道，129名副处级以上干部挂点98个社区，40名机关科级干部下社区锻炼。挂点干部实行“四包”：包发现问题，包解决问题，包培养干部，包促进社区发展。健全民意调查机制，畅通民意沟通渠道。如各街道每月举行一次居民议政会，各部门每季度开展一次“直通车”进社区活动。借助电子政务网络平台，开展便民利民服务。其三，推动“一把手进村”活动，南山区政府部门的“一把手”每个月进社区1次，深入挂钩联系社区，解决实际困难，并专项督办，定期反馈，确保落实，形成了主要领导总负责，层层落实责任的工作格局。区人大、区政协把这项工作列入重要工作任务加以监督落实，经常组织人大代表、政协委员到社区服务、检查评议。

2. 建立特定机制和渠道吸收居民的利益诉求，并转化为政府政策实施于社区，从而形成一个完整的政策输入一输出一反馈的封闭循环

随着经济发展与社会结构的转型，在社区也逐步孕育着一批热心公共事务的社区精英。他们一方面能够集中表达社区的利益诉求，成为政府治理社区事务的“得力助手”；但另一方面，在得不到政府的积极回应时，他们又可能成为社区麻烦的“制造者”。这些社区精英，大多是社区里的离退休干部、白领与知识分子、自由职业者等。南山区通过创设人大代表联络工作站、建立社情民意恳谈机制等方式，吸纳社区精英的参与，形成利益输入与输出的有效机制。2005 年成立的月亮湾片区人大代表工作站，在全区得到全面的推广，并取得了显著的成效。人大代表联络工作站还建立起较为完善的工作机制，通过区人大、街道、社区三级代表联络机制，组织市、区代表进社区、上窗口，收集社情民意；接访群众，走访选区，约访选民，回访群众，开展调查研究，宣传政策法律。作为人大、政府与民众之间的组织，人大代表联络工作站将社情民意经过综合再向人大系统输入，进而转化为政府决策，从而实现了社会自主参与的冲动被有序地吸收到体制当中释放。仅“吸纳”也成为政府听取民意的一大创新，借助于人大代表工作站，政府与社会实现了良性的互动。

3. 通过资源转移、物品提供、购买服务等方式，加大政府对社区服务的转移和倾斜

南山区委区政府坚守“从群众中来，到群众中去”的理念，重视政府和公民社会关系的重新调整，在政府—市场—公民社会三维组合中，寻求不同以往的、更为有效的提供公共服务、实现共同利益的路径。在坚持以效益、效率促进经济快速发展的同时，将人力、物力、财力和精力进一步向基层倾斜，向一线倾斜，通过完善基层医疗布局、健全社区救助体系等活动，进一步拓宽公共服务领域以让老百姓享受到实在、便利、贴身的优质服务。2008 年，南山区用于公共事业的资金达 14.4 亿元，占全年财政支出的 43.3%。其中，完成 21 个社区公园、300 公顷生态风景林和 39 处社区文体设施的建设；社康中心和医疗站突破 100 家，人均医疗费用降低 9.9%；新开发公益性就业岗位 755 个，促进 1 071 名就业困难人员就业，3 928 名失业人员实现再就业；对特困户实行政策性优惠，有 332 户 836 人得到救助；完善社会保险体系，全区户籍少年儿童实现了医疗保险全覆盖，4 973 名企业退休人员纳入了社会化管理服务范围。

（三）构建社区组织参与社区治理的机制

李培林指出，随着社区建设的深入，国家必须重视基层公民社会的培育，提升社区自治的能力；增进居民社区认同和社区归属感，为社区的利益协调、矛盾化解提供精神层面的良方。[①] 尽管南山区在和谐社区创建过程中，十分注重发挥党和政府的主导作用，以及党组织、党员和公职人员在促进社区和谐、

① 李培林在“第七届中国政府创新论坛”上的发言：《第七届中国政府创新论坛会议综述》，载于《深圳大学学报》2009 年第 5 期。

维护群众权益上的引领作用，但是这并不意味着对社区治理的完全“包办”。实际上，在和谐社区开展的始终，南山区都十分重视发挥社区各类组织参与社区治理的积极性和主动性，注重培育“社区公民社会”的成长。

1. 促进社区组织的多元化发展

南山区社会组织十分活跃，非政府组织、公民的志愿性社团、协会、社区组织、利益团体和公民的自发组织等都蓬勃发展，全区共有1 000多个社会组织活跃其间。从实践来看，除了社区党组织和社区工作站之外，南山区政府还大力扶持各类社区专业化组织和自治组织，如社会工作者队伍、社区义工队伍和社区关工委队伍。南山区社会工作者队伍专业化程度较高，全部由全国各地的本科毕业生招考而来。南山义工队伍形成了一个完整的网络体系，它以区义工联为枢纽，以街道行业系统义工协会为联结，以社区义工服务站和企事业义工服务队为终端。此外，关工委组织的主要成员来自于社区里热心公益事业的老年人，尤其是那些离退休老干部、老教师、老专家、老战士、老模范等“五老”群体。围绕这些“五老”人群而成立的“五老宣讲团”、“校外辅导员”、“康乃馨小组”、“阳光小组”、“五老爱心社”等在全区分布普遍，成员不断扩大。这些社会组织起重要的桥梁作用，它们及时把各种社会组织成员对政府的要求、愿望、建议、批评集中起来，转达给政府，又把政府的政策意图和对相关问题的处理意见转达给成员，以最小的成本求得问题的解决。

2. 发掘社区组织的服务性功能

在政府培育下成长起来的社区组织，开始在社区治理与社区服务当中发挥越来越重要的作用。随着社区义工队伍的不断壮大，它们的活动内容完成了从社区服务向社区关爱，再到社区治理的转变，社区组织的治理功能日益凸显。如桃源街道龙联社区发动社区老干部、老战士、老专家、老教师、老党员多的优势，在2007年5月成立了“五老爱心社”。两年来，“五老爱心社”发动有专长、有能力、有热情、有爱心的老年人，坚持每天下午义务为放学后的孩子辅导功课。南头街道星海名城社区“五老队伍”在社区组建了23支社区文体队伍，成立了30多人的社区安全监管义工队，分片巡逻，成为社区安全防控网络的重要力量。桃源街道桃源社区“阳光心语”驿站拥有20多人的骨干队伍和370多人的义工服务队伍，主要由社区退休干部、党员、医生和律师等组成，对社区的困难单亲妇女群体积极开展服务工作。随着社区组织的成长发育，以及服务与治理功能的提升，社区治理日益呈现“多元共治”的特点，即社区组织与社区党总支（执政党组织）、社区工作站（政府的“网络”）共同参与社区事务的协商、讨论与协调。同时，社区组织尤其是社区各类关爱组织，也进一步黏合了社区居民的共同意识，增进了社区归属感，提升了社区社会资本，使社区氛围更加活跃、文明、和谐，社区人文环境更加优化。

(四) 实现社区功能的最大化与社区矛盾的最小化

社区是居民生活休憩的场所，也是居民守望相助的共同体。社区和谐与安定不仅关乎政府的治理责任，也关乎居民的生活品质。社区和谐程度可以通过社区功能的发挥与社区矛盾的化解两个角度加以衡量。南山区和谐社区的创建，充分发掘了社区资源，实现了社区功能的最大化，也实现了社区矛盾的最小化。

在创建"六好十无两满意"平安和谐社区的目标下，南山区充分发掘了党组织资源、政府行政资源，将党和政府的功能最大化。南山区通过加强社区党组织的建设，开展"社区凝聚力工程"，重塑党在基层社会的组织网络，发挥社区党组织的领导核心作用；通过社区党建创新的形式，将社区内的各类利益主体吸纳到党组织中来，依靠组织网络来发挥利益协调平衡以及组织整合功能；通过党员在社区发挥先进性作用，全体公职人员发挥引导示范作用，实现党员、公职人员管理服务的全覆盖，从而构建了一个强大的服务网络，引领广大群众积极参与社区建设，实现社区公共利益的最大化。

南山区还通过开展社区文化活动，进一步发掘社区居民的参与功能，实现社区自治功能的最大化。南山区社区"邻里节"、"社员节"、"姊妹节"等邻里共建活动，为居民提供了更多交流情感的沟通平台，拉近了邻里之间的距离。"爱心驿站"互助平台深受居民群众和社会各界赞誉，社区"四有关爱"模式全面推广，实现了社区爱心资源的优化配置，营造了温馨和谐的社区氛围。和谐企业文化日益浓郁，外来务工人员参与社区共建的热情高涨，社区邻里关系融洽，真情涌动。

社会功能的开发与社区矛盾的化解成为南山和谐社区建设的两个成果。南山区和谐社区创建，有效地化解了社区矛盾，实现了社区矛盾的最小化，促使社区组织及居民理性、有序地解决社区问题，维护社区的和谐与稳定。2007年创建和谐社区建设工程开展以来，全区共有47个社区被广东省评为"六好"平安和谐社区，53个被深圳市评为"六好"平安和谐社区，58个被授予南山"六好十无两满意"平安和谐社区，12个农城化股份公司29次获得省、市、区、街道"先进单位"称号，4个业委会获得"深圳市物业管理行业先进单位"称号，6名业委会委员10人次获得"深圳市物业管理行业先进个人"称号，240名楼栋长获南山区"先进楼栋长"称号。现在，小区如发生问题或邻里间产生争执，首先找的就是身边的党员和楼栋长，大量的矛盾纠纷解决在社区，基本实现了"小事不出社区，大事不出街道"，形成了讲文明、树新风、守法纪、共和谐的良好局面。

五、南山模式的启示与讨论

总结南山区探索社区和谐的诸多实践，我们可大体看出南山模式所具有的创新意义，即在经济高速增长和社会利益高度分化的背景下，构建党和国家主导的群众权益维护机制，同时吸收群众自主利益表达的诉求，从而实现社区的和谐与安定。南山模式所给予的启示就在于在党和政府与社区居民之间构建起通畅的利益表达与传输渠道，并且主要借助于三种方式，即嵌入的方式（让社区里的党员和公职人员——这些传统的组织资源，整合和引领民意；通过社区党建的创新，发挥社区党组织的利益整合功能）、吸纳的方式（通过创设人大代表联络工作站和社情民意恳谈会等形式，将群众利益表达的诉求吸纳到体制中来，使之有序表达）、参与的方式（通过鼓励居民自治和参与社区文化、爱心驿站等活动，培育社区共同意识），发掘社区和谐的民间动力。

然而，这一模式的深入推进，也引发了一些深层次的问题。这些问题不认真加以对待，势必影响这一制度创新的持续性和拓展性。

问题一，如何在进行组织嵌入的同时，确保群众自治的动力。南山区在和谐社区建设中，既发挥了党员和公职人员、社区党组织以及社区工作站在维护社区和谐，整合社区利益方面的功能，也十分注重培育社区自治力量，鼓动社区居民参与和谐社区的建设热情，从而实现了组织嵌入与群众参与的平衡。这也正是中国目前社区建设的重要特点和发展方向：一方面，在社区共同意识和社区认同度欠缺的背景下，一味追求社区自治与基层民主只会使社区陷入瘫痪状态；另一方面，过分依赖于党和政府的主导，则势必出现一个高成本、低收益的社区建设局面。社区和谐建设既离不开党和政府的作用，也离不开居民的自发参与。

问题二，社区和谐的核心要围绕利益展开。社区建设的核心仍然是利益问题，近年来，随着房产私有化以及房价的上升，房产成为社区群众最重要的财产组成部分。任何有损房产的工程、纠纷以及争议都会引起居民强烈的反弹，以及相应的维权行为。因此构建社区和谐，尽管需要加强制度设计和机制创新，然而如果这些创新“离开了利益，就一定会使自己出丑”。南山区的和谐社区建设所进行的机制创新，都是紧紧围绕社区的利益展开。不论是嵌入，还是吸纳，也不论是社情民意恳谈，还是人大代表联络机制，都是围绕社区群众的利益展开。忽视社区群众利益而开展的制度创新，很难取得实际的绩效。

后记

城市社区建设，是当代中国社会管理改革和社会建设的一项重要内容，是一场兴起于20世纪80年代后的中国，至今仍在继续并有待进一步深入的变革。

我们对当代中国城市社区建设的思考始于20世纪90年代，有一个逐步深入的过程（本书通过“附录”予以展现），这一思考最主要的内容，就是在发表了若干论文和完成云南省社科规划项目的基础上，申请获得并完成了2002年度的国家社科基金项目“西部地区城市社区建设管理中的政府职能阶段性配置及输出方式研究”，其研究结果即为本书的第一、第二和第三部分。

本书是课题组集体智慧的结晶。课题研究由崔运武提出研究目标、思路和计划，在对课题相关理论和问题总体认识的基础上，先通过分别完成专题调研，然后形成总报告，再形成关于中国城市社区建设基本理论问题思考的方式完成的。具体分工为：

专题调研报告。调研报告之一：城市社区法制体系建设的现状及对策，马国平、崔运武、杨道田；调研报告之二：城市社区组织建设现状调查，崔运武、陈家喜、左小麟、杨道田；调研报告之三：城市社区居民委员会的现状与改革，王珏、崔运武；调研报告之四：城市社区公共财务体制建设的调查研究，杨道田；调研报告之五：城市社区中介组织的培育与管理，左小麟；调研报告之六：城市社区居民社区参与的调查与分析，陈家喜；调研报告之七：城市社区医疗卫生体系的调查研究，左小麟、崔运武；调研报告之八：准城市社区组织建设研究——以新迎社区为个案，马琼丽。

总报告。承担者为崔运武、陈家喜、左小麟。

基本理论问题。承担者为崔运武。

作为课题的负责人，崔运武对课题的八个分报告和课题总报告统一进行了修改。

在将成果出版过程中，虽然课题报告和相关研究成果的完成已有几年的时间，但一方面由于想保持当时思考的真实情况，另一方面我们认为从当前我国城市社区建设的现状来看，我们的思考所得和若干建议，仍然有一定的参考价值，故对原课题成果没有作修改，只是在文字上作了必要的修订。当然，由于水平所限，我们基于政府与社区建设视角对中国城市社区建设的思考所得存在着这样或那样的缺点与不足，希望读者予以指正，以使我们在继续的探索中获得新的灵感和起点。

崔运武

2011 年 2 月 15 日于昆明龙泉路云南大学寓所

图书在版编目（CIP）数据

政府与城市社区建设：基于云南省城市社区建设的调查分析与理论探索/崔运武，陈家喜等著．—昆明：云南大学出版社，2011

ISBN 978-7-5482-0515-9

Ⅰ．①政…　Ⅱ．①崔…　②陈…　Ⅲ．①社区建设—研究—云南省　Ⅳ．①C912.8

中国版本图书馆 CIP 数据核字（2011）第 130754 号

政府与城市社区建设

——基于云南省城市社区建设的调查分析与理论探索

崔运武　陈家喜　等著

策划编辑　张丽华
责任编辑　宋　武
封面设计　刘　雨
出版发行　云南大学出版社
印　　装　云南国浩印刷有限公司
开　　本　787mm×1092mm　1/16
印　　张　17
字　　数　320 千
版　　次　2011 年 7 月第 1 版
印　　次　2011 年 7 月第 1 次印刷
书　　号　ISBN 978-7-5482-0515-9
定　　价　35.00 元

地　　址：云南省昆明市翠湖北路 2 号
　　　　　云南大学英华园（邮编：650091）
发行电话：（0871）5033244　5031071
网　　址：http：//www.ynup.com
E-mail：market@ynup.com